Ma propre histoire

Emmeline Pankhurst

Writat

Cette édition parue en 2024

ISBN : **9789361467820**

Publié par
Writat
email : info@writat.com

Contenu

AVANT-PROPOS

Les derniers paragraphes de ce livre ont été écrits à la fin de l'été 1914, alors que les armées de toutes les grandes puissances d'Europe étaient mobilisées pour une guerre sauvage, impitoyable et barbare, les unes contre les autres, contre les petites nations non agressives, contre les femmes et les enfants sans défense. , contre la civilisation elle-même. Combien douce, en comparaison des dépêches des quotidiens, paraîtra cette chronique de la lutte militante des femmes contre l'injustice politique et sociale dans un petit coin de l'Europe. Pourtant, laissez-le tel qu'il a été écrit, avec la soi-disant paix, la civilisation et un gouvernement ordonné comme toile de fond d'un héroïsme comme le monde en a rarement vu. Le militantisme des hommes, à travers tous les siècles, a inondé le monde de sang, et pour ces actes d'horreur et de destruction, les hommes ont été récompensés par des monuments, de grands chants et de grandes épopées. Le militantisme des femmes n'a nui à aucune vie humaine, à l'exception de celles de celles qui ont combattu pour la justice. Le temps seul révélera quelle récompense sera attribuée aux femmes.

Ce que nous savons, c'est qu'à l'heure noire qui vient de sonner en Europe, les hommes se tournent vers leurs femmes et les appellent à entreprendre l'œuvre de maintien de la civilisation . Dans tous les champs de récolte, dans les vergers et les vignes, les femmes récoltent de la nourriture pour les hommes qui combattent, ainsi que pour les enfants laissés sans père à cause de la guerre. Dans les villes, les femmes tiennent les magasins ouverts, conduisent des camions et des tramways et s'occupent ensemble d'une multitude d'affaires.

Quand les restes des armées reviendront, quand le commerce de l'Europe reprendra par les hommes, oublieront-ils le rôle si noblement joué par les femmes ? Oublieront-ils en Angleterre comment les femmes de tous les rangs de la vie ont mis de côté leurs propres intérêts et se sont organisées , non seulement pour soigner les blessés, soigner les indigents, réconforter les malades et les seuls, mais en fait pour maintenir l'existence de la nation ? Jusqu'à présent, il faut l'admettre, il y a peu d'indications que le gouvernement anglais se soucie du dévouement désintéressé manifesté par les femmes. Jusqu'à présent, tous les programmes gouvernementaux visant à vaincre le chômage ont été orientés vers le chômage des hommes. Le travail des femmes, la confection de vêtements, etc., a dans certains cas été supprimé.

Aux premières alertes de guerre, les militants ont proclamé une trêve, à laquelle a été répondu sans enthousiasme par l'annonce que le gouvernement libérerait tous les prisonniers de droit de vote qui s'engageaient « à ne pas commettre d'autres crimes ou outrages ». La trêve ayant déjà été proclamée, aucun prisonnier suffrageux n'a daigné répondre à la disposition du ministre de l'Intérieur. Quelques jours plus tard, influencé sans doute par les démarches faites auprès du gouvernement par des hommes et des femmes de toutes confessions politiques, dont beaucoup n'avaient jamais été partisans de la tactique révolutionnaire, M. McKenna a annoncé à la Chambre des communes que le gouvernement avait l'intention, d'ici quelques jours, de libérer sans condition tous les prisonniers ayant obtenu le droit de vote. Ainsi se termine, pour le moment, la guerre des femmes contre les hommes. Autrefois, les femmes devenaient les mères nourricières des hommes, de leurs sœurs et de leurs compagnes qui ne se plaignaient pas. L'avenir est loin devant nous, mais que cette préface et ce volume se terminent avec l'assurance que la lutte pour le plein émancipation des femmes n'a pas été abandonnée ; il a simplement été, pour le moment, mis en suspens. Lorsque le choc des armes cessera, lorsque la société normale, pacifique et rationnelle reprendra ses fonctions, la demande sera à nouveau formulée. Si cela n'est pas rapidement accordé, les femmes reprendront les armes qu'elles déposent aujourd'hui généreusement. Il ne peut y avoir de véritable paix dans le monde tant que la femme, la moitié maternelle de la famille humaine, n'a pas obtenu la liberté dans les conseils du monde.

LIVRE I
LA FABRICATION D'UN MILITANT

CHAPITRE I

Ces hommes et ces femmes ont de la chance de naître à une époque où se déroule une grande lutte pour la liberté humaine. C'est une chance supplémentaire d'avoir des parents qui participent personnellement aux grands mouvements de leur temps. Je suis heureux et reconnaissant que ce soit mon cas.

L'un de mes premiers souvenirs est celui d'un grand bazar qui s'est tenu dans ma ville natale de Manchester, le but du bazar étant de récolter des fonds pour soulager la pauvreté des esclaves noirs nouvellement émancipés aux États-Unis. Ma mère a pris une part active à cet effort et, quand j'étais petit enfant, on m'a confié un sac porte-bonheur grâce auquel j'ai aidé à collecter de l'argent.

Aussi jeune que j'étais – je ne pouvais pas avoir plus de cinq ans – je connaissais parfaitement le sens des mots esclavage et émancipation. Depuis mon enfance, j'avais l'habitude d'entendre des discussions pour et contre sur l'esclavage et la guerre civile américaine. Bien que le gouvernement britannique ait finalement décidé de ne pas reconnaître la Confédération, l'opinion publique anglaise était fortement divisée sur les questions de l'esclavage et de la sécession. D'une manière générale, les classes possédantes étaient pro-esclavagistes, mais il y avait de nombreuses exceptions à la règle. La plupart de ceux qui formaient le cercle des amis de notre famille étaient opposés à l'esclavage, et mon père, Robert Goulden , a toujours été un abolitionniste des plus ardents. Il était suffisamment important dans le mouvement pour être nommé membre d'un comité chargé de rencontrer et d'accueillir Henry Ward Beecher à son arrivée en Angleterre pour une tournée de conférences. Le roman de Mme Harriet Beecher Stowe, « La Case de l'oncle Tom », était un si grand favori de ma mère qu'elle l'utilisait continuellement comme source d'histoires au coucher pour nos oreilles fascinées. Ces histoires, racontées il y a près de cinquante ans, sont aussi fraîches dans mon esprit aujourd'hui que les événements détaillés dans les journaux du matin. En fait, ils sont plus vifs, car ils ont produit une impression beaucoup plus profonde sur ma conscience. Je me souviens encore très bien du frisson que j'éprouvais chaque fois que ma mère racontait l'histoire de la course d'Eliza pour la liberté sur les glaces brisées de la rivière Ohio, de la poursuite angoissante et du sauvetage final aux mains du vieux Quaker déterminé. Une autre histoire passionnante était celle de la fuite d'un garçon noir de la plantation de son cruel maître. Le garçon n'avait jamais vu de train et quand, titubant sur la voie ferrée inconnue, il entendit le rugissement d'un train qui approchait, les roues claquantes du wagon semblèrent à son imagination tendue répéter encore et encore les mots horribles : " Attraper un nègre – attraper un nègre – attraper un nègre... »

C'était une histoire terrible, et tout au long de mon enfance, chaque fois que je prenais un train, je pensais à ce pauvre esclave en fuite échappant au monstre qui me poursuivait.

Ces histoires, avec les bazars, les fonds de secours et les souscriptions dont j'ai tant entendu parler, j'en suis sûr, ont laissé une impression permanente sur mon cerveau et sur mon caractère. Ils ont éveillé en moi les deux séries de sensations auxquelles j'ai le plus volontiers répondu toute ma vie : premièrement, l'admiration pour cet esprit de combat et de sacrifice héroïque par lequel seul l'âme de la civilisation est sauvée ; et ensuite, l'appréciation de l'esprit plus doux qui est poussé à réparer les ravages de la guerre.

Je ne me souviens pas d'une époque où je ne savais pas lire, ni d'une époque où lire n'était ni une joie ni un réconfort. D'aussi loin que ma mémoire remonte, j'adorais les contes, surtout ceux à caractère romantique et idéaliste. « Le progrès du pèlerin » était l'un des premiers favoris , tout comme un autre roman visionnaire de Bunyan, qui ne semble pas aussi connu, sa « Guerre sainte ». A neuf ans, je découvre l'Odyssée et très peu de temps après un autre classique qui est resté toute ma vie une source d'inspiration. C'était la « Révolution française » de Carlyle, et je l'ai reçu avec à peu près la même émotion que Keats lorsqu'il a lu la traduction d'Homère par Chapman – « ... comme un observateur du ciel, quand une nouvelle planète nage dans son univers. »

Je n'ai jamais perdu cette première impression et cela a fortement affecté mon attitude face aux événements qui se déroulaient autour de mon enfance. Manchester est une ville qui a été témoin de nombreux épisodes bouleversants, notamment d'ordre politique. D'une manière générale, ses citoyens ont été libéraux dans leurs sentiments, défenseurs de la liberté d'expression et d'opinion. À la fin des années soixante, s'est produit à Manchester un de ces événements terribles qui constituent une exception à la règle. C'était en relation avec la révolte des Fenians en Irlande. Il y a eu une émeute chez les Fenians et la police a arrêté les dirigeants. Ces hommes étaient emmenés à la prison dans un fourgon de prison. En chemin, la camionnette a été arrêtée et on a tenté de secourir les prisonniers. Un homme a tiré avec un pistolet en tentant de briser la serrure de la porte du fourgon. Un policier est tombé, mortellement blessé, et plusieurs hommes ont été arrêtés et accusés de meurtre. Je me souviens très bien de l'émeute, dont je n'ai pas été témoin, mais que j'ai entendu décrire de manière vivante par mon frère aîné. J'avais passé l'après-midi avec un jeune camarade de jeu et mon frère était venu après le thé pour me raccompagner à la maison. Alors que nous marchions dans le crépuscule de novembre, il parlait avec enthousiasme de l'émeute, du coup de pistolet mortel et du policier tué. Je pouvais presque voir l'homme saigner au sol, tandis que la foule se balançait et gémissait autour de lui.

La suite de l'histoire révèle une de ces horribles bévues que commet souvent la justice. Bien que la fusillade ait eu lieu sans intention de tuer, les hommes ont été jugés pour meurtre et trois d'entre eux ont été reconnus coupables et pendus. Leur exécution, qui enthousiasma grandement les citoyens de Manchester, fut presque la dernière, sinon la dernière, exécution publique autorisée dans la ville. A l'époque, j'étais pensionnaire dans une école près de Manchester et je passais mes week-ends à la maison. Un certain samedi après-midi reste gravé dans ma mémoire, alors qu'en rentrant de l'école, je passais devant la prison où je savais que ces hommes étaient enfermés. J'ai vu qu'une partie du mur de la prison avait été arrachée et que dans la grande brèche qui restait se trouvaient les traces d'une potence récemment enlevée. J'étais transpercé d'horreur, et sur moi a balayé la conviction soudaine que cette pendaison était une erreur – pire encore, un crime. Cela m'a fait prendre conscience de l'une des réalités les plus terribles de la vie : la justice et le jugement se situent souvent dans un monde à part.

Je raconte cet incident de mes années de formation pour illustrer le fait que les impressions de l'enfance ont souvent plus à voir avec le caractère et la conduite future qu'avec l'hérédité ou l'éducation. Je le raconte également pour montrer que mon évolution vers un défenseur du militantisme était en grande partie un processus sympathique. Je n'ai pas personnellement souffert des privations, de l'amertume et du chagrin qui amènent tant d'hommes et de femmes à prendre conscience de l'injustice sociale. Mon enfance a été protégée par l'amour et un foyer confortable. Pourtant, alors que j'étais encore un très jeune enfant, j'ai commencé instinctivement à sentir qu'il manquait quelque chose, même dans ma propre maison, une fausse conception des relations familiales, un idéal incomplet.

Ce vague sentiment a commencé à se transformer en conviction à l'époque où mes frères et moi avons été envoyés à l'école. L'éducation du garçon anglais, à l'époque comme aujourd'hui, était considérée comme une question beaucoup plus sérieuse que celle de la sœur du garçon anglais. Mes parents, en particulier mon père, considéraient la question de l'éducation de mes frères comme une question d'une réelle importance. On ne parlait presque pas de mon éducation et de celle de ma sœur. Bien sûr, nous sommes allés dans une école de filles soigneusement sélectionnée, mais au-delà du fait que la directrice était une gentille dame et que toutes les élèves étaient des filles de ma propre classe, personne ne semblait concerné. À cette époque, l'éducation des filles semblait avoir pour objectif principal l'art de « rendre le foyer attrayant » – sans doute pour les hommes migrants de leur famille. Avant, je ne comprenais pas pourquoi j'avais l'obligation si particulière de rendre la maison attrayante pour mes frères. Nous entretenions d'excellentes conditions d'amitié, mais il ne leur a jamais été suggéré comme un devoir de rendre ma maison attrayante. Pourquoi pas? Personne ne semblait le savoir.

La réponse à ces questions déroutantes m'est venue à l'improviste une nuit alors que j'étais allongé dans mon petit lit, attendant que le sommeil m'envahisse. C'était une coutume de mon père et de ma mère de faire chaque soir le tour de nos chambres avant de se coucher. Lorsqu'ils sont entrés dans ma chambre ce soir-là, j'étais encore éveillé, mais pour une raison quelconque, j'ai choisi de feindre le sommeil. Mon père se pencha sur moi, protégeant la flamme de la bougie avec sa grande main. Je ne peux pas savoir exactement quelle pensée il avait à l'esprit lorsqu'il me regardait, mais je l'ai entendu dire, un peu tristement : « Quel dommage qu'elle ne soit pas née garçon.

Ma première impulsion fut de m'asseoir dans mon lit et de protester que je ne voulais pas être un garçon, mais je restai immobile et j'entendis les pas de mes parents se diriger vers le lit de l'enfant suivant. J'ai réfléchi à la remarque de mon père pendant plusieurs jours après, mais je pense que je n'ai jamais décidé que je regrettais mon sexe. Cependant, il était clairement établi que les hommes se considéraient supérieurs aux femmes et que celles-ci semblaient accepter cette croyance.

J'ai trouvé cette vision des choses difficile à concilier avec le fait que mon père et ma mère étaient tous deux partisans du suffrage égal. J'étais très jeune lorsque le Reform Act de 1866 fut voté, mais je me souviens très bien de l'agitation provoquée par certaines circonstances qui l'accompagnèrent. Cette loi de réforme, connue sous le nom de Household Franchise Bill, marqua la première extension populaire du scrutin en Angleterre depuis 1832. Selon ses termes, les propriétaires payant un minimum de dix livres par an de loyer obtenaient le vote parlementaire. Alors que le projet de loi était encore en discussion à la Chambre des communes, John Stuart Mill a proposé un amendement au projet de loi pour inclure les femmes au foyer ainsi que les hommes. L'amendement a été rejeté, mais dans la loi adoptée, le mot « homme », au lieu de l'habituel « personne de sexe masculin », a été utilisé. Or, en vertu d'une autre loi du Parlement, il a été décidé que le mot « homme » inclut toujours « femme », sauf indication contraire expresse. Par exemple, dans certaines lois contenant des clauses fiscales, le nom et le pronom masculins sont utilisés partout, mais les dispositions s'appliquent aux contribuables féminines ainsi qu'aux hommes. Ainsi, lorsque le projet de réforme contenant le mot « homme » est devenu loi, de nombreuses femmes ont cru que le droit de suffrage leur avait en réalité été accordé. De nombreuses discussions s'ensuivirent, et la question fut finalement testée par un grand nombre de femmes cherchant à faire inscrire leur nom sur les listes électorales. Dans ma ville de Manchester, 3 924 femmes, sur un total de 4 215 électrices possibles, ont revendiqué leur vote, et leur revendication a été défendue devant les tribunaux par d'éminents avocats, dont mon futur mari, le Dr Pankhurst. Bien sûr, la revendication des femmes a été jugée défavorablement par les tribunaux, mais l'agitation a abouti à un renforcement de l'agitation en faveur du droit de vote des femmes dans tout le pays.

J'étais trop jeune pour comprendre la nature précise de l'affaire, mais je partageais l'excitation générale. En lisant les journaux à haute voix à mon père, j'avais développé un véritable intérêt pour la politique, et le projet de réforme se présentait à ma jeune intelligence comme quelque chose qui allait faire le plus grand bien au pays. Les premières élections après que le projet de loi soit devenu loi furent naturellement une occasion mémorable. C'est surtout mémorable pour moi parce que c'est la première fois que je participe. Ma sœur et moi venions de recevoir de nouvelles robes d'hiver, de couleur verte , et confectionnées de la même manière, selon la coutume des vraies familles britanniques. À cette époque, toutes les petites filles portaient un jupon de flanelle rouge, et lorsque nous avons enfilé nos nouvelles robes pour la première fois, j'ai été frappée par le fait que nous portions du rouge et du vert, les couleurs du parti libéral. Puisque notre père était libéral, bien sûr, le parti libéral devait remporter les élections, et j'ai conçu un plan brillant pour contribuer à son progrès. Avec ma petite sœur qui trottait derrière moi, j'ai parcouru près d'un kilomètre jusqu'au bureau de vote le plus proche. Nous nous trouvions dans un quartier industriel plutôt accidenté, mais nous ne l'avons pas remarqué. Arrivés là-bas, nous deux enfants avons ramassé nos jupes vertes pour montrer nos jupons écarlates, et débordants d'importance, nous avons marché de long en large devant la foule rassemblée pour encourager le vote libéral. De cette éminence, nous avons été rapidement arrachés par une autorité indignée sous la forme d'une servante de crèche. Je crois que nous avons été envoyés au lit par-dessus le marché, mais je ne suis pas tout à fait clair sur ce point.

J'avais quatorze ans lorsque je suis allé à ma première réunion de suffrage. Un jour, en revenant de l'école, j'ai rencontré ma mère qui partait pour le rendez-vous et je l'ai suppliée de me laisser partir. Elle a consenti et, sans m'arrêter pour déposer mes livres, je suis parti en courant dans le sillage de ma mère. Les discours m'ont intéressé et excité, en particulier celui de la grande Miss Lydia Becker, qui était la Susan B. Anthony du mouvement anglais, un personnage splendide et une oratrice vraiment éloquente. Elle était secrétaire du comité de Manchester et j'avais appris à l'admirer en tant que rédactrice en chef du *Women's Suffrage Journal*, qui venait chaque semaine chez ma mère. J'ai quitté la réunion en suffragette consciente et confirmée.

Je suppose que j'ai toujours été un suffragiste inconscient. Avec mon tempérament et mon environnement, je n'aurais guère pu être autrement. Le mouvement était très vivant au début des années 70, notamment à

Manchester, où il était organisé par un groupe d'hommes et de femmes extraordinaires. Parmi eux se trouvaient M. et Mme Jacob Bright, toujours prêts à défendre la cause en difficulté. M. Jacob Bright, frère de John Bright, fut pendant de nombreuses années député de Manchester et, jusqu'au jour de sa mort, il fut un partisan actif du droit de vote des femmes. Outre Miss Becker, deux femmes particulièrement douées étaient membres du comité. Il s'agissait de Mme Alice Cliff Scatcherd et de Miss Wolstentholm , aujourd'hui la vénérable Mme Wolstentholm-Elmy . L'un des principaux fondateurs du comité était l'homme dont j'étais destiné à devenir l'épouse plus tard, le Dr Richard Marsden Pankhurst.

A l'âge de quinze ans, je suis allée à Paris, où j'ai été inscrite comme élève dans l'un des établissements pionniers en Europe pour l'enseignement supérieur des filles. Cette école, dont l'une des fondatrices fut Madame Edmond Adam, qui fut et est encore une figure littéraire distinguée, était située dans une belle maison ancienne de l'avenue de Neuilly. C'était sous la direction de Mlle. Marchef -Girard, femme distinguée par son éducation, et qui fut ensuite nommée inspectrice gouvernementale des écoles en France. Mlle. Marchef -Girard croyait que l'éducation des filles devait être tout aussi approfondie et même plus pratique que celle que recevaient les garçons à cette époque. Elle a inclus la chimie et d'autres sciences dans ses cours et, en plus de la broderie, elle a enseigné à ses filles la comptabilité. Bien d'autres idées avancées prévalaient dans cette école, et la discipline morale que recevaient les élèves était, à mon avis, aussi précieuse que la formation intellectuelle. Mlle. Marchef -Girard soutenait que les femmes devaient recevoir les plus hauts idéaux d' honneur . Ses élèves étaient soumis aux principes les plus stricts de vérité et de franchise . Elle-même comprenait et bénéficiait grandement d'une confiance implicite que je suis sûr que je n'aurais pas pu trahir, même si j'avais ressenti pour elle une affection moins réelle.

Ma colocataire dans cette charmante école était une jeune fille intéressante de mon âge, Noémie. Rochefort , fille de ce grand républicain, communiste, journaliste et épéiste Henri Rochefort . C'était très peu de temps après la guerre franco-prussienne et les souvenirs de la chute de l'Empire et de la sanglante et désastreuse Commune étaient très vifs à Paris. En effet l'illustre père de mon colocataire et bien d'autres étaient alors en exil en Nouvelle-Calédonie pour participer à la Commune. Mon amie Noémie était déchirée par l'anxiété pour son père. Elle parlait constamment de lui, et nombreux étaient les récits d'audace et de patriotisme à glacer le sang que j'écoutais. Henri Rochefort fut en effet l'un des instigateurs du mouvement républicain en France et, après sa surprenante évasion en bateau non ponté de Nouvelle-Calédonie, il vécut de nombreuses années d'aventures politiques des plus vives et des plus pittoresques. Sa fille et moi sommes restés de chaleureux amis longtemps après la fin de nos années d'école, et ma relation avec elle a renforcé toutes les idées libérales que j'avais acquises auparavant.

J'avais entre dix-huit et dix-neuf ans lorsque je revins enfin de l'école à Paris et pris place dans la maison de mon père comme une jeune femme accomplie. J'ai sympathisé et travaillé pour le mouvement en faveur du droit de vote des femmes, et j'ai fait la connaissance du Dr Pankhurst, dont le travail en faveur du droit de vote des femmes n'avait jamais cessé. C'est le Dr Pankhurst qui a rédigé le premier projet de loi d'émancipation, connu sous le nom de Women's Disabilities Removal Bill, et présenté à la Chambre des communes en 1870 par M. Jacob Bright. Le projet de loi passa en deuxième lecture à la majorité de trente-trois voix, mais il fut rejeté en commission par les ordres péremptoires de M. Gladstone. Le Dr Pankhurst, comme je l'ai déjà dit, avec un autre avocat distingué, Lord Coleridge, agi comme avocat pour les femmes de Manchester, qui tentèrent en 1868 d'être inscrites sur les listes électorales. Il a également rédigé le projet de loi donnant aux femmes mariées un contrôle absolu sur leurs biens et leurs revenus, un projet de loi qui est devenu loi en 1882.

Mon mariage avec le Dr Pankhurst a eu lieu en 1879.

Je pense que nous ne saurions être trop reconnaissants envers le groupe d'hommes et de femmes qui, comme le Dr Pankhurst, à ces débuts, ont prêté le poids de leurs noms honorés au mouvement pour le suffrage dans les épreuves de sa jeunesse en difficulté. Ces hommes n'ont pas attendu que le mouvement devienne populaire, ni n'ont hésité jusqu'à ce qu'il soit évident que les femmes étaient soulevées jusqu'à la révolte. Ils ont travaillé toute leur vie avec ceux qui organisaient , éduquaient et préparaient la révolte qui allait un jour. Il ne fait aucun doute que ces hommes pionniers ont souffert en popularité de leurs opinions féministes. Certains d'entre eux ont souffert financièrement, d'autres politiquement. Pourtant, ils n'ont jamais hésité.

Ma vie conjugale a duré dix-neuf années heureuses. J'ai souvent entendu des railleries selon lesquelles les suffragettes sont des femmes qui n'ont pas réussi à trouver un exutoire normal à leurs émotions et sont donc des êtres aigris et déçus. Ce n'est probablement le cas d'aucun suffragiste, et ce n'est certainement pas le cas de moi. Ma vie familiale et mes relations ont été aussi idéales que possible dans ce monde imparfait. Environ un an après mon mariage, ma fille Christabel est née, et dix-huit mois plus tard, ma deuxième fille Sylvia est arrivée. Deux autres enfants suivirent et pendant quelques années je fus assez profondément plongé dans mes affaires domestiques.

Cependant, je n'ai jamais été tellement absorbé par la maison et les enfants que je me suis désintéressé des affaires communautaires. Le Dr Pankhurst ne souhaitait pas que je me transforme en machine domestique. Il était fermement convaincu que la société ainsi que la famille avaient besoin des services des femmes. Ainsi, pendant que mes enfants étaient encore dans leurs berceaux, je siégeais au comité exécutif de la Women's Suffrage Society, ainsi qu'au conseil exécutif du comité qui travaillait pour garantir la loi sur la propriété des femmes mariées. Cette loi ayant été votée en 1882, je me lançai dans l'œuvre du suffrage avec une énergie renouvelée. Une nouvelle loi de réforme, connue sous le nom de County Franchise Bill, étendant le droit de vote aux ouvriers agricoles , était en discussion, et nous pensions que nos années de travail de propagande éducative avaient préparé le pays à nous soutenir dans une demande d'amendement au droit de vote des femmes. facture. Depuis plusieurs années, nous tenions les plus belles réunions dans les villes de tout le royaume. Les foules, l'enthousiasme, la réponse généreuse aux appels à l'aide, tout cela semblait nous justifier dans notre conviction que le droit de vote des femmes était proche. En fait, en 1884, lorsque le County Franchise Bill fut présenté au pays, nous avions une majorité réelle en faveur du suffrage à la Chambre des Communes.

Mais une majorité favorable à la Chambre des communes ne garantit en aucun cas le succès d'une mesure. J'expliquerai cela en détail lorsque j'en viendrai à notre travail d'opposition aux candidats qui se sont déclarés suffragettes, ce qui a beaucoup intrigué nos amis américains. Le parti libéral était au pouvoir en 1884 et un grand mémoire fut envoyé au premier ministre, le très honorable William E. Gladstone, demandant qu'un amendement au droit de vote des femmes au projet de loi sur les franchises des comtés soit soumis à l'examen libre et impartial de la Chambre. . M. Gladstone a sèchement refusé, déclarant que si un amendement au droit de vote des femmes devait être adopté, le gouvernement déclinerait toute responsabilité dans le projet de loi. L'amendement a néanmoins été soumis, mais M. Gladstone n'a pas permis qu'il soit librement discuté et il a ordonné aux députés libéraux de voter contre. Ce que nous appelons un whip a été envoyé contre l'amendement, une note ordonnant pratiquement aux membres du parti d'être présents à une certaine heure pour voter contre l'amendement des femmes. Sans se laisser décourager, les femmes ont tenté de faire présenter un projet de loi sur le suffrage indépendant, mais M. Gladstone a organisé les affaires parlementaires de telle sorte que le projet de loi n'a même jamais été discuté.

Je ne vais pas écrire une histoire du mouvement pour le droit de vote des femmes en Angleterre avant 1903, lorsque l'Union sociale et politique des femmes a été organisée . Cette histoire est pleine de répétitions d'histoires telles que celle que j'ai racontée. Gladstone était un ennemi implacable du droit de vote des femmes. Il croyait que le travail et la politique des femmes étaient au service des partis masculins. L'un des actes les plus astucieux de la carrière de M. Gladstone fut de perturber l' organisation du suffrage en Angleterre. Il y est parvenu en substituant « quelque chose d'aussi bon », à savoir les associations libérales de femmes. Débutées en 1881 à Bristol, ces associations se répandirent rapidement à travers le pays et devinrent, en 1887, une Fédération nationale libérale des femmes. La Fédération avait promis qu'en s'alliant aux hommes dans les partis politiques, les femmes obtiendraient bientôt le droit de vote. L'avidité avec laquelle les femmes acceptaient cette promesse, abandonnaient leur travail pour elles-mêmes et se jetaient dans le travail des hommes était étonnante.

La Fédération libérale des femmes est une organisation de femmes qui croient aux principes du Parti libéral. (La Primrose League, un peu plus ancienne, est une organisation similaire de femmes qui adhèrent aux principes du parti conservateur.) Aucune de ces organisations n'a pour objectif le droit de vote des femmes. Ils ont été créés pour défendre les idées du parti et œuvrer à l'élection des candidats du parti.

On me dit que les femmes américaines se sont récemment alliées à des partis politiques, croyant, tout comme nous, qu'une telle action briserait l'opposition au suffrage en montrant aux hommes que les femmes possèdent des capacités politiques et que la politique est également un travail pour les femmes. en tant qu'hommes. Qu'ils ne se laissent pas tromper. Je peux assurer aux femmes américaines que notre longue alliance avec les grands partis, notre dévouement aux programmes des partis , notre travail fidèle lors des élections n'ont jamais fait avancer d'un pas la cause du suffrage. Les hommes acceptaient les services des femmes, mais ne leur proposaient jamais aucune forme de paiement.

En ce qui me concerne, je ne me suis pas fait d'illusions en la matière. J'étais présente lorsque la Fédération libérale féminine a vu le jour. Mme Gladstone a présidé la réunion, offrant à l'assemblée de nombreuses paroles de consolation pour l'absence de « notre grand leader », M. Gladstone, qui n'avait bien sûr pas de temps à perdre pour un rassemblement de femmes. À la demande de Mme Jacob Bright, j'ai rejoint la Fédération. À ce stade de mon développement, j'étais membre de la Société Fabienne et j'avais une confiance considérable dans le pouvoir pénétrant de son socialisme doux. Mais j'étais déjà assez convaincu de la futilité de faire confiance aux partis politiques. Dès mon enfance, j'avais commencé à m'interroger sur la confiance *naïve* des membres du parti dans les promesses de leurs dirigeants. Je me souviens très bien de mon père rentrant chez lui après des réunions politiques, le visage rayonnant d'enthousiasme. « Que s'est-il passé, père ? Je demandais, et il répondait triomphalement : « Ah ! Nous avons adopté la résolution.

"Ensuite, vous obtiendrez votre mesure lors de la prochaine séance", ai-je prédit.

"Je ne dirai pas ça", était la réponse habituelle. "Les choses n'avancent pas toujours aussi vite. Mais nous avons adopté la résolution."

Eh bien, les suffragettes, lorsqu'elles ont été admises dans la Fédération libérale des femmes, ont dû sentir qu'elles avaient adopté leur résolution. Ils se sont installés pour travailler pour le parti et prouver qu'ils étaient aussi capables de voter que les ouvriers agricoles récemment affranchis . Bien entendu, quelques femmes restèrent fidèles au suffrage. Ils reprirent les anciennes lignes pédagogiques pour travailler pour la cause. Pas une seule femme ne s'est demandé comment et pourquoi les ouvriers agricoles avaient obtenu leur droit de vote. En fait, ils l'avaient gagné en brûlant des meules de foin, en se révoltant et en démontrant leur force de la seule manière que les politiciens anglais puissent comprendre. La menace de faire venir cent mille hommes à la Chambre des Communes si le projet de loi n'était pas adopté a également contribué à garantir aux ouvriers agricoles leur liberté politique. Mais aucune femme suffragiste ne l'a remarqué. Quant à moi, j'étais alors trop jeune politiquement pour retenir la leçon. Il m'a fallu des années de travail public avant d'acquérir l'expérience et la sagesse nécessaires pour savoir comment arracher des concessions au gouvernement anglais. J'ai dû occuper une fonction publique. J'ai dû pénétrer dans les coulisses des écoles publiques, des hospices et autres institutions caritatives ; Il me fallait observer de près la misère et le malheur d'un monde créé par l'homme, avant d'atteindre le point où je pourrais réussir à me révolter contre lui. C'est presque immédiatement après l'effondrement du mouvement pour le droit de vote des femmes en 1884 que je suis entrée dans cette nouvelle phase de ma carrière.

CHAPITRE II

En 1885, un an après l'échec du troisième projet de loi sur le droit de vote des femmes, mon mari, le Dr Pankhurst, s'est présenté comme candidat libéral au Parlement dans Rotherline , une circonscription riveraine de Londres. J'ai fait campagne avec lui, parlant et sollicitant au mieux de mes capacités. Le Dr Pankhurst était un candidat populaire et aurait sans aucun doute été réélu sans l'opposition des Home-Rulers. Parnell était aux commandes et sa politique bien établie était l'opposition à tous les candidats gouvernementaux. Ainsi, malgré le fait que le Dr Pankhurst était un fervent défenseur de l'autonomie locale, les forces Parnell lui étaient fermement opposées et il fut vaincu. Je me souviens avoir exprimé une grande indignation, mais mon mari m'a fait remarquer que la politique de Parnell était tout à fait juste. Avec son petit parti, il ne pouvait jamais espérer obtenir l'autonomie nationale face à une majorité hostile, mais par une obstruction constante, il pourrait, avec le temps, épuiser le gouvernement et le forcer à se rendre. C'était une leçon politique précieuse, que j'étais destiné à mettre en pratique des années plus tard.

L'année suivante, nous vivions à Londres et, comme d'habitude, nous nous intéressions aux questions syndicales et à d'autres mouvements sociaux. Cette année a été mémorable grâce à une grande grève des femmes travaillant dans les usines d'allumettes Bryant et May. Je me suis lancé dans cette grève avec enthousiasme, travaillant avec les filles et avec quelques femmes de premier plan, parmi lesquelles la célèbre Mme Annie Besant. La grève a été un succès, les filles obtenant des améliorations substantielles de leurs conditions de travail.

C'était une période de troubles terribles, d' agitations syndicales , de grèves et de lock-out. C'était aussi une époque où un esprit réactionnaire des plus stupides semblait s'emparer du gouvernement et des autorités. L'Armée du Salut, les socialistes, les syndicalistes, en fait tous les organismes qui tenaient des réunions en plein air, furent particulièrement visés. En guise de protestation contre cette politique, une Law and Liberty League fut créée à Londres et une immense réunion sur la liberté d'expression se tint à Trafalgar Square, John Burns et Cunningham Graham étant les principaux orateurs. J'étais présent à cette réunion qui a donné lieu à une émeute sanglante entre la police et la population. Les émeutes de Trafalgar Square sont historiques et c'est à elles que M. John Burns doit, en grande partie, son ascension politique ultérieure. John Burns et Cunningham Graham ont tous deux purgé des peines de prison pour le rôle qu'ils ont joué dans l'émeute, mais ils sont devenus célèbres et ont fait beaucoup pour établir le droit à la liberté d'expression des Anglais. Les Anglaises luttent toujours pour ce droit.

En 1890, mon dernier enfant est né à Londres. J'avais maintenant une famille de cinq jeunes enfants et, pendant un certain temps, j'étais moins actif dans les travaux publics. Au moment du départ à la retraite de Mme Annie Besant du London School Board, on m'avait demandé de me présenter comme candidate au poste vacant, mais même si j'aurais dû apprécier ce travail, j'ai décidé de ne pas accepter cette invitation. L'année suivante, cependant, une nouvelle association de suffrage, la Women's Franchise League, fut créée, et j'estimai qu'il était de mon devoir de m'y affilier. La Ligue préparait un nouveau projet de loi sur le suffrage, dont je ne pouvais absolument pas approuver les dispositions, et Je me suis joint à de vieux amis, parmi lesquels Mme Jacob Bright, Mme Wolstentholm-Elmy , qui était membre du London School Board, et Mme Stanton Blatch , alors résidente en Angleterre, dans le but de remplacer le projet de loi original rédigé par le Dr Pankhurst. En fait, aucun des deux projets de loi n'a été présenté au Parlement cette année-là. M. (maintenant Lord) Haldane, qui était responsable de la mesure, a présenté une de ses propres rédactions. Il s'agissait d'un projet de loi vraiment surprenant, dont les termes étaient royalement inclusifs. Non seulement il accordait le droit de vote à toutes les femmes, mariées ou non, des classes ménagères , mais il les rendait également éligibles à toutes les fonctions relevant de la Couronne. Le projet de loi n'a jamais été pris au sérieux par le gouvernement, et en fait, il n'a jamais été prévu qu'il le soit, comme on nous l'a fait comprendre plus tard. Je me souviens d'être allé avec Mme Stanton Blatch au palais de justice pour voir M. Haldane et protester contre l'introduction d'une mesure qui n'avait pas la moindre chance d'être adoptée.

"Eh bien, ce projet de loi", a déclaré Haldane, "est pour l'avenir".

Tous leurs projets de loi sur le droit de vote des femmes sont destinés à l'avenir, un avenir si lointain qu'il est imperceptible. Nous commencions à le comprendre dès 1891. Cependant, tant qu'il y avait un projet de loi, nous étions déterminés à l'appuyer. En conséquence, nous avons sondé les membres, distribué une grande quantité de littérature et organisé et abordé des réunions. Non seulement nous avons prononcé nous-mêmes des discours, mais nous avons également incité des parlementaires amis à monter sur nos plateformes. Lors d'une de ces réunions, tenue dans un club radical de l'East End, M. Haldane et un jeune homme qui l'accompagnait ont pris la parole. Ce jeune homme, Sir Edward Grey, alors au début de sa carrière, lança un plaidoyer éloquent en faveur du droit de vote des femmes. Que Sir Edward Grey devienne, plus tard dans sa vie, un ennemi acharné du droit de vote des femmes, cela n'étonnera personne. J'ai connu de nombreux jeunes Anglais qui ont commencé leur vie politique en tant que partisans du droit de vote et qui sont ensuite devenus des anti-suffragettes ou des « amis » traîtres de la cause. Ces jeunes hommes d'État en herbe doivent attirer l'attention d'une manière ou d'une autre, et l'adhésion à des causes avancées, telles que le droit du travail ou le droit de vote des femmes, semble un moyen facile d'atteindre cet objectif.

Eh bien, nos discours et notre agitation n'ont rien fait pour aider le projet de loi impossible de M. Haldane. Il n'a jamais dépassé la première lecture.

Notre résidence à Londres a pris fin en 1893. Cette année-là, nous sommes retournés dans notre maison de Manchester et j'ai repris le travail de la Suffrage Society. À ma suggestion, les membres ont commencé à organiser leurs premières réunions en plein air, et nous avons continué jusqu'à ce que nous parvenions à organiser une grande réunion qui remplissait la salle du libre-échange et débordait et encombrait une salle plus petite à proximité. Cela marqua le début d'une campagne de propagande parmi les travailleurs, objectif que je souhaitais depuis longtemps réaliser.

Et c'est alors qu'a commencé une nouvelle étape, et si j'y repense, une étape extrêmement intéressante de ma carrière. J'ai raconté comment nos dirigeants du Parti libéral avaient conseillé aux femmes de prouver leur aptitude au droit de vote parlementaire en occupant des postes municipaux, en particulier des postes non rémunérés. Un grand nombre de femmes ont profité de ces conseils et siègent aux conseils de tutelles, aux conseils scolaires et à d'autres titres. Mes enfants étant désormais assez grands pour que je puisse les confier à des infirmières compétentes, j'étais libre de rejoindre ces rangs. Un an après mon retour à Manchester, je suis devenu candidat au Conseil des Poor Law Guardians. Quelques semaines auparavant, j'avais brigué une place au conseil scolaire, sans succès. Mais cette fois, j'ai été élu en tête du scrutin avec une très large majorité.

Pour le bénéfice des lecteurs américains, j'expliquerai quelque chose du fonctionnement de notre loi anglaise sur les pauvres. Le devoir de la loi est d'administrer un acte de la reine Elizabeth, l'une des plus grandes réformes opérées par ce monarque sage et humain. Lorsqu'Élisabeth accéda au trône, elle trouva l'Angleterre, la joyeuse Angleterre des poètes contemporains, dans un état de pauvreté épouvantable. Des hordes de gens mouraient littéralement de faim, dans des masures misérables, dans les rues et aux portes mêmes du palais. La cause de toute cette misère fut la réforme religieuse sous Henri VIII et la sécession de l'Église anglaise de Rome. Le roi Henri, on le sait, s'empara de toutes les terres de l'Église, des abbayes et des couvents, et les donna en récompense aux nobles et aux favoris qui avaient soutenu sa politique. Mais en s'emparant des biens de l'Église, les nobles protestants n'ont en aucun cas assumé les anciennes responsabilités de l'Église consistant à héberger les voyageurs, à faire l'aumône, à soigner les malades, à éduquer les jeunes et à prendre soin des jeunes et des personnes âgées. Lorsque les moines et les moniales furent chassés de leurs couvents, ces devoirs n'incombèrent à personne. Le résultat, après le bref règne d'Édouard VI et celui sanglant de la reine Mary, fut l'anarchie sociale héritée par Elizabeth.

Cette grande reine et grande femme, consciente que la responsabilité des pauvres et des impuissants incombe légitimement à la communauté, a fait adopter une loi créant dans les paroisses des organismes publics pour faire face aux conditions locales de pauvreté. Le Board of Poor Law Guardians verse aux pauvres l'argent provenant des Poor Rates (impôts) et quelques fonds supplémentaires autorisés par le conseil du gouvernement local, dont le président est un ministre. M. John Burns est le titulaire actuel du bureau. Le Conseil des Tuteurs contrôle l'institution que nous appelons le workhouse. Vous avez, je crois, des hospices ou des hospices, mais ils ne sont pas aussi étendus que nos hospices, qui sont toutes sortes d'institutions en une seule. Nous avions, dans mon atelier, un hôpital de neuf cents lits, une école avec plusieurs centaines d'enfants, une ferme et de nombreux ateliers.

Lorsque je suis arrivé au pouvoir, j'ai découvert que la loi dans notre district, Chorlton , était très durement appliquée. L'ancien conseil d'administration était composé du genre d'hommes connus sous le nom d'épargnants. Ils étaient des gardiens, non pas des pauvres, mais des revenus, et, comme je le découvris bientôt, des gardiens peu avisés, même de l'argent. Par exemple, bien que les détenus soient très mal nourris, un gaspillage effroyable de nourriture était constaté. Chaque détenu recevait chaque jour un certain poids de nourriture, et le pain constituait une telle part de la ration que presque personne ne consommait la totalité de sa portion. Dans le département des fermes, les porcs étaient élevés exprès pour consommer ce surplus de pain, et comme les porcs ne se nourrissent pas d'un régime solide de pain rassis, les animaux se vendaient sur le marché à un prix bien inférieur à celui des porcs de ferme correctement nourris. J'ai suggéré qu'au lieu de donner un poids solide de pain en un seul morceau, le pain soit coupé en tranches et beurré avec de la margarine, chacun ayant droit à ce qu'il voulait manger. Le reste du conseil s'y opposa, disant que nos pauvres pensionnaires étaient très jaloux de leurs droits et soupçonnaient dans une pareille innovation une tentative de les priver d'une partie de leur ration. Ce problème a été facilement surmonté en suggérant que nous consultions les détenus avant de procéder au changement. Bien sûr, les pauvres gens ont accepté, et avec le pain que nous avions économisé, nous avons fait des puddings avec du lait et des groseilles, pour les donner à manger aux personnes âgées de l'hospice. Ces personnes âgées que j'ai trouvées assises sur des formes ou des bancs sans dossier. Ils n'avaient aucune intimité, aucun bien, pas même un casier. Les vieilles femmes n'avaient pas de poches dans leurs robes, elles étaient donc obligées de garder les pauvres petits trésors qu'elles avaient dans leur sein. Peu de temps après mon entrée en fonction, nous avons donné aux personnes âgées des sièges Windsor confortables pour s'asseoir et, de diverses manières, nous avons réussi à rendre leur existence plus supportable.

Après tout, il s'agissait là d'avantages mineurs. Mais cela me gratifie quand je regarde en arrière et que je me souviens de ce que nous avons pu faire pour les enfants de l'atelier de Manchester. La première fois que je suis entré dans cet endroit, j'ai été horrifié de voir des petites filles de sept et huit ans à genoux frotter les pierres froides des longs couloirs. Ces petites filles étaient vêtues, été comme hiver, de fines robes de coton, décolletées et à manches courtes. La nuit, ils ne portaient rien du tout, les robes de nuit étant considérées comme trop belles pour les pauvres. Le fait que la bronchite était épidémique chez eux la plupart du temps n'avait pas suggéré aux gardiens un changement dans la mode de leurs vêtements. Il y avait une école pour les enfants, mais l'enseignement était des plus médiocres. Ils étaient assez désespérés, ces pauvres innocents, lorsque je les ai rencontrés pour la première fois. En cinq ans, nous avons changé pour eux la face de la terre. Nous avions acheté un terrain à la campagne et construit un système de cottages pour les enfants, et nous avions créé pour eux une école moderne avec des enseignants qualifiés. Nous leur avions même réservé un gymnase et une piscine. Je peux dire que j'étais membre du comité de construction du conseil d'administration, la seule femme membre.

Quoi qu'on puisse dire contre le système anglais de la Poor Law, je maintiens qu'en vertu de ce système, aucun stigmate de paupérisme ne doit être appliqué aux enfants des ateliers. S'ils sont traités comme des pauvres, bien sûr, ils le resteront, et ils grandiront comme des pauvres, un fardeau permanent pour la société ; mais s'ils sont considérés comme de simples enfants sous la tutelle de l'État, ils revêtent un tout autre caractère. Les enfants riches ne sont pas paupérisés en étant envoyés dans l'une ou l'autre des écoles publiques gratuites dont l'Angleterre a la chance. Pourtant, un grand nombre de ces écoles, désormais exclusivement utilisées pour l'éducation des garçons de la classe moyenne supérieure, ont été fondées grâce à un héritage laissé pour éduquer les pauvres, filles comme garçons. La loi anglaise sur les pauvres, correctement appliquée, devrait rendre aux enfants des indigents ce que les classes supérieures leur ont pris, c'est-à-dire une bonne éducation basée sur le respect d'eux-mêmes.

Le problème est que, comme je l'ai vite compris après mon entrée en fonction, la loi ne peut pas, dans les circonstances actuelles, faire tout le travail qu'elle est censée faire, même pour les enfants. Nous aurons besoin de nouvelles lois, et il m'est vite apparu que nous ne pourrons jamais espérer les obtenir tant que les femmes n'auront pas le droit de vote. Pendant la période où j'ai siégé au conseil d'administration et pendant des années depuis, les tutrices dans tout le pays se sont efforcées en vain de faire réformer la loi afin d'améliorer les conditions qui brisent le cœur des femmes, mais qui affectent apparemment très les hommes. petit. J'ai parlé des petites filles que j'ai trouvées en train de récurer les sols des ateliers. Il y en avait d'autres à ce travail odieux qui excitèrent ma plus vive pitié. J'ai découvert qu'il y avait des femmes enceintes dans cet atelier, récurant les sols, effectuant le travail le plus dur, presque jusqu'à ce que leurs bébés viennent au monde. Beaucoup d'entre eux étaient des femmes célibataires, très, très jeunes, de simples filles. Ces pauvres mères ont été autorisées à rester à l'hôpital après l'accouchement pendant deux courtes semaines. Ensuite, elles ont dû faire le choix de rester dans l'hospice et de gagner leur vie en nettoyant et en effectuant d'autres travaux, auquel cas elles ont été séparées de leurs bébés ; ou de prendre leurs décharges. Ils pouvaient rester et devenir pauvres, ou ils pouvaient partir — partir avec un bébé de deux semaines dans les bras, sans espoir, sans maison, sans argent, sans nulle part où aller. Qu'est devenu ces filles et qu'est devenu leurs malheureux enfants ? Cette question était à la base de la demande des gardiennes d'une réforme d'une partie de la loi sur les pauvres.

Cet article traite des petits enfants qui sont hébergés, non pas par l'hospice, mais par les parents, ces parents étant presque toujours la mère. C'est de cette classe de mères de travail – pour la plupart de jeunes servantes – que les gens irréfléchis disent que toutes les filles qui travaillent devraient appartenir ; c'est de cette classe plus que de toute autre que viennent les cas d'illégitimité. Ces pauvres petites servantes, qui ne sortent peut-être que le soir, dont l'esprit n'est pas très cultivé et qui trouvent tout le sentiment de leur vie dans des romans à bon marché, deviennent une proie facile pour ceux qui ont des desseins contre elles. Ce sont ces personnes qui confient la plupart des bébés au sein, et ce sont les mères qui doivent payer pour leur entretien. Bien entendu les bébés sont très mal protégés. Les Poor Law Guardians sont censés les protéger en nommant des inspecteurs pour visiter les maisons où les bébés sont hébergés. Mais, selon la loi, si un homme qui ruine une jeune fille verse une somme forfaitaire de vingt livres, soit moins de cent dollars, la pension est à l'abri de toute inspection. Tant qu'un baby-farmer ne prend qu'un seul enfant à la fois, les vingt livres étant payées, les inspecteurs ne peuvent pas inspecter la maison. Bien sûr, les bébés meurent avec une rapidité effroyable, souvent bien avant que les vingt livres aient été dépensées, et les bébés fermiers sont alors libres de solliciter une autre victime. Pendant des années, comme je l'ai dit, les femmes ont essayé en vain d'obtenir cette petite réforme de la loi sur les pauvres, pour atteindre et protéger tous les enfants illégitimes et pour empêcher tout riche scélérat d'échapper à sa responsabilité future envers son enfant en raison de la somme forfaitaire qu'il a versée. Cela a été tenté à maintes reprises, mais cela a toujours échoué, parce que celles qui s'en soucient réellement sont de simples femmes.

Je pensais avoir été suffragiste avant de devenir Poor Law Guardian, mais maintenant j'ai commencé à considérer le vote entre les mains des femmes non seulement comme un droit mais aussi comme une nécessité désespérée. Ces mères pauvres et sans protection et leurs bébés ont été, j'en suis sûr, des facteurs puissants dans mon éducation de militante. En fait, toutes les femmes que j'ai rencontrées au workhouse ont contribué à cette éducation. Très peu de temps après mon entrée au tableau, j'ai vu que la classe de vieilles femmes qui entraient dans l'atelier était, à bien des égards, supérieure au genre de vieillards qui entraient dans l'atelier. On ne pouvait s'empêcher de le remarquer. Ils étaient d'abord plus travailleurs. En fait, c'était assez touchant de voir leur industrie et leur patience. Les vieilles femmes, âgées de plus de soixante et soixante-dix ans, faisaient la plupart des travaux de cet endroit, la plupart des coutures, la plupart des choses qui maintenaient la maison propre et qui approvisionnaient les détenus en vêtements. J'ai découvert que les vieillards étaient différents. On ne pouvait pas en tirer beaucoup de travail. Ils aimaient s'arrêter dans la salle de cueillette de l'étoupe, où il leur était permis de fumer ; mais quant au travail réel, nos vieillards faisaient très peu de choses.

J'ai commencé à m'enquérir de ces vieilles femmes. J'ai découvert que la majorité d'entre elles n'étaient pas des femmes dissolues ou criminelles, mais des femmes qui avaient mené une vie parfaitement respectable, soit en tant qu'épouses et mères, soit en tant que femmes célibataires gagnant leur propre vie. Un grand nombre appartenaient à la classe des domestiques, qui n'étaient pas mariées, qui avaient perdu leur emploi et avaient atteint un âge de la vie où il était impossible d'obtenir un emploi supplémentaire. Ce n'était pas de leur faute, mais simplement parce qu'ils n'avaient jamais gagné suffisamment pour épargner . Le salaire moyen des femmes qui travaillent en Angleterre est inférieur à deux dollars par semaine. Avec cette somme dérisoire, il est déjà assez difficile de rester en vie, et bien sûr, il est impossible de sauver. Quiconque connaît les conditions dans lesquelles vivent nos travailleuses sait que peu d'entre elles peuvent espérer gagner suffisamment d'argent pour rester vieilles. En outre, la femme qui travaille en moyenne doit subvenir aux besoins d'autres personnes qu'elle-même. Comment peut-elle économiser ?

Certaines de nos vieilles femmes étaient mariées. Beaucoup d'entre elles, j'ai découvert, étaient des veuves d'artisans qualifiés qui avaient reçu des pensions de leurs syndicats, mais ces pensions avaient disparu avec les hommes. Ces femmes, qui avaient renoncé au pouvoir de travailler pour elles-mêmes et s'étaient consacrées au travail pour leur mari et leurs enfants, se sont retrouvées sans le sou. Il n'y avait rien d'autre à faire que d'aller à l'atelier. Beaucoup d'entre elles étaient les veuves d'hommes qui avaient servi leur pays dans l'armée ou la marine. Les hommes avaient reçu des pensions du gouvernement, mais les pensions avaient disparu avec eux, et les femmes étaient donc au workhouse.

Nous ne trouverons plus à l'avenir, je l'espère, autant de vieilles femmes respectables dans les workhouses anglais. Nous avons maintenant une loi sur les pensions de vieillesse, qui accorde aux femmes âgées ainsi qu'aux hommes âgés la somme de cinq shillings – 1,20 $ – par semaine ; à peine assez pour vivre, mais assez pour permettre aux pauvres de maintenir leurs vieux pères et mères hors de l'hospice sans mourir de faim eux-mêmes ou leurs enfants. Mais lorsque j'étais un pauvre gardien de la loi, il n'y avait tout simplement rien à faire avec une femme lorsque sa vie de labeur prenait fin, sauf à en faire une pauvre.

J'aurais aimé avoir de l'espace pour vous parler d'autres tragédies de femmes dont j'ai été témoin lorsque j'étais membre de ce conseil d'administration. Dans notre service d'assistance, qui s'adresse principalement aux personnes valides, pauvres et dépendantes, j'ai été mis en contact avec des veuves qui luttaient désespérément pour maintenir leur foyer et leur famille unis. La loi accordait à ces femmes une aide d'une certaine sorte très insuffisante, mais pour elle et un de leurs enfants, elle n'offrait aucune aide, sauf l'hospice. Même si la femme avait un bébé au sein, elle était considérée, selon la loi, comme un homme valide. Les femmes, nous dit-on, devraient rester à la maison et prendre soin de leurs enfants. J'avais l'habitude d'étonner mes collègues masculins en leur disant : "Lorsque les femmes auront le droit de vote, elles verront que les mères *pourront* rester à la maison et s'occuper de leurs enfants. Vous les hommes, vous avez rendu impossible à ces mères de le faire."

Je suis convaincu que la femme émancipée trouvera de nombreux moyens d'atténuer, au moins, le fléau de la pauvreté. Les femmes ont des idées plus pratiques sur les secours, et notamment sur la prévention de l'extrême pauvreté, que les hommes. J'en ai été frappé chaque fois que j'assistais aux conférences de district et aux réunions annuelles du Poor Law Union. Dans nos discussions, les femmes se sont montrées beaucoup plus capables , beaucoup plus ingénieuses que les hommes. Je me souviens de deux articles que j'ai préparés et qui ont suscité de nombreuses discussions. L'une d'elles portait sur les devoirs des tuteurs en période de chômage, dans laquelle je soulignais que le gouvernement disposait d'une réserve d'emplois pour les hommes qui pouvait toujours être utilisée. Nous assistons, sur notre côte nord-ouest, à un lessivage constant de l'avant-lit. De temps en temps, la question de la remise en état des côtes est évoquée, mais je n'ai jamais entendu personne suggérer la remise en état des côtes comme moyen de soulager les chômeurs.

En 1898, j'ai subi une perte irréparable avec la mort de mon mari. Sa mort est survenue subitement et m'a laissé la lourde responsabilité de m'occuper d'une famille d'enfants, l'aîné n'ayant que dix-sept ans. J'ai démissionné de ma place au Conseil des tuteurs et j'ai été presque immédiatement nommé au bureau salarié du registraire des naissances et des décès à Manchester. Nous avons des officiers d'état civil des naissances, des décès et des mariages en Angleterre, mais comme l'acte établissant ce dernier nom contient les mots « personne de sexe masculin », une femme ne peut pas être nommée officier d'état civil des mariages. Le chef de ce département du gouvernement est le registraire général, avec des bureaux à Somerset House, à Londres, où toutes les statistiques de l'état civil sont renvoyées et tous les documents classés.

C'était mon devoir, en tant qu'officier de l'état civil, d'agir en tant que recenseur en chef de mon district ; J'étais obligé de recevoir tous les rapports de naissances et de décès, de les enregistrer et d'envoyer mes livres trimestriellement au bureau de l'état civil. Mon quartier se trouvait dans un quartier ouvrier et c'est pour cette raison que j'ai institué des bureaux du soir deux fois par semaine. Il était touchant de constater à quel point les femmes étaient heureuses de pouvoir s'adresser à un officier d'état civil. Ils me racontaient leurs histoires, des histoires terribles pour certaines, et toutes pathétiques avec ce pathétique patient et sans plainte de la pauvreté. Même après mon expérience au sein du Conseil des Tuteurs, j'ai été choquée de me rappeler sans cesse le peu de respect qu'il y avait dans le monde pour les femmes et les enfants. J'ai fait venir des petites filles de treize ans à mon cabinet pour enregistrer la naissance de leurs bébés, illégitimes bien sûr. Dans beaucoup de ces cas, j'ai découvert que le propre père de l'enfant ou un proche parent de sexe masculin était responsable de son état. Il n'y avait rien à faire dans la plupart des cas. L'âge du consentement en Angleterre est de seize ans, mais un homme peut toujours prétendre qu'il pensait que la fille avait plus de seize ans. Durant mon mandat, une très jeune mère d'un enfant illégitime a exposé son bébé et celui-ci est mort. La jeune fille a été jugée pour meurtre et condamnée à mort. Celle-ci fut commuée ensuite, il est vrai, mais le malheureux enfant fit l'horrible expérience du procès et de la sentence « d'être pendu par le cou jusqu'à la mort ». Le misérable qui était, du point de vue de la justice, le véritable meurtrier du bébé, ne reçut aucune punition.

Il ne me fallait qu'une expérience de plus après celle-ci, qu'un seul contact de plus avec la vie de mon époque et la situation des femmes, pour me convaincre que si la civilisation devait progresser dans le futur, ce devait être grâce à l'aide des femmes. des femmes libérées de leurs entraves politiques, des femmes dotées du plein pouvoir pour exprimer leur volonté dans la société. En 1900, on m'a demandé de me présenter comme candidat au conseil scolaire de Manchester. Les écoles étaient alors régies par l'ancienne loi et les commissions scolaires étaient des organismes très actifs. Ils administrèrent la Loi sur l'enseignement élémentaire, achetèrent des terrains d'écoles, construisirent des bâtiments, employèrent et rémunérèrent des enseignants. Le code scolaire et le programme d'études ont été élaborés par le Conseil de l'éducation, qui fait partie du gouvernement central. Bien sûr, c'était absurde. Un groupe d'hommes à Londres ne pourrait pas répondre à tous les besoins des garçons et des filles des régions reculées de l'Angleterre. Mais c'était ainsi.

En tant que membre du conseil scolaire, j'ai très vite découvert que les enseignants, les travailleurs des classes supérieures, se trouvaient exactement dans la même situation que les travailleurs des classes inférieures. Autrement dit, les hommes avaient tout l'avantage. Les enseignants avaient un représentant au sein des conseils scolaires. Bien entendu, ce représentant était un enseignant masculin et, bien entendu, il donnait également la préférence aux intérêts des enseignants masculins. Les enseignants hommes recevaient des salaires beaucoup plus élevés que les femmes, même si beaucoup de femmes, en plus de leur travail régulier en classe, devaient en plus enseigner la couture et les sciences domestiques. Ils ne recevaient aucune rémunération supplémentaire pour leur travail supplémentaire. Malgré ce fardeau supplémentaire et malgré les salaires inférieurs reçus, j'ai constaté que les femmes se préoccupaient beaucoup plus de leur travail et beaucoup plus des enfants que les hommes. C'était un hiver où la pauvreté et le chômage régnaient à Manchester. J'ai découvert que les enseignantes dépensaient leurs maigres salaires pour assurer des dîners réguliers aux enfants démunis et consacraient leur temps à les servir et à veiller à ce qu'ils soient nourris. Ils m'ont dit tout simplement : « Vous voyez, les petites choses sont trop mal loties pour étudier leurs leçons. Il faut les nourrir avant de pouvoir leur enseigner.

Eh bien, au lieu de voir que les femmes s'occupent davantage des écoles et des écoliers que les hommes et devraient donc avoir plus de pouvoir en matière d'éducation, le Parlement de 1900 a en fait adopté une loi qui a retiré entièrement l'éducation en Angleterre des mains des femmes. Cette loi abolit complètement la commission scolaire et plaça l'administration des écoles entre les mains des municipalités. Certaines sociétés avaient autrefois accordé certaines subventions à l'enseignement technique – Manchester avait construit un magnifique collège technique – et désormais les sociétés avaient le contrôle total de l'enseignement primaire et secondaire.

La loi prévoyait en effet que les entreprises devraient coopter au moins une femme dans leurs conseils d'administration de l'éducation. Manchester a coopté quatre femmes et, sur la forte recommandation du parti travailliste , j'ai été l'une des femmes choisies. À leur demande urgente, j'ai été nommée au Comité de l'enseignement technique, la seule femme admise dans ce comité. J'ai appris que le Manchester Technical College, considéré comme le deuxième meilleur d'Europe, dépensant des milliers de livres chaque année pour la formation technique, n'avait pratiquement aucune disposition pour former les femmes. Même dans les classes où elles auraient facilement pu être admises, comme les cours de boulangerie, de confiserie, etc., les filles étaient exclues parce que les syndicats d'hommes s'opposaient à ce qu'elles soient formées à un travail aussi qualifié. Il est rapidement devenu clair dans mon esprit que les hommes considéraient les femmes comme une classe de servantes dans la communauté et que les femmes allaient rester dans la classe des servantes jusqu'à ce qu'elles s'en sortent. Je me suis souvent demandé à l'époque ce qu'il fallait faire. J'avais rejoint le Parti travailliste , pensant que par l'intermédiaire de ses conseils, quelque chose de vital pourrait naître, une telle revendication du droit de vote des femmes que les politiciens ne pourraient pas ignorer. Rien n'est arrivé.

Toutes ces années, mes filles ont grandi. Toute leur vie, ils s'étaient intéressés au droit de vote des femmes. Christabel et Sylvia, petites filles, avaient pleuré lorsqu'on les conduisait aux réunions. Ils nous ont aidé dans nos réunions de salon de toutes les manières possibles pour les enfants. En grandissant, nous parlions ensemble du suffrage, et j'étais parfois un peu effrayé par leur confiance juvénile dans la perspective, qu'ils considéraient comme certaine, du succès du mouvement. Un jour, Christabel m'a fait sursauter en me disant : « Depuis combien de temps, vous les femmes, vous essayez d'obtenir le droit de vote. Pour ma part, je veux l'obtenir.

Y avait-il, réfléchis-je, une différence entre essayer d'obtenir le vote et l'obtenir ? Il existe un vieux proverbe français : « Si la jeunesse pouvait savoir, si l'âge pouvait le faire ». Il m'est venu à l'esprit que si les travailleurs du suffragette plus âgés pouvaient, d'une manière ou d'une autre, joindre la main aux jeunes suffragistes infatigables et ingénieux, le mouvement pourrait s'éveiller à une nouvelle vie et à de nouvelles possibilités. Après cela, mes filles et moi avons cherché ensemble un moyen de réaliser cette union des jeunes et des vieux qui trouverait de nouvelles méthodes, ouvrirait de nouvelles voies. Finalement, nous crumes avoir trouvé un moyen.

CHAPITRE III

Au cours de l'été 1902 — je crois que c'était 1902 — Susan B. Anthony s'est rendue à Manchester, et cette visite a été l'une des causes qui ont conduit à la fondation de notre organisation militante pour le droit de vote , l'Union sociale et politique des femmes. Lors de la visite de Miss Anthony, ma fille Christabel, qui fut très profondément impressionnée, écrivit un article pour les journaux de Manchester sur la vie et l'œuvre du vénérable réformateur. Après son départ, Christabel parlait souvent d'elle, et toujours avec tristesse et indignation qu'une si splendide travailleuse pour l'humanité soit destinée à mourir sans voir se réaliser les espoirs de sa vie . "Il est insupportable", a déclaré ma fille, "de penser à une autre génération de femmes qui gâchent leur vie en mendiant pour avoir le droit de vote. Nous ne devons plus perdre de temps. Nous devons agir".

A cette époque, le Parti Travailliste , dont j'étais encore membre, avait renvoyé M. Keir Hardie au Parlement, et nous avons décidé que la première étape d'une campagne d'action était de rendre le Parti Travailliste responsable d'un nouveau projet de loi sur le suffrage. Lors d'une récente conférence annuelle du parti, j'avais présenté une résolution demandant aux membres de charger leur propre député de présenter un projet de loi pour l'émancipation des femmes. La résolution a été adoptée et nous avons décidé d' organiser une société de femmes pour exiger l'émancipation immédiate, non pas au moyen de méthodes missionnaires dépassées, mais par une action politique.

C'est en octobre 1903 que j'ai invité un certain nombre de femmes chez moi, rue Nelson, à Manchester, à des fins d' organisation . Nous avons voté pour appeler notre nouvelle société Union sociale et politique des femmes, en partie pour souligner sa démocratie et en partie pour définir son objet comme étant politique plutôt que propagandiste. Nous avons résolu de limiter notre adhésion exclusivement aux femmes, de nous maintenir absolument libres de toute affiliation à un parti et de nous contenter de rien d'autre que d'agir sur notre question. Les actes, et non les paroles, devaient être notre devise permanente.

La cause du droit de vote des femmes était arrivée dans mon pays à un tel point que les anciens dirigeants, qui avaient fait un si bon travail éducatif dans le passé, se contentaient désormais apparemment des expressions de sympathie et de regret de la part de politiciens hypocrites. Ce fait m'a été rappelé de nouveau par un incident qui s'est produit presque au moment de la fondation de l'Union Sociale et Politique des Femmes. Dans notre Parlement, aucun projet de loi n'a de chance de devenir une loi s'il n'est pas transformé en une mesure gouvernementale. Les simples députés sont libres de présenter leurs propres mesures, mais celles-ci atteignent rarement la deuxième lecture ou le stade du débat. Tant de temps est consacré à la discussion des mesures gouvernementales que très peu de temps peut être consacré à des projets de loi d'intérêt privé. Environ une journée par semaine est consacrée à l'examen des mesures privées, auxquelles, comme on dit, le gouvernement accorde des facilités ; et comme le nombre de semaines d'une session est limité , les membres, les jours d'ouverture du Parlement, se réunissent et tirent au sort pour déterminer qui aura place dans les débats. Seuls ces hommes qui ont réussi ont la possibilité de s'exprimer sur leurs projets de loi, et seuls ceux qui ont eu des chances dès le début ont une chance de susciter de nombreuses discussions sur leurs mesures.

Or, les anciens suffragistes avaient depuis longtemps abandonné l'espoir d'obtenir un projet de loi sur le suffrage gouvernemental, mais ils s'accrochaient à l'espoir qu'un projet de loi d'initiative parlementaire serait un jour examiné. Chaque année, le jour de l'ouverture du Parlement, l'association envoyait une députation de femmes à la Chambre des communes, pour rencontrer des membres dits amis et examiner la position de la cause du suffrage des femmes. La cérémonie avait un caractère très conventionnel, pour ne pas dire farfelu. Les dames ont fait leurs discours et les membres ont fait le leur. Les dames ont remercié les membres amicaux pour leur sympathie, et les membres ont renouvelé leur assurance qu'ils croyaient au suffrage des femmes et qu'ils voteraient pour lui lorsqu'ils en auraient l'occasion. Alors la députation, un peu triste mais tout à fait tranquille, partit, et les membres reprirent les vraies affaires de la vie, qui étaient de soutenir la politique de leur parti.

Une cérémonie comme celle-ci à laquelle j'ai assisté peu après la fondation de la WSPU. Sir Charles M'Laren était le membre amical qui présidait le rassemblement, et il a fait tout son devoir en soutenant formellement la cause du suffrage des femmes. Il a assuré la délégation de son profond regret, ainsi que celui de nombre de ses collègues, que des femmes si intelligentes, si dévouées, etc., restent privées du droit de vote . D'autres membres ont fait de même. Les cérémonies touchaient à leur fin, mais moi, à qui on n'avait pas demandé la parole, j'étais déterminé à ajouter quelque chose à l'occasion.

« Sir Charles M'Laren , commençai-je brusquement, nous a dit qu'un grand nombre de ses collègues souhaitent le succès de la cause du suffrage des femmes. Maintenant, chacun de nous sait qu'en ce moment les membres de la Chambre des communes votent pour le droit de vote des femmes. une place dans les débats. Sir Charles M'Laren nous dira-t-il si un membre se prépare à présenter un projet de loi pour le droit de vote des femmes ? Nous dira-t-il ce que lui et les autres membres s'engageront à *faire* pour la réforme qu'ils soutiennent si chaleureusement ? "

Bien sûr, Sir Charles, embarrassé, n'était pas disposé à nous dire quoi que ce soit de pareil, et la députation partit confuse et en colère. On m'a dit que j'étais un intrus, un intrus impertinent. Qui m'a demandé de dire quelque chose ? Et de quel droit avais-je intervenir et gâcher la bonne impression qu'ils avaient faite ? Personne ne pouvait dire combien de membres amis j'avais aliénés par mes remarques malheureuses.

Je suis retourné à Manche ster et j'ai continué avec une énergie renouvelée le travail d' organisation de la WSPU.

Au printemps 1904, je me rendis à la conférence annuelle du Parti travailliste indépendant , déterminé, si possible, à inciter ses membres à préparer un projet de loi sur le suffrage qui serait déposé devant le Parlement lors de la prochaine session. Même si j'étais membre du Conseil administratif national et probablement une personne exerçant une certaine influence au sein du parti, je savais que mon projet se heurterait à une forte opposition de la part d'une forte minorité, qui estimait que le Parti travailliste devait concentrer tous ses efforts sur l'obtention d'un droit universel pour les adultes. droit de vote pour les hommes et les femmes. Théoriquement, bien sûr, un parti travailliste ne pouvait se contenter que du suffrage universel des adultes, mais il était clair qu'aucune réforme aussi radicale ne pouvait être réalisée à ce moment-là, à moins que le gouvernement n'en fasse effectivement l'une de ses mesures. En outre, même si une grande majorité des membres de la Chambre des communes s'étaient engagés à soutenir un projet de loi accordant aux femmes des droits de vote égaux à ceux des hommes, il était douteux qu'on puisse compter sur une majorité pour soutenir un projet de loi accordant le droit de vote aux adultes, même aux hommes. Un tel projet de loi, même s'il s'agissait d'une mesure gouvernementale, serait probablement difficile à adopter.

Après de longues discussions, le Conseil national décida d'adopter le projet de loi original sur l'émancipation des femmes, rédigé par le Dr Pankhurst, et passa en 1870 à sa deuxième lecture à la Chambre des communes. La décision du Conseil a été approuvée par une écrasante majorité de la conférence.

La nouvelle session du Parlement, si attendue avec impatience, s'est réunie le 13 février 1905. Je suis descendu de Manchester et, avec ma fille Sylvia, alors étudiante au Royal College of Art de South Kensington, j'ai passé huit jours au Strangers ' Lobby de la Chambre des communes, travaillant pour le projet de loi sur le suffrage. Nous avons interrogé chacun des membres qui s'étaient engagés à soutenir un projet de loi sur le suffrage lorsqu'il devrait être présenté, mais nous n'avons trouvé aucun membre qui serait d'accord que sa chance lors du scrutin, s'il en tirait une, devrait être donnée à présenter le projet de loi. Chaque homme avait une autre mesure qu'il désirait promouvoir. M. Keir Hardie nous avait déjà donné sa promesse, mais son nom, comme nous le craignions, n'a pas été tiré au sort lors du scrutin. Nous avons ensuite entrepris d'interroger tous les hommes dont les noms avaient été tirés au sort, et nous avons finalement convaincu M. Bamford Slack, qui occupait la quatorzième place, de présenter notre projet de loi. La quatorzième place n'était pas bonne, mais elle servait, et la deuxième lecture de notre projet de loi fut fixée au vendredi 12 mai, deuxième ordre du jour.

Comme il s'agissait du premier projet de loi sur le suffrage depuis huit ans, un frisson d'excitation animait non seulement nos rangs mais toutes les anciennes sociétés de suffrage. Des réunions ont eu lieu et un grand nombre de pétitions ont circulé. Lorsque le moment est venu d'examiner notre projet de loi, le lobby des étrangers n'a pas pu accueillir l'immense rassemblement de femmes de toutes classes, riches et pauvres, qui se sont rassemblées en masse à la Chambre des communes. C'était pitoyable de voir le regard d'espoir et de joie qui brillait sur les visages de beaucoup de ces femmes. Nous savions que notre pauvre petite mesure avait la moindre chance d'être adoptée. Le projet de loi qui occupait la première place à l'ordre du jour prévoyait que les charrettes circulant sur la voie publique la nuit devraient porter une lumière à l'arrière comme à l'avant. Nous avions essayé d'amener les promoteurs de cette petite mesure sans importance à la retirer dans l'intérêt de notre projet de loi, mais ils ont refusé. Nous avions également essayé de persuader le gouvernement conservateur de donner à notre projet de loi la possibilité d'une discussion approfondie, mais il a également refusé. Ainsi, comme nous l'avions pleinement prévu, les promoteurs du projet de loi sur l'éclairage routier ont été autorisés à « parler » de notre projet de loi. Ils l'ont fait en alimentant le débat avec des histoires idiotes et des blagues idiotes. Les membres ont écouté la performance insultante avec des rires et des applaudissements.

Lorsque la nouvelle de ce qui se passait parvint aux femmes qui attendaient dans le hall des étrangers, un sentiment d'excitation et d'indignation sauvage s'empara de la foule. A voir leur tempérament, j'ai senti que le moment était venu d'une manifestation comme aucun suffragiste à l'ancienne mode n'en avait jamais tenté. J'ai appelé les femmes à me suivre dehors pour une réunion de protestation contre le gouvernement. Nous nous sommes précipités à l'air libre et Mme Wolstenholm-Elmy , l'une des plus anciennes militantes pour le droit de vote en Angleterre, a commencé à parler. Aussitôt, la police s'est précipitée sur la foule des femmes, les bousculant et leur ordonnant de se disperser. Nous avançons jusqu'à la grande statue de Richard Cœur de Lion qui garde l'entrée de la Chambre des Lords, mais là encore la police intervient. Finalement, la police a accepté de nous laisser tenir une réunion à Broad Sanctuary, tout près des portes de l'abbaye de Westminster. Ici, nous avons prononcé des discours et adopté une résolution condamnant l'action du gouvernement qui a permis à une petite minorité de s'exprimer sur notre projet de loi. Ce fut le premier acte militant de la WSPU. Il provoqua des commentaires et même quelques inquiétudes, mais la police se contenta de prendre nos noms.

L'été suivant fut consacré aux travaux extérieurs. A cette époque, l'Union sociale et politique des femmes avait acquis quelques acquis précieux et l'argent commençait à nous parvenir. Parmi nos nouveaux membres, il y en avait un qui était destiné à jouer un rôle important dans le déroulement du drame du mouvement militant. À la fin d'une de nos réunions à Oldham, une jeune fille s'est présentée à moi sous le nom d'Annie Kenney, ouvrière d'usine et fervente sympathisante du suffrage . Elle voulait en savoir plus sur notre société et ses objets, et je l'ai invitée, ainsi que sa sœur Jenny, enseignante au Board School, à prendre le thé le lendemain. Ils sont venus et ont rejoint notre syndicat, une étape qui a définitivement changé le cours de la vie de Miss Kenney et qui a fait de nous l'un de nos dirigeants et organisateurs les plus distingués . Avec son aide, nous avons commencé à diffuser notre propagande auprès d'un public entièrement nouveau.

Dans le Lancashire, il existe une institution connue sous le nom de Wak es, une sorte de foire itinérante où l'on organise des manèges, des tantes et d'autres jeux festifs, des spectacles parallèles de toutes sortes et des stands où l'on trouve toutes sortes de choses. vendu. Chaque petit village a sa semaine des veillées en été et en automne, et il est de coutume que les habitants des villages passent le dimanche précédant l'ouverture des veillées à se promener parmi les stands en prévision des joies de demain. A ces occasions, l'Armée du Salut, les orateurs de la tempérance, les vendeurs de charlatans, les colporteurs et autres profitent de l'audience toute prête pour faire avancer leur propagande. Sur la suggestion d'Annie Kenney, nous sommes allés d'un village à l'autre, suivant les Wakes et prononçant des discours pour le suffrage. Nous rivalisâmes bientôt en popularité avec l'Armée du Salut, et même avec les tireurs de dents et les colporteurs de médicaments brevetés .

L'Union sociale et politique des femmes existait depuis deux ans avant qu'une opportunité de travail à l'échelle nationale ne se présente. L'automne 1905 apporta une situation politique qui nous semblait prometteuse de brillants espoirs pour l'émancipation des femmes. La vie de l'ancien Parlement, dominé pendant près de vingt ans par le Parti conservateur, touchait à sa fin et le pays était à la veille d'élections générales au cours desquelles les libéraux espéraient revenir au pouvoir. Tout naturellement, les candidats libéraux se rendirent au pays avec des promesses ferventes de réformes dans toutes les directions possibles. Ils ont appelé les électeurs à les reconduire, en tant qu'avocats et défenseurs d'une véritable démocratie, et ils ont promis qu'il y aurait un gouvernement uni en faveur des droits du peuple contre les pouvoirs d'une aristocratie privilégiée.

Or, des expériences répétées nous ont appris que la seule façon d'obtenir le droit de vote des femmes était d'y engager un gouvernement. En d'autres termes, les promesses de soutien des candidats étaient tout simplement inutiles. Ils n'en valaient pas la peine. Le seul objectif qui valait la peine d'être essayé était l'engagement des dirigeants responsables selon lesquels le nouveau gouvernement intégrerait le droit de vote des femmes au programme officiel . Nous avons décidé de nous adresser aux hommes susceptibles de faire partie du cabinet libéral, en exigeant de savoir si leurs réformes allaient inclure la justice pour les femmes.

Nous avons exposé nos plans pour commencer ce travail lors d'une grande réunion qui se tiendra au Free Trade Hall de Manchester, avec Sir Edward Gray comme orateur principal. Nous avions l'intention d'avoir des sièges dans la tribune, directement face à la tribune et nous avons confectionné pour l'occasion une grande banderole avec les mots : « Le Parti libéral donnera-t-il le vote aux femmes ? Nous devions laisser tomber cette bannière sur les rails de la galerie au moment où notre orateur se levait pour poser la question à Sir Edward Grey. Mais au dernier moment, nous avons dû modifier le plan car il était impossible d'obtenir les places dans la galerie que nous souhaitions. Nous n'avions aucun moyen d'utiliser notre grande banderole, alors, en fin d'après-midi, le jour de la réunion, nous avons découpé et fabriqué une petite banderole avec l'inscription de trois mots : « Votes pour les femmes ». C'est ainsi que, tout à fait par hasard, est né le slogan actuel du mouvement pour le droit de vote dans le monde entier.

Annie Kenney et ma fille Christabel furent chargées de la mission d'interroger Sir Edward Grey. Ils restèrent assis tranquillement pendant toute la réunion, à la fin de laquelle des questions furent posées. Plusieurs questions ont été posées par les hommes et ont reçu des réponses courtoises. Annie Kenney s'est alors levée et a demandé : « Si le Parti libéral revient au pouvoir, prendront-ils des mesures pour donner le droit de vote aux femmes ? En même temps, Christabel brandissait la petite bannière pour que chacun dans la salle comprenne la nature de la question. Sir Edward Grey ne répondit pas à la question d'Annie, et les hommes assis près d'elle la forcèrent brutalement à s'asseoir, tandis qu'un steward de la réunion lui pressait son chapeau sur le visage. Une flopée de cris, de cris et de cris résonna dans toute la salle.

Dès que l'ordre fut rétabli, Christabel se leva et répéta la question : « Le gouvernement libéral, s'il est élu, donnera-t-il le droit de vote aux femmes ? Une fois de plus, Sir Edward Grey ignora la question, et de nouveau un parfait tumulte de cris et de cris de colère s'éleva. M. William Peacock, chef de la police de Manchester, quitta l'estrade et descendit vers les femmes, leur demandant d'écrire leur question, qu'il promit de remettre à l'orateur. Ils écrivirent : « Le gouvernement libéral donnera-t-il des voix aux travailleuses ? Signé, au nom de l'Union sociale et politique des femmes, Annie Kenney, membre du comité Oldham des ouvriers des salles de cartes et de soufflage. Ils ont ajouté une ligne pour dire qu'en tant que l'une des 96 000 ouvrières du textile organisées , Annie Kenney souhaitait sincèrement obtenir une réponse à la question.

M. Peacock a tenu parole et a remis la question à Sir Edward Grey, qui l'a lue, a souri et l'a transmise aux autres sur la plate-forme. Ils l'ont également lu avec des sourires, mais aucune réponse à la question n'a été apportée. Une seule dame assise sur l'estrade a essayé de dire quelque chose, mais le président l'a interrompu en demandant à Lord Durham de proposer un vote de remerciement à l'orateur. M. Winston Churchill a appuyé la motion, Sir Edward Gray a répondu brièvement et la réunion a commencé à se disperser. Annie Kenney s'est levée sur sa chaise et a crié malgré le bruit des pas traînants et les murmures des conversations : « Le gouvernement libéral donnera-t-il le droit de vote aux femmes ? Puis le public est devenu une foule. Ils hurlaient, ils criaient et rugissaient, serrant violemment les poings contre la femme qui osait imposer sa question dans une réunion d'hommes. Des mains furent levées pour la tirer de sa chaise, mais Christabel passa un bras autour d'elle alors qu'elle se levait, et avec l'autre bras elle repoussa la foule, qui la frappa et la griffa jusqu'à ce que sa manche soit rouge de sang. Pourtant les filles se tenaient ensemble et criaient encore et encore : « La question ! La question ! Répondez à la question !

Six hommes, les organisateurs de la réunion, ont saisi Christabel et l'ont traînée dans l'allée, devant l'estrade, d'autres hommes les suivant avec Annie Kenney, les deux filles appelant toujours à obtenir une réponse à leur question. Sur l'estrade, les dirigeants libéraux restaient silencieux et impassibles pendant que se déroulait cette scène honteuse, et la foule criait et hurlait depuis la salle.

Jetées dans la rue, les deux jeunes filles se relevèrent en chancelant et commencèrent à s'adresser à la foule et à lui raconter ce qui s'était passé lors d'une réunion libérale. Cinq minutes plus tard, ils ont été arrêtés sous l'accusation d'entrave et, dans le cas de Christabel, d'agression contre la police. Tous deux furent convoqués le lendemain matin devant un tribunal de police où, après un procès qui n'était qu'une farce, Annie Kenney fut condamnée à payer une amende de cinq shillings, avec une alternative à trois jours de prison, et Christabel Pankhurst fut condamnée à une peine de prison. une amende de dix shillings ou une peine de prison d'une semaine.

Les deux filles ont immédiatement choisi la peine de prison. Dès qu'ils ont quitté la salle d'audience, je me suis précipité vers la pièce où ils attendaient et j'ai dit à ma fille : « Vous avez fait tout ce qu'on pouvait attendre de vous dans cette affaire. Je pense que vous devriez me laisser payer votre des amendes et je vous ramène à la maison. Sans attendre la parole d'Annie

Kenney, ma fille s'est exclamée : « Mère, si tu paies mon amende, je ne rentrerai jamais à la maison. Avant de se rendre à la réunion, elle avait dit : « Nous obtiendrons une réponse à notre question ou nous dormirons en prison cette nuit. » Je savais maintenant que son courage restait inébranlable.

Bien entendu, l'affaire fit sensation, non seulement à Manchester, où mon mari était si connu et où j'avais si longtemps exercé des fonctions publiques, mais dans toute l'Angleterre. Les commentaires de la presse ont été presque unanimement amers. Ignorant le fait parfaitement établi que les hommes dans chaque réunion politique posent des questions et exigent des réponses des orateurs, les journaux ont traité l'action des deux jeunes filles comme quelque chose de tout à fait inédit et scandaleux. Ils convenaient généralement qu'une grande indulgence leur avait été témoignée. Les amendes et les peines de prison étaient trop lourdes pour des créatures aussi asexuées. « La discipline de la crèche » aurait été bien plus appropriée. Un journal de Birmingham a déclaré que « s'il fallait un argument contre l'octroi d'un statut et d'un pouvoir politiques aux femmes, il avait été fourni à Manchester ». Les journaux qui jusqu'alors avaient ignoré le sujet dans son ensemble laissaient maintenant entendre que, s'ils étaient autrefois en faveur du droit de vote des femmes, ils ne pouvaient plus l'accepter. L'incident de Manchester, disait-on, avait fait reculer la cause, peut-être de manière irrévocable.

C'est ainsi que cela a fait reculer la cause. De nombreuses personnes ont écrit aux journaux pour exprimer leur sympathie à l'égard de ces femmes. L'épouse de Sir Edward Grey a déclaré à ses amis qu'elle les considérait tout à fait justifiés dans les moyens qu'ils avaient pris. Il a été déclaré que Winston Churchill, nerveux au sujet de sa propre candidature à Manchester, avait visité Strangeways. Prison , où les deux jeunes filles furent emprisonnées, et supplia en vain le gouverneur de lui permettre de payer leurs amendes. Le 20 octobre, lorsque les prisonniers furent libérés, ils eurent droit à une immense manifestation dans la salle du Libre-échange, celle-là même d'où ils avaient été expulsés la semaine précédente. L'Union sociale et politique des femmes a accueilli un grand nombre de nouveaux membres. Surtout, la question du droit de vote des femmes est devenue immédiatement un sujet de commentaires brûlant d'un bout à l'autre de la Grande-Bretagne.

Nous avons décidé qu'à partir de ce moment, les petites banderoles « Votes pour les femmes » devraient apparaître partout où un membre potentiel du gouvernement libéral se lèverait pour prendre la parole, et qu'il n'y aurait plus de paix tant que la question des femmes n'aurait pas reçu de réponse. Nous avons clairement perçu que le nouveau gouvernement, se disant libéral, était réactionnaire à l'égard des femmes, qu'il était hostile au suffrage des femmes et qu'il faudrait le combattre jusqu'à ce qu'il soit vaincu, ou bien chassé du pouvoir.

Toutefois, nous n'avons commencé à nous battre qu'après avoir donné au nouveau gouvernement toutes les chances de nous donner l'engagement que nous souhaitions. Au début de décembre, le gouvernement conservateur s'était retiré et Sir Henry Campbell-Bannerman, le chef libéral, avait formé un nouveau cabinet. Le 21 décembre, une grande réunion eut lieu au Royal Albert Hall de Londres, où Sir Henry, entouré de son cabinet, fit sa première déclaration en tant que Premier ministre. Avant la réunion, nous avons écrit à Sir Henry et lui avons demandé, au nom de l'Union sociale et politique des femmes, si le gouvernement libéral accorderait le droit de vote aux femmes. Nous avons ajouté que nos représentants seraient présents à la réunion et nous avons souhaité que le premier ministre réponde publiquement à la question. Autrement, nous serions obligés de protester publiquement contre son silence.

Bien entendu, Sir Henry Campbell-Bannerman ne répondit aucunement et son discours ne contenait aucune allusion au suffrage des femmes. Ainsi, à la fin, Annie Kenney, que nous avions fait entrer clandestinement dans la salle déguisée, a sorti sa petite bannière en calicot blanc et a crié de sa voix claire et douce : « Le gouvernement libéral donnera-t-il le droit de vote aux femmes ?

Au même moment, Theresa Billington laissait tomber d'un siège juste au-dessus de l'estrade une immense banderole avec les mots : « Le gouvernement libéral rendra-t-il justice aux travailleuses ? Pendant un instant, il y eut un silence haletant, les gens attendant de voir ce que les ministres feraient. Ils n'ont rien fait. Puis, au milieu d'un tumulte et de cris contradictoires, les femmes furent saisies et jetées hors de la salle.

Ce fut le début d'une campagne comme on n'en avait jamais connue en Angleterre, ni d'ailleurs dans aucun autre pays. Si nous avions été assez forts, nous nous serions opposés à l'élection de tous les candidats libéraux, mais étant limités tant en termes de fonds que de membres, nous nous sommes concentrés sur un seul membre du gouvernement, M. Winston Churchill. Non pas que nous ayons une quelconque animosité contre M. Churchill. Nous l'avons choisi simplement parce qu'il était le seul candidat important représenté dans les circonscriptions situées à proximité de notre siège. Nous avons assisté à chaque réunion prononcée par M. Churchill. Nous l'avons chahuté sans pitié ; nous avons gâché ses meilleurs arguments en lui lançant des répliques si évidentes que la foule a éclaté de rire. Nous avons déployé de petites banderoles blanches dans des coins inattendus de la salle, exactement au moment où une interruption était la moins souhaitée. Parfois, nos bannières étaient arrachées de nos mains et foulées aux pieds. Parfois encore, la foule était avec nous et nous interrompions même la réunion. Nous n'avons pas réussi à vaincre M. Churchill, mais il a été élu avec une très faible majorité, la plus faible de tous les candidats libéraux de Manchester.

Nous ne nous sommes pas limités à chahuter M. Churchill. Tout au long de la campagne, nous avons continué à interroger les ministres lors de réunions dans toute l'Angleterre et en Écosse. Au Sun Hall de Liverpool, devant le Premier ministre, neuf femmes posèrent successivement la question importante et furent expulsées de la salle ; ceci malgré le fait que Sir Campbell-Bannerman était un suffragiste avoué. Mais nous ne l'interrogeions pas sur ses opinions privées sur le suffrage ; nous lui demandions ce que son gouvernement était prêt à faire en matière de suffrage. Nous avons interrogé M. Asquith à Sheffield, M. Lloyd-George à Altrincham , Cheshire, le Premier ministre à nouveau à Glasgow, et nous avons également interrompu un grand nombre d'autres réunions. Nous étions toujours violemment expulsés et insultés. Souvent, nous étions douloureusement meurtris et blessés.

A quoi cela a-t-il servi ? Cette question nous a souvent été posée, même par les femmes que nos actions ont incitées à se lancer dans une activité dont elles ne se croyaient jamais capables auparavant. D'une part, notre campagne de chahut a fait du droit de vote des femmes un sujet d'actualité – cela n'avait jamais été pareil auparavant. Maintenant, les journaux étaient pleins de nous. D'autre part, nous avons réveillé les anciennes associations de droit de vote. Lors des élections générales, divers groupes de suffragistes non militants revinrent à la vie et organisèrent un gigantesque manifeste en faveur de l'action du gouvernement libéral. Entre autres choses, le manifeste a été signé par la Guilde des coopératives des femmes, qui compte près de 21 000 membres ; la Fédération libérale des femmes, avec 76 000 membres ; la Fédération libérale des femmes écossaises, qui compte 15 000 membres ; la North-of-England Weavers' Association, qui compte 100 000 membres ; la British Women's Temperance Association, qui compte près de 110 000 membres ; et le Parti travailliste indépendant avec 20 000 membres. C'est sûrement quelque chose qui a inspiré toute cette activité.

Nous avons décidé que la prochaine étape devait être de porter le combat à Londres, et Annie Kenney a été choisie pour y être organisatrice . Avec seulement deux livres, soit moins de dix dollars, en poche, la jeune fille intrépide se lance dans sa mission. Au bout d'une quinzaine de jours environ, j'ai laissé mon travail officiel de greffier entre les mains d'un adjoint et je suis descendu à Londres pour voir ce qui avait été accompli. À mon grand étonnement, j'ai découvert qu'Annie, en collaboration avec ma fille Sylvia, avait organisé un cortège de femmes et une manifestation le jour de l'ouverture du Parlement. Les jeunes gens confiants avaient en fait engagé Caxton Hall, Westminster ; ils avaient fait imprimer un grand nombre de prospectus pour annoncer la réunion, et ils étaient activement occupés à préparer la manifestation. Mme Drummond, qui avait rejoint le syndicat peu après l'emprisonnement d'Annie Kenney et de Christabel, nous fit dire de Manchester qu'elle venait nous aider. Elle a dû emprunter de l'argent pour payer son billet de train, mais elle est venue et, comme toujours avant et depuis, son aide a été inestimable.

Comment nous travaillions, distribuant des tracts, inscrivant à la craie les annonces de la réunion sur les trottoirs, faisant appel à toutes les personnes que nous connaissions et à un grand nombre d'autres que nous ne connaissions que de nom, faisant du porte à porte !

Enfin arriva le jour d'ouverture du Parlement. Le 19 février 1906 eut lieu la première procession pour le suffrage à Londres. Je pense qu'il y avait entre trois et quatre cents femmes dans ce cortège, des ouvrières pauvres de l'East End pour la plupart, ouvrant la voie, que d'innombrables femmes de tous grades devaient ensuite suivre. Mes yeux étaient embués de larmes lorsque je les voyais, faisant la queue, tenant les simples banderoles que ma fille Sylvia avait décorées, attendant le mot d'ordre. Bien entendu, notre cortège a attiré une foule nombreuse de spectateurs intensément amusés. La police, cependant, n'a pas tenté de disperser nos rangs, mais nous a simplement ordonné de déployer nos banderoles. Il n'y avait aucune raison pour laquelle nous n'aurions pas dû porter des banderoles si ce n'était le fait que nous étions des femmes et que nous pouvions donc être victimes d'intimidation. Ainsi, sans banderole , le cortège est entré dans Caxton Hall. À mon grand étonnement, il était rempli de femmes, que je n'avais pour la plupart jamais vues à un rassemblement pour le suffrage auparavant.

Notre réunion a été très enthousiaste et, pendant qu'Annie Kenney parlait, sous de fréquents applaudissements, la nouvelle m'est venue que le discours du roi (qui n'est pas du tout celui du roi, mais le programme officiellement annoncé du gouvernement pour la session) avait été lu, et qu'il n'y avait aucune mention de la question du droit de vote des femmes. Alors qu'Annie prenait place, je me suis levé et j'ai fait cette annonce, et j'ai proposé une résolution selon laquelle la réunion devrait immédiatement se dérouler à la Chambre des communes pour exhorter les membres à introduire une mesure de suffrage. La résolution fut adoptée, et nous nous précipitâmes dehors en masse vers l'entrée des étrangers. Il pleuvait à verse et il faisait un froid glacial, mais personne ne s'est retourné, même lorsque nous avons appris à l'entrée que, pour la première fois de mémoire d'homme, les portes de la Chambre des communes étaient fermées aux femmes. Nous avons envoyé nos cartes à des membres qui étaient des amis personnels, et certains d'entre eux sont venus nous demander d'être admis. La police, cependant, s'est montrée obstinée. Ils avaient leurs ordres. Le gouvernement libéral, défenseur des droits du peuple, avait donné l'ordre aux femmes de ne plus mettre les pieds dans leur fief.

La pression des membres s'est avérée trop forte et le gouvernement a cédé au point d'autoriser vingt femmes à la fois à entrer dans le hall. Malgré la pluie et le froid, ces centaines de femmes ont attendu pendant des heures leur tour pour entrer. Certains n'y sont jamais parvenus, et pour ceux d'entre nous qui y sont parvenus, la satisfaction était minime. Aucun membre n'a pu être persuadé de soutenir notre cause.

De la déception et du découragement de cette expérience, j'ai pourtant récolté une moisson de bonheur plus riche que je n'en avais jamais connue auparavant. Ces femmes m'avaient suivi à la Chambre des communes. Ils avaient défié la police. Ils étaient enfin réveillés. Elles étaient prêtes à faire quelque chose que les femmes n'avaient jamais fait auparavant : se battre pour elles-mêmes. Les femmes se sont toujours battues pour les hommes et pour leurs enfants. Ils étaient désormais prêts à lutter pour leurs propres droits humains. Notre mouvement militant était constitué.

CHAPITRE IV

Pour expliquer la croissance phénoménale de la Women's Social and Political Union après sa création à Londres, pour expliquer pourquoi elle a suscité un tel attrait auprès des femmes jusqu'alors indifférentes, je devrai souligner exactement en quoi notre société diffère de toutes les autres associations de droit de vote. . En premier lieu, nos membres sont absolument déterminés ; ils concentrent toutes leurs forces sur un seul objet, l'égalité politique avec les hommes. Aucun membre de la WSPU ne partage son attention entre le suffrage et d'autres réformes sociales. Nous estimons que la raison et la justice dictent que les femmes doivent participer à la réforme des maux qui affligent la société, en particulier ceux qui touchent directement les femmes elles-mêmes. C'est pourquoi nous exigeons, avant toute autre législation quelle qu'elle soit, la justice élémentaire du vote des femmes.

Il ne fait aucun doute que les femmes de Grande-Bretagne auraient obtenu le droit de vote il y a des années si tous les suffragettes avaient adopté ce principe simple. Ils ne l'ont jamais fait, et aujourd'hui encore de nombreuses Anglaises refusent de l'adopter. Ils sont d'abord membres du parti, puis suffragistes ; ou bien ils sont suffragistes une partie du temps et théoriciens sociaux le reste du temps. Nous différons en outre des autres associations de droit de vote, ou de celles qui existaient en 1906, en ce sens que nous percevions clairement la situation politique qui s'interposait solidement entre nous et notre émancipation.

Pendant sept ans, nous avions eu une majorité à la Chambre des communes engagée à voter favorablement sur un projet de loi sur le suffrage. L'année précédente, ils avaient voté favorablement sur un projet de loi, mais ce projet de loi n'a pas encore été adopté. Pourquoi? Parce que même une écrasante majorité de simples députés sont impuissants à promulguer des lois face à un gouvernement hostile composé de onze ministres. Le simple député détenait autrefois un pouvoir et une responsabilité individuels, mais l'usage parlementaire et une nouvelle conception de l'art politique ont progressivement diminué les fonctions des députés. À l'heure actuelle, leurs pouvoirs se limitent, à toutes fins pratiques, à contribuer à l'adoption des mesures introduites par le gouvernement ou, dans de rares cas, des mesures privées approuvées par le gouvernement. Il est vrai que la Chambre peut se révolter, elle peut, en votant la défiance envers le gouvernement, l'obliger à démissionner. Mais cela n'arrive presque jamais, et cela est moins probable aujourd'hui qu'avant. Les figures de proue ne se révoltent pas.

Voilà donc notre situation : le gouvernement tout-puissant et constamment hostile ; la base des législateurs impuissants ; le pays apathique ; les femmes étaient divisées sur leurs intérêts. L'Union sociale et politique des femmes a été créée pour faire face à cette situation et la surmonter. De plus, nous avions une politique qui, si elle persistait suffisamment longtemps, ne pourrait manquer de surmonter ce problème. Vous étonnez-vous que nous ayons gagné de nouveaux membres à chaque réunion que nous avons tenue ?

Il y avait peu de formalités pour adhérer à l'Union. N'importe quelle femme pouvait devenir membre en payant un shilling, mais elle devait en même temps signer une déclaration de loyale adhésion à notre politique et s'engager à ne travailler pour aucun parti politique jusqu'à ce que le vote des femmes soit gagné. C'est toujours notre coutume inflexible. De plus, si à tout moment un membre ou un groupe de membres perd confiance en notre politique ; si quelqu'un commence à suggérer qu'une autre politique devrait lui être substituée, ou si elle essaie de semer la confusion en ajoutant d'autres politiques, elle cesse immédiatement d'être membre. Autocratique? Tout à fait. Mais, objecterez-vous, une organisation de suffragettes devrait être démocratique. Eh bien, les membres de la WSPU ne sont pas d'accord avec vous. Nous ne croyons pas à l'efficacité de l' organisation du suffrage ordinaire . La WSPU n'est pas gênée par une complexité de règles. Nous n'avons ni constitution ni règlements; rien à modifier, à bricoler ou à discuter lors d'une assemblée annuelle. En fait, nous n'avons pas d'assemblée annuelle, pas de séances de travail, pas d'élections de dirigeants. La WSPU est simplement une armée de droit de vote sur le terrain. C'est une armée purement volontaire et personne n'est obligé d'y rester. En effet, nous ne voulons pas qu'il y reste quelqu'un qui ne croit pas ardemment à la politique de l'armée.

Le fondement de notre politique est l'opposition à un gouvernement qui refuse le droit de vote aux femmes. Soutenir en paroles ou en actes un gouvernement hostile au droit de vote des femmes, c'est simplement l'inviter à continuer d'être hostile. Nous nous opposons au Parti libéral parce qu'il est au pouvoir. Nous nous opposerions à un gouvernement unioniste s'il était au pouvoir et s'opposait au droit de vote des femmes. Nous disons aux femmes que tant qu'elles restent dans les rangs du parti libéral, elles approuvent tacitement la politique anti-suffrage du gouvernement. Nous disons aux députés que tant qu'ils soutiennent l'une des politiques du gouvernement, ils donnent leur approbation tacite à la politique anti-suffrage. Nous appelons tous les suffragistes sincères à quitter le Parti libéral jusqu'à ce que les femmes obtiennent le droit de vote sur un pied d'égalité avec les hommes. Nous appelons tous les électeurs à voter contre les candidats libéraux jusqu'à ce que le gouvernement libéral rende justice aux femmes.

Nous n'avons pas inventé cette politique. C'est M. Parnell qui l'a poursuivi avec le plus de succès dans sa lutte pour le Home Rule il y a plus de trente-cinq ans. Quiconque est assez vieux pour se souvenir des jours émouvants de Parnell se rappellera peut-être comment, en 1885, les Home Rulers, en votant avec persistance contre le gouvernement à la Chambre des communes, ont forcé la démission de M. Gladstone et de son Cabinet. Lors des élections générales qui ont suivi, le parti libéral a de nouveau été ramené au pouvoir, mais avec une faible majorité de quatre-vingt-quatre voix, les Home Rulers ayant combattu tous les candidats libéraux, même ceux qui, comme mon mari, étaient de fervents partisans du Home Rule. . Afin de contrôler la Chambre et de conserver son leadership, M. Gladstone a été obligé de présenter un projet de loi sur l'autonomie gouvernementale. La chute, due à des intrigues privées, et la mort ultérieure de Parnell ont empêché le projet de loi de devenir loi. Pendant de nombreuses années par la suite, les nationalistes irlandais n'eurent pas de leader assez fort pour poursuivre la politique antigouvernementale de Parnell, mais quelques années plus tard, cette politique fut reprise par M. James Redmond, avec pour résultat que les Communes adoptèrent un projet de loi sur l'autonomie.

L'argument des suffragistes à l'ancienne mode, ainsi que des politiciens, a toujours été qu'une opinion publique instruite finirait par donner des voix aux femmes sans qu'une grande force soit exercée en faveur de la réforme. Nous convenons que l'opinion publique doit être éduquée, mais nous affirmons que même une opinion publique instruite est inutile à moins qu'elle ne soit vigoureusement utilisée . L'arme la plus puissante est impuissante si elle n'est pas maniée avec courage. En 1906, l'opinion publique était extrêmement large en faveur du droit de vote des femmes. Mais à quoi cela a-t-il servi à la cause ? Nous avons fait appel au public à bien plus que de la sympathie. Nous lui avons demandé d'exiger du gouvernement qu'il se soumette à l'opinion publique et accorde le droit de vote aux femmes. Et nous avons déclaré que nous ferions la guerre, non seulement à toutes les forces anti-suffragettes, mais à toutes les forces neutres et non actives. Tout homme disposant d'un droit de vote était considéré comme un ennemi du droit de vote des femmes à moins qu'il ne soit prêt à être activement un ami.

Non pas que nous pensions qu'il fallait abandonner la campagne d'éducation. Au contraire, nous savions que l'éducation devait continuer, et de manière beaucoup plus vigoureuse que jamais. La première chose que nous avons faite a été de lancer une campagne sensationnelle pour éveiller le public à l'importance du droit de vote des femmes et l'intéresser à nos projets visant à forcer la main au gouvernement. Je pense que nous pouvons affirmer que notre succès à cet égard a été instantané et qu'il s'est avéré permanent. Dès le début, au début de Londres, alors que nous étions peu nombreux et très pauvres en bourse, nous avons sensibilisé le public au mouvement pour le droit de vote des femmes comme il ne l'avait jamais été auparavant. Nous avons adopté les méthodes de l'Armée du Salut et sommes allés sur les routes et les chemins à la recherche de convertis. Nous avons rejeté toutes nos notions conventionnelles de ce qui était « féminin » et « de bonne forme », et nous avons appliqué à nos méthodes la seule question test : est-ce que cela aidera ? Tout comme les Booth et leurs partisans ont présenté la religion aux foules de la rue d'une telle manière que les fidèles de l'église ont été horrifiés, de même nous avons apporté le droit de vote au grand public d'une manière qui a étonné et scandalisé les autres suffragettes.

Nous avons fait imprimer de nombreux documents sur le suffrage et, jour après jour, nos membres sortaient et tenaient des réunions de rue. En choisissant un endroit favorable , avec une chaise en guise de tribune, l'un de nous sonnait une cloche jusqu'à ce que les gens commencent à s'arrêter pour voir ce qui allait se passer. Ce qui s'est produit, bien sûr, c'est un discours de suffrage animé et une distribution de littérature. Peu après le début de notre campagne, le son de la cloche a été le signal d'une foule qui s'est levée comme par magie. Dans tout le quartier on entendait le cri : « Voici les Suffragettes ! Allez ! Nous avons couvert Londres de cette manière ; nous n'avons jamais manqué d'audience, et, mieux encore, d'une audience pour laquelle la doctrine du droit de vote des femmes était nouvelle. Nous augmentions notre public favorable tout en le réveillant. Outre ces réunions de rue, nous avons tenu de nombreuses réunions dans les salles et dans les salons, et nous avons bénéficié d'une grande publicité dans la presse, ce qui n'était jamais accordé aux anciennes méthodes de suffrage.

Nos plans prévoyaient l'introduction d'un projet de loi sur le suffrage gouvernemental le plus tôt possible et, au printemps 1906, nous envoyâmes une députation d'une trentaine de nos membres pour interviewer le Premier ministre, Sir Henry Campbell-Bannerman. Le Premier ministre, a-t-on déclaré, n'était pas chez lui ; aussi, quelques jours plus tard, nous envoyâmes une autre députation. Cette fois, le domestique accepta de porter notre demande au Premier ministre. Les femmes ont attendu patiemment devant la porte de la résidence officielle, au n°10 Downing Street, pendant près d'une heure. Puis la porte s'ouvrit et deux hommes apparurent. L'un des hommes s'est adressé au chef de la députation, lui ordonnant brutalement, ainsi qu'aux autres, de partir. "Nous avons envoyé un message au Premier ministre", a-t-elle répondu, "et nous attendons la réponse". "Il n'y aura pas de réponse", fut la réponse sévère, et la porte se referma.

"Oui, il y aura une réponse", s'exclama le chef, et elle saisit le heurtoir et le frappa violemment. Immédiatement, les hommes réapparurent et l'un d'eux appela un policier qui se tenait à proximité : « Prenez cette femme aux commandes. » L'ordre fut obéi et la députation pacifique vit son chef emmené à la station Canon Row.

Immédiatement, les femmes protestèrent vigoureusement. Annie Kenney a commencé à s'adresser à la foule qui s'était rassemblée, et Mme Drummond s'est effectivement frayé un chemin devant le portier pour entrer dans la résidence sacrée du Premier ministre de l'Empire britannique ! Son arrestation et celle d'Annie ont suivi. Les trois femmes ont été détenues au poste de police pendant environ une heure, suffisamment longtemps, pensait probablement le Premier ministre, pour les effrayer complètement et leur apprendre à ne plus commettre des choses aussi horribles. Puis il leur fit savoir qu'il avait décidé de ne pas les poursuivre en justice, mais qu'il recevrait au contraire une députation de la WSPU et, s'ils voulaient y assister, d'autres sociétés de suffrage également.

Toutes les organisations de droit de vote commencèrent immédiatement à préparer le grand événement. En même temps, deux cents membres du Parlement envoyèrent une pétition au Premier ministre, lui demandant de recevoir leur commission afin de lui faire insister sur la nécessité d'une mesure gouvernementale en faveur du droit de vote des femmes. Sir Henry a fixé au 19 mai le jour où il recevrait une députation conjointe du Parlement et des organisations de droit de vote des femmes .

La WSPU a décidé de rendre l'événement aussi public que possible et a commencé les préparatifs d'une procession et d'une manifestation. Le jour venu, nous nous sommes rassemblés au pied du magnifique monument dédié à la reine guerrière Boadicea, qui garde l'entrée du pont de Westminster, et de là nous avons marché jusqu'au ministère des Affaires étrangères. Lors de la réunion, huit femmes se sont prononcées en faveur d'une mesure immédiate de suffrage, et M. Keir Hardie a présenté l'argument en faveur du suffrage des députés. J'ai parlé au nom de la WSPU et j'ai essayé de faire comprendre au Premier ministre qu'aucune affaire ne pouvait être plus urgente que la nôtre. Je lui ai dit que le groupe de femmes organisé dans notre Union ressentait si fortement la nécessité de l'émancipation des femmes qu'elles étaient prêtes à sacrifier pour cela tout ce qu'elles possédaient, leurs moyens de subsistance, leur vie même, si nécessaire. Je l'ai supplié de faire un tel sacrifice inutile en nous rendant justice maintenant.

Selon vous, quelle réponse Sir Henry Campbell-Bannerman nous a-t-elle donnée ? Il nous a assuré de sa sympathie pour notre cause, de sa croyance en sa justice et de sa confiance dans notre aptitude à voter. Et puis il nous a dit d'être patients et d'attendre ; il ne pouvait rien faire pour nous parce que certains membres de son cabinet étaient opposés à nous. Après quelques mots supplémentaires, le vote habituel de remerciements fut déplacé et la députation fut congédiée. Je ne m'attendais à rien de mieux, mais cela m'a serré le cœur de voir l'amère déception des femmes de la WSPU qui attendaient dans la rue que les dirigeants leur disent le résultat de la députation. Nous organisâmes une grande réunion de protestation dans l'après-midi et décidâmes de poursuivre notre agitation avec une vigueur accrue.

Maintenant qu'il était clair que le gouvernement était résolu à ne pas présenter de projet de loi sur le droit de vote, il n'y avait plus qu'à poursuivre notre politique de réveil du pays, non seulement par des discours et des manifestations publiques, mais aussi par un chahut constant des citoyens. Cabinet des ministres. Depuis l'occasion mémorable où Christabel Pankhurst et Annie Kenney furent expulsées de la réunion de Sir Edward Grey à Manchester, puis emprisonnées pour le crime d'avoir posé une question courtoise, nous n'avions pas perdu une occasion d'adresser la même question à tous les ministres que nous pouvions parvenir à rencontrer. Pour cela, nous avons été impitoyablement critiqués et, dans un grand nombre de cas, traités avec la plus grande brutalité.

Dans presque chacune de mes réunions américaines, on m'a posé la question : « Qu'espérez-vous accomplir en interrompant les réunions ? » Est-il possible que le privilège anglais séculaire et presque sacré d'interrompre soit inconnu en Amérique ? Je ne peux pas imaginer une réunion politique dont « The Voice » serait totalement absente. En Angleterre, il est invariablement présent. L'opposition considère comme un droit inaliénable de chahuter l'orateur et de lui lancer des questions destinées à ruiner ses arguments. Par exemple, lorsque les libéraux assistent à une réunion conservatrice, ils sont prêts à détruire, par des plaisanteries et des questions pointues, tous les meilleurs effets des orateurs conservateurs. Le lendemain, vous lirez dans les journaux libéraux des titres comme ceux-ci : « La voix en pleine forme », « Courte réponse des conservateurs », « Réponses maladroites de la plateforme ennemie ». Dans le corps de l'article, vous apprendrez que "Lord X a trouvé que les libéraux présents à sa réunion étaient plus que de taille pour lui", qu'"il y a eu des interruptions continues pendant le discours de Sir Untel", que "Lord M s'en est sorti mal la nuit dernière lors de sa rencontre avec la Voix », ou encore que « le Capitaine Z a eu le plus grand mal à se faire entendre ».

Conformément à cette coutume, nous chahutons les ministres. M. Winston Churchill, par exemple, prend la parole. "Une grande question, s'exclame-t-il, reste à régler".

"Et c'est le droit de vote des femmes", crie une voix depuis la tribune.

M. Churchill a du mal à prononcer son discours : « Les hommes se plaignent de moi... »

"Les femmes se plaignent également de vous, M. Churchill", revient promptement du fond de la salle.

"Dans ces circonstances, que pouvons-nous faire sinon———"

"Donnez le vote aux femmes."

Notre objectif, bien sûr, est de maintenir le droit de vote des femmes au premier plan et d'insister à chaque occasion possible sur le fait qu'aucune autre réforme préconisée n'a une importance aussi immédiate.

Dès le début, les interruptions des femmes ont suscité une colère irraisonnée. Je me souviens avoir entendu M. Lloyd-George dire un jour à propos d'un homme qui l'avait interrompu :

"Laissez-le rester. J'aime les interruptions. Elles montrent que des personnes ayant des opinions différentes des miennes sont présentes, ce qui me donne une chance de les convertir." Mais lorsque les suffragistes interrompent M. Lloyd-George, il dit quelque chose de poli comme ceci : « Ne faites pas attention à ces chats qui miaulent. »

Certains ministres ont des expressions plus soignées , mais tous sont dédaigneux et pleins de ressentiment. Tous voient avec approbation l'expulsion brutale des femmes par les délégués libéraux.

Lors d'une réunion où M. Lloyd-George parlait, nous l'avons interrompu par une question, et il a réclamé la sympathie de l'auditoire sous prétexte qu'il était un ami du droit de vote des femmes. "Alors pourquoi ne faites-vous pas quelque chose pour donner le droit de vote aux femmes ?" » fut la réplique évidente. Mais M. Lloyd-George a éludé cette question en répondant : « Pourquoi ne s'en prennent-ils pas à leurs ennemis ? Pourquoi ne s'en prennent-ils pas à leur plus grand ennemi ? Instantanément, partout dans la salle, des voix crièrent : « Asquith ! Asquith ! Car dès cette époque, on savait que le Chancelier de l'Échiquier de l'époque était un ennemi farouche de l'indépendance des femmes.

Au cours de l'été 1906, avec d'autres membres de la WSPU, je me rendis à Northampton, où M. Asquith tenait une grande réunion au nom des projets de loi du gouvernement sur l'éducation. Nous avons organisé un certain nombre de réunions en plein air et, bien sûr, nous nous sommes préparés à assister à la réunion de M. Asquith. Lors d'une conversation avec la présidente de l'Association libérale des femmes locale, j'ai mentionné que nous nous attendions à être mises à l'écart, et elle a déclaré avec indignation qu'une telle chose ne pouvait pas se produire à Northampton, où les femmes avaient tant fait pour le parti libéral. Je lui ai dit que j'espérais qu'elle serait présente à la réunion.

Je n'avais pas l'intention d'y aller moi-même, mes plans étant de tenir une réunion moi-même devant la porte. Mais nos membres, avant que M. Asquith ne commence à parler, ont tenté de l'interroger et ont été expulsés avec violence. Alors, leur confiant ma réunion, je me suis glissé tranquillement dans la salle et je me suis assis au premier rang d'une division réservée aux épouses et amies des dirigeants libéraux. Je suis resté assis là en silence, entendant les hommes interrompre l'orateur et obtenir des réponses à ses questions. À la fin de mon discours, je me suis levé et, m'adressant au président, j'ai dit : « Je voudrais poser à M. Asquith une question sur l'éducation. » Le président se tourna d'un air interrogateur vers M. Asquith, qui secoua la tête d'un air renfrogné. Mais sans attendre que le président dise un mot, j'ai continué : « M. Asquith a dit que les parents d'enfants ont le droit d'être consultés en matière d'éducation de leurs enfants, en particulier sur des questions telles que le type d'instruction religieuse qu'ils doivent recevoir. devraient recevoir. Les femmes sont des parents. M. Asquith ne pense-t-il pas que les femmes devraient avoir le droit de contrôler l'éducation de leurs enfants, comme le font les hommes, par le biais du vote ? » À ce moment-là, les stewards m'ont saisi par les bras et les épaules et m'ont précipité, ou plutôt m'ont traîné, car j'ai vite perdu pied, jusqu'à la porte et m'ont jeté hors du bâtiment.

L'effet sur la présidente de l'Association libérale des femmes de Northampton fut des plus salutaires. Elle a démissionné de ses fonctions et est devenue membre de la WSPU. Peut-être que son action a été davantage influencée par les articles de presse faisant état de l'incident. M. Asquith aurait déclaré, après mon expulsion, qu'il était difficile d'entrer dans l'esprit de gens qui pensaient pouvoir servir une cause qui prétendait faire appel à la raison des électeurs du pays en perturbant les réunions publiques. Apparemment, il pouvait entrer dans l'esprit des hommes qui perturbaient les réunions publiques.

À notre habitude de chahuter publiquement les membres responsables du gouvernement hostile, nous avons ajouté la pratique consistant à leur envoyer des députations dans le but de présenter des arguments ordonnés en faveur de notre cause. Après que M. Asquith s'est montré si peu informé quant aux objectifs des suffragettes, nous avons décidé de lui demander de recevoir une députation de la WSPU. A notre lettre polie, M. Asquith a répondu par un froid refus d'être interviewé sur tout sujet sans rapport avec son bureau particulier. Sur quoi nous avons écrit de nouveau, rappelant à M. Asquith qu'en tant que membre du gouvernement, il était concerné par toutes les questions susceptibles d'être traitées par le Parlement. Nous lui dîmes que nous désirions vivement lui poser notre question, et que nous enverrions une députation chez lui, espérant qu'il croirait de son devoir de nous recevoir.

Notre première députation fut informée que M. Asquith n'était pas chez lui. En fait, il s'était échappé de la maison par la porte arrière et s'était enfui à bord d'une automobile rapide. Deux jours plus tard, nous envoyâmes une délégation plus importante, d'une trentaine de femmes, dans sa maison de Cavendish Square. Pour être précis, la députation s'approcha de la maison jusqu'à l'entrée de Cavendish Square ; là, les femmes rencontrèrent une forte force de police qui leur dit qu'il ne leur serait pas permis d'aller plus loin.

Beaucoup de femmes portaient de petites banderoles "Votez pour les femmes", que la police leur a arrachées, parfois à coups de coups et d'insultes. Voyant cela, le chef de la députation s'est écrié : « Nous allons de l'avant. Vous n'avez pas le droit de frapper ainsi les femmes. La réponse, d'un policier près d'elle, fut un coup au visage. Elle a crié de douleur et d'indignation, après quoi l'homme l'a saisie à la gorge et l'a étranglée contre la grille du parc jusqu'à ce qu'elle ait le visage bleu. La jeune femme s'est débattue et a riposté, et pour cela elle a été arrêtée sous l'accusation d'agression contre la police. Trois autres femmes furent arrêtées, l'une parce qu'elle avait réussi, malgré la police, à sonner à la porte de M. Asquith et une autre parce qu'elle protestait contre les rires de quelques dames qui regardaient l'affaire depuis la fenêtre d'un salon. C'était une pauvre ouvrière, et il lui semblait terrible que des femmes riches et protégées ridiculisent une cause qui lui paraissait si profondément sérieuse. La quatrième femme a été prise en charge, car après avoir été poussée du trottoir, elle a osé reculer. Accusées de troubles à l'ordre public, ces femmes ont été condamnées à six semaines de prison en deuxième division. Il est vrai qu'ils avaient la possibilité de payer une amende, mais le paiement d'une amende aurait été une reconnaissance de culpabilité, ce qui rendait une telle démarche impossible. Le chef de la députation a été condamné à deux mois de prison, avec option d'amende de dix livres. Elle aussi refusa de payer et fut envoyée en prison ; mais quelque ami inconnu paya l'amende en secret, et elle fut libérée avant l'expiration de sa peine.

À peu près au moment où ces choses se produisaient à Londres, une violence similaire était infligée à nos femmes à Manchester, où John Burns, Lloyd-George et Winston Churchill, tous trois ministres, prenaient la parole lors d'une grande manifestation libérale. Les femmes étaient là, comme d'habitude, pour demander le soutien du gouvernement à notre mesure. Là aussi, ils furent expulsés de la réunion et trois d'entre eux furent envoyés en prison.

Il y a beaucoup de gens en Angleterre qui vous diront que les suffragettes ont été envoyées en prison pour avoir détruit des biens. Le fait est que des centaines de femmes ont été arrêtées pour exactement les délits que j'ai décrits avant même que l'un d'entre nous ait l'idée de détruire des biens. Nous étions déterminés, au début de notre mouvement, à nous faire entendre, à forcer le gouvernement à se saisir de notre question et à y répondre par une action au Parlement. Peut-être verrez-vous un parallèle avec notre cas dans la position prise au Massachusetts par les premiers abolitionnistes, Wendell Phillips et William Lloyd Garrison. Eux aussi ont dû se battre avec acharnement, affronter les insultes et les arrestations, car ils insistaient pour être entendus. Et ils furent entendus ; et nous aussi, avec le temps.

Je pense que nous avons commencé à nous faire remarquer sérieusement après notre premier succès face à un candidat libéral. C'était lors d'une élection partielle tenue à Cockermouth en août 1906. Je devrai expliquer qu'une élection partielle est une élection locale visant à combler une vacance au Parlement causée par un décès ou une démission. Le verdict d'une élection partielle est considéré comme une approbation ou une censure de la manière dont le gouvernement a tenu ses engagements pré-électoraux. Nous sommes donc allés à Cockermouth et avons expliqué aux électeurs comment le parti libéral avait tenu ses promesses en matière de démocratie et respecté sa croyance avouée dans les droits de tous. Nous leur avons parlé des arrestations à Londres et à Manchester, du traitement honteux réservé aux femmes dans les meetings libéraux, et nous leur avons demandé de censurer le gouvernement qui avait répondu si brutalement à notre demande de vote. Nous leur avons dit que le seul reproche que les politiciens remarqueraient était la perte d'un siège au Parlement et que c'est pour cette raison que nous leur avons demandé de vaincre le candidat libéral.

Comme nous avons été ridiculisés ! Avec quel mépris les journaux ont déclaré que « ces femmes sauvages » ne pourraient jamais obtenir un seul vote. Pourtant, à la fin des élections, il s'est avéré que le candidat libéral avait perdu le siège qui, aux élections générales d'un peu plus d'un an auparavant, avait été remporté par une majorité de 655 voix. Cette fois, le candidat unioniste a été élu par un vote de 655 voix. majorité de 609. Extrêmement ravis, nous avons dépêché nos forces vers une autre élection partielle.

Maintenant, le ridicule s'est transformé en injures orageuses. Remarquez que le gouvernement libéral a toujours refusé de prêter attention à la question des femmes ; ils déclaraient par la presse libérale que la défaite de Cockermouth était insignifiante, et que de toute façon elle n'était pas causée par les suffragettes ; Pourtant, les dirigeants libéraux étaient furieux contre la WSPU. Beaucoup de nos membres étaient libéraux, et les hommes considéraient que ces femmes n'étaient guère meilleures que des traîtres. En plus, ils ont été très stupides et mal avisés, disaient les libéraux, parce que le vote, s'il est remporté, doit être obtenu du parti libéral ; et comment les femmes pensaient-elles que le parti libéral donnerait un jour le droit de vote à des ennemis déclarés et avoués ? Ce sage argument a également été utilisé par les femmes libérales et les suffragistes constitutionnels . Ils nous ont dit que la meilleure façon était de travailler pour le parti. Nous avons rétorqué que nous l'avions fait sans succès depuis de trop nombreuses années déjà et avons persisté dans la méthode de persuasion opposée.

Tout au long de l'été et de l'automne, nous nous sommes consacrés au travail des élections partielles, parfois en battant le candidat libéral, parfois en réduisant la majorité libérale, et en suscitant toujours une formidable sensation et en gagnant des centaines de nouveaux membres dans l'Union.

Dans presque tous les quartiers que nous avons visités, nous avons laissé le noyau d'un syndicat local, de sorte qu'avant la fin de l'année, nous avions des succursales dans toute l'Angleterre et de nombreuses en Écosse et au Pays de Galles. Je me souviens particulièrement d'une élection partielle au Pays de Galles au cours de laquelle M. Samuel Evans, qui avait accepté un poste d'officier sous la Couronne, a dû se présenter à nouveau. Malheureusement aucun candidat ne s'était présenté contre lui. Mes compagnons et moi n'avions donc qu'à rendre sa campagne aussi vivante que possible. M.—maintenant Sir Samuel—Evans était l'homme qui avait irrité les femmes en parlant d'une résolution sur le suffrage présentée à la Chambre par Keir Hardie . Nous sommes donc allés à deux de ses réunions et l'avons littéralement dissuadé, interrompant les rassemblements au milieu des rires et des acclamations d'une foule ravie.

Le 23 octobre, le Parlement s'est réuni pour sa session d'automne et nous avons dirigé une députation à la Chambre des communes dans le cadre d'un autre effort visant à inciter le gouvernement à prendre des mesures concernant le droit de vote des femmes. Conformément aux ordres donnés par la police, vingt seulement d'entre nous furent admis dans le Hall des Étrangers. Nous avons fait venir le whip en chef libéral et lui avons demandé de transmettre un message au premier ministre, le message étant la demande habituelle d'accorder le droit de vote aux femmes au cours de cette session. Nous avons également demandé au Premier ministre s'il avait l'intention d'inclure l'inscription des femmes électrices dans les dispositions du projet de loi sur le vote plural, alors à l'étude. Le whip libéral a répondu que rien ne pouvait être fait pour les femmes au cours de cette session.

MME. PANKHURST S'ADRESSANT À UNE FOULE D'ÉLECTION PARTIELLE

"Le Premier ministre, ai-je demandé, laisse-t-il un espoir aux femmes pour n'importe quelle session de ce Parlement, ou à une date ultérieure ?" Le premier ministre, vous vous en souviendrez, se disait suffragette.

Le whip libéral a répondu : « Non, madame Pankhurst, ce n'est pas le cas du premier ministre. »

Qu'aurait fait une députation d' hommes sans droit de vote dans ces circonstances – des hommes qui se savaient qualifiés pour exercer le droit de vote, qui avaient désespérément besoin de la protection du droit de vote et qui avaient une majorité de législateurs en faveur de leur accorder le droit de vote ? J'espère qu'ils auraient fait au moins autant que nous, c'est-à-dire déclencher une réunion de protestation sur place. Les journaux ont décrit notre action comme ayant créé une scène honteuse dans le hall de la Chambre des communes, mais je pense que l'histoire décrira autrement les choses. L'une des femmes sauta sur un canapé et commença à s'adresser à la foule. En moins d'une minute, elle fut démolie, mais aussitôt une autre femme prit sa place ; et après qu'elle ait été traînée vers le bas, un autre encore a bondi à sa place, et un autre encore et un autre l'ont suivi, jusqu'à ce que l'ordre soit venu de dégager le hall, et nous avons tous été forcés de sortir.

Lors de la mêlée, j'ai été projeté au sol et j'ai été grièvement blessé. Les femmes, me croyant gravement blessé, se sont rassemblées autour de moi et ont refusé de bouger jusqu'à ce que je puisse me ressaisir. Cela a provoqué la colère de la police, qui a été encore plus furieuse lorsqu'elle a constaté que la manifestation se poursuivait à l'extérieur. Onze femmes ont été arrêtées, dont Mme Pethick Lawrence, notre trésorière, Mme Cobden Sanderson, Annie Kenney et trois autres de nos organisatrices ; et ils furent tous envoyés à Holloway pour deux mois. Mais la force de notre mouvement a été prouvée par le nombre de bénévoles qui se sont immédiatement manifestés pour poursuivre le travail. Mme Tuke , maintenant l'hon. Secrétaire de la WSPU, a rejoint l'Union à cette époque. Les autorités n'avaient pas imaginé que leur action aurait un tel effet. Ils pensaient écraser l'Union d'un seul coup, mais ils lui donnèrent le plus grand élan qu'elle ait jamais reçu. Les dirigeants des anciennes organisations de droit de vote de l'époque oublièrent leur désapprobation à l'égard de nos méthodes et se joignirent aux femmes écrivains, médecins, actrices, artistes et autres femmes éminentes pour dénoncer l'affaire comme barbare.

Encore une chose dont les autorités n'ont pas tenu compte. L'état des prisons anglaises était connu pour être très mauvais, mais lorsque deux de nos femmes furent rendues si malades à Holloway qu'elles durent être libérées au bout de quelques jours, les hommes politiques commencèrent à trembler pour leur prestige. Des questions ont été posées au Parlement concernant l'opportunité de traiter les suffragettes non pas comme des criminels de droit commun mais comme des délinquants politiques ayant droit à la détention en première division. M. Herbert Gladstone, ministre de l'Intérieur, répondit à ces questions qu'il n'avait aucun pouvoir pour interférer avec les décisions des magistrats et qu'il ne pouvait rien faire en matière de punition des suffragettes. Je vous demanderai de vous souvenir de cette déclaration de M. Herbert Gladstone, car nous avons pu prouver plus tard qu'il s'agissait d'un mensonge délibéré, même si en réalité le mensonge s'est avéré lorsque les femmes, sur ordre du gouvernement, ont été libérées de prison alors qu'elles n'avaient purgé que la moitié de leur peine. leurs phrases. La raison en était qu'une élection partielle importante avait lieu dans le nord de l'Angleterre et que nous avions diffusé dans toute la circonscription des projets de loi indiquant aux électeurs que neuf femmes, dont la fille de Richard Cobden, étaient détenues comme des criminelles de droit commun. par le gouvernement libéral qui demandaient leur vote.

J'ai emmené un groupe de prisonniers libérés à Huddersfield , et ils ont raconté des histoires de prison à tel point que la majorité libérale a été réduite de 540 voix. Comme d'habitude, les dirigeants libéraux ont nié que notre travail ait quelque chose à voir avec la faible majorité avec laquelle le parti a conservé le siège, mais parmi nos souvenirs se trouve un prospectus, l'un des milliers distribués depuis le siège libéral :

MEN OF HUDDERSFIELD

DON'T BE MISLED

BY SOCIALISTS, SUFFRAGETTES

OR TORIES

VOTE FOR SHERWELL

Entre-temps, d'autres manifestations avaient eu lieu devant la Chambre des Communes et, au moment de Noël, vingt et une suffragettes étaient dans la prison de Holloway, bien qu'elles n'aient commis aucun crime. Le gouvernement se montra impassible et les membres du Parlement parlèrent en ricanant des « martyrs autodidactes ». Cependant, un groupe considérable de membres, fortement émus par la passion et l'ardeur inextinguible de ce nouvel ordre des suffragistes, se réunirent dans la dernière semaine de l'année et formèrent un comité dont le but était d'insister sur le gouvernement sur la nécessité d'accorder le droit de vote. aux femmes au cours de cette législature.

Le comité a décidé que ses membres s'efforceraient d'éduquer une opinion publique plus large sur la question, et en particulier de prôner le suffrage lorsqu'ils s'adresseraient à des réunions dans leurs circonscriptions, de prendre des mesures parlementaires à chaque occasion possible et d'inciter autant de députés que possible à voter. scrutin pour l'introduction d'un projet de loi ou d'une motion sur le suffrage à la prochaine session.

Notre première année à Londres a porté de merveilleux fruits. Nous étions passés d'une simple poignée de femmes, une « fête de famille » que les journaux nous appelaient avec dérision, à une organisation forte avec des succursales dans tout le pays, dont le siège permanent était à Clements Inn, Strand ; nous avions trouvé un bon soutien financier et, surtout, nous avions créé un comité du suffrage à la Chambre des communes.

LIVRE II
QUATRE ANNÉES DE MILITANT PACIFIQUE

CHAPITRE I

La campagne de 1907 commença par un Parlement des femmes, réuni le 13 février à Caxton Hall, pour examiner les dispositions du discours du roi, qui avait été lu au Parlement national le jour de l'ouverture de la session, le 12 février. Le discours du Roi, comme je l'ai expliqué, est l'annonce officielle du programme du Gouvernement pour la session. Lorsque notre Parlement des femmes s'est réuni le 13 à 15 heures, nous savions que le gouvernement n'avait pas l'intention de faire rien pour les femmes au cours de la session à venir.

J'ai présidé la réunion des femmes, qui a été marquée par une ferveur et une détermination d'esprit tout à fait inédites à cette époque. Une résolution exprimant son indignation de ce que le droit de vote des femmes aurait dû être omis du discours du roi, et invitant la Chambre des communes à accorder des facilités immédiates à une telle mesure, fut proposée et adoptée. Une motion visant à envoyer la résolution de la salle au Premier ministre a également été adoptée. Le slogan « Levez-vous, femmes » fut crié depuis l'estrade, le cri de réponse revenant comme celui d'une seule femme : « Maintenant ! » Avec des copies de la résolution en main, la députation choisie se précipita dans le crépuscule de février, prête à aller au Parlement ou en prison, selon le sort le décrétait.

Le destin ne les laissa pas longtemps dans le doute. Le gouvernement, semble-t-il, avait décidé que les salles sacrées du Parlement ne devraient plus jamais être profanées par des femmes demandant le droit de vote, et des ordres ont été donnés qui empêcheraient désormais les femmes d'atteindre même l'enceinte extérieure de la Chambre des communes. Ainsi, lorsque notre députation de femmes arriva aux environs de l'abbaye de Westminster, elles se trouvèrent opposées à une solide ligne de policiers qui, sur un ordre sec de leur chef, se mirent à parcourir les rangs du cortège, essayant de détourner l'attention. les femmes reviennent. Courageusement, les femmes se rallièrent et avancèrent un peu plus loin. Soudain, un corps de policiers à cheval arriva au grand trot, et pendant les cinq heures suivantes ou plus, une lutte, d'une brutalité et d'une impitoyabilité tout à fait indescriptibles, se poursuivit.

Les cavaliers entraient directement dans le cortège, dispersant les femmes à droite et à gauche. Mais les femmes ne voulaient toujours pas revenir en arrière. Ils revenaient encore et encore, pour ensuite s'envoler encore et encore sous leurs sabots impitoyables. Certaines femmes quittèrent les rues pour se rendre sur les trottoirs, mais même là les cavaliers les poursuivirent, les pressant si près des murs et des grilles qu'elles furent obligées de reculer momentanément pour éviter d'être écrasées. D'autres stratèges se sont réfugiés sous les portes, mais ils ont été traînés dehors par la police à pied et jetés directement devant les chevaux. Les femmes n'en ont pas moins lutté pour que leur résolution soit présentée à la Chambre des communes. Ils se sont battus jusqu'à ce que leurs vêtements soient déchirés, leurs corps meurtris et la dernière once de leurs forces épuisée. Quinze d'entre eux se sont effectivement frayé un chemin à travers ces centaines de policiers, à pied ou à cheval, jusqu'au hall des étrangers de la Chambre. Ici, ils ont tenté de tenir une réunion et ont été arrêtés. À l'extérieur, de nombreuses autres femmes ont été arrêtées. Il était dix heures lorsque la dernière arrestation eut lieu et que la place fut débarrassée de la foule. Après cela, les hommes à cheval ont continué à garder les abords de la Chambre des communes jusqu'à ce que la Chambre se lève à minuit.

Le lendemain matin, cinquante-sept femmes et deux hommes ont été traduits en justice, deux et trois à la fois, devant le tribunal de police de Westminster. Christabel Pankhurst a été la première à être placée sur le banc des accusés. Elle essaya d'expliquer au magistrat que la députation de la veille était une tentative parfaitement pacifique de présenter une résolution qui, tôt ou tard, serait présentée et mise en œuvre. Elle l'a assuré que la députation n'était que le début d'une campagne qui ne cesserait que lorsque le gouvernement cèderait à la demande des femmes. « Nous ne pouvons pas revenir en arrière », a-t-elle déclaré, « et d'autres choses se produiront si nous n'obtenons pas justice ».

Le magistrat, M. Curtis Bennett, qui devait plus tard juger les femmes pour ce « plus », a réprimandé sévèrement ma fille, lui disant que le gouvernement n'avait rien à voir avec les désordres de la veille, que les femmes étaient entièrement responsables. pour ce qui s'était passé, et enfin, que ces scènes honteuses dans la rue devaient cesser, tout comme le roi Canut disait à l'océan qu'il devait rouler au lieu de rentrer. « Les scènes ne peuvent être arrêtées que d'une manière », répondit le prisonnier. Sa seule réponse fut : « Vingt shillings ou quatorze jours ». Christabel a choisi la peine de prison, tout comme tous les autres prisonniers. Mme Despard , qui dirigeait la députation, et Sylvia Pankhurst, qui l'accompagnait, ont été condamnées à trois semaines de prison.

Bien entendu, cette rafle, comme on l'appelait, a donné à l'Union sociale et politique des femmes une énorme publicité, dans l'ensemble une publicité favorable . Les journaux furent presque unanimes à condamner le gouvernement pour avoir envoyé des troupes à cheval contre des femmes non armées. Des questions de colère ont été posées au Parlement, et nos rangs ont encore une fois augmenté en taille et en ardeur . Les suffragettes de l'ancienne mode, hommes comme femmes, criaient que nous avions aliéné tous nos amis au Parlement ; mais cela s'est avéré faux. En effet, il a été constaté qu'un député libéral, M. Dickinson, avait remporté la première place au scrutin et avait annoncé qu'il avait l'intention de l'utiliser pour présenter un projet de loi sur le droit de vote des femmes. Qui plus est, le Premier ministre, Sir Henry Campbell-Bannerman, a promis d'apporter son soutien au projet de loi. Pendant un temps, très peu de temps, il est vrai, nous avons senti que l'heure de notre liberté était peut-être proche, que nos prisonniers nous avaient peut-être déjà valu notre précieux symbole : le vote.

Bientôt, cependant, un certain nombre de suffragettes déclarées à la Chambre commencèrent à se plaindre que le projet de loi de M. Dickinson, pratiquement le projet de loi original, n'était pas assez « démocratique », qu'il accorderait le droit de vote uniquement aux femmes des classes supérieures – ce à quoi, selon le D'une manière ou d'une autre, la plupart d'entre eux y appartenaient. Ce n'était pas vrai, comme l'ont prouvé à maintes reprises les registres municipaux, qui indiquaient une majorité de femmes qui travaillaient comme chefs de famille qualifiés. Cette dispute n'était qu'une excuse superficielle, et nous le savions. Nous n'avons donc pas été surpris lorsque Sir Henry Campbell-Bannerman s'est écarté de sa promesse de soutien et a permis que le projet de loi soit rejeté.

Suite à cet événement, le deuxième Parlement des femmes s'est réuni dans l'après-midi du 20 mars 1907. Comme auparavant, nous avons adopté une résolution appelant le gouvernement à introduire une mesure officielle de suffrage, et nous avons de nouveau voté pour envoyer la résolution de la salle au Parlement. Premier ministre. Lady Harberton fut choisie pour diriger la députation, et instantanément des centaines de femmes surgirent et se portèrent volontaires pour l'accompagner. Cette fois, la police rencontra les femmes à la porte de la salle, et une autre scène inutile et honteuse d'opposition barbare et brutale eut lieu. Environ un millier de policiers avaient été envoyés pour protéger la Chambre des communes de l'invasion pacifique de quelques centaines de femmes. Tout l'après-midi et la soirée, nous avons gardé Caxton Hall ouvert, les femmes revenant de temps en temps, seules ou en petits groupes, pour se faire laver les bleus ou réparer leurs vêtements déchirés. À mesure que la nuit tombait, la foule dans la rue devenait plus dense et la lutte entre les femmes et la police devenait plus désespérée. Lady Harberton , nous l'avons entendu, avait réussi à atteindre l'entrée de la Chambre des communes, voire même, avait réussi à dépasser les sentinelles dans le hall, mais sa résolution n'avait pas été présentée au Premier ministre. Elle et bien d'autres ont été arrêtées avant que la police ne parvienne enfin à dégager les rues et que la terrible affaire soit terminée.

Le lendemain, devant le tribunal de police de Westminster, le magistrat a prononcé des peines allant de vingt shillings ou quatorze jours à quarante shillings ou un mois d'emprisonnement. Deux des femmes, Miss Woodlock et Mme Chatterton, qui avaient quitté Holloway une semaine auparavant, se virent, en tant que « vieilles délinquantes », condamnées à trente jours sans possibilité d'amende. Une autre femme, Mary Leigh, a été condamnée à trente jours de prison parce qu'elle avait porté atteinte à la dignité du magistrat en accrochant une banderole « Votes pour les femmes » au bord du quai. Ceux de mes lecteurs qui sont incapables de relier le mot « militantisme » à quoi que ce soit de plus doux qu'un incendie criminel sont invités à réfléchir qu'au cours des deux premiers mois de l'année 1907, le gouvernement anglais a envoyé en prison cent trente femmes dont le « militantisme » consistait simplement en d'essayer de faire passer une résolution d'une salle au premier ministre à la Chambre des communes. Notre crime s'appelait entrave à la police. On verra que c'est la police qui a fait l'obstruction.

On peut se demander pourquoi aucune de ces députations n'était dirigée par moi personnellement. La raison en était qu'on avait besoin de moi dans un autre rôle, celui de chef et de superviseur des forces de suffrage sur le terrain pour vaincre les candidats du gouvernement aux élections partielles. La nuit de la deuxième « émeute », alors que nos femmes luttaient encore dans les rues, j'ai quitté Londres pour Hexham dans le Northumberland, où, grâce à notre travail, la majorité du candidat libéral a été réduite de mille voix. Sept autres élections partielles se sont succédées rapidement.

Notre travail en matière d'élections partielles était tellement nouveau dans la politique anglaise que nous avons attiré énormément d'attention partout où nous allions. Nous avions l'habitude de commencer notre travail à l'heure même où nous entrions dans une ville. Si, sur le chemin de la gare à l'hôtel, nous rencontrions un groupe d'hommes, par exemple sur la place du marché, soit nous nous arrêtions et tenions une réunion sur place, soit nous restions assez longtemps pour leur dire quand et où nos réunions devaient avoir lieu et de les inciter à y assister. La première étape habituelle, après avoir obtenu un logement, consistait à louer un magasin vacant, à remplir les vitrines de brochures sur le suffrage et à déployer notre drapeau violet, vert et blanc. Pendant ce temps, certains d'entre nous étaient occupés à louer la meilleure salle disponible. Si nous prenions possession du champ de bataille avant les hommes, nous « accaparions » parfois toutes les bonnes salles et ne laissions au candidat que des écoles pour ses réunions intérieures. À vrai dire, nos réunions étaient tellement plus populaires que les leurs que nous avions vraiment besoin de salles plus grandes. Souvent, un candidat des Suffragettes pour rivales s'exprimait devant des bancs presque vides. La foule était absente pour écouter les femmes.

Naturellement, cela a fortement déplu aux politiciens et a scandalisé bon nombre des partisans libéraux à l'ancienne mode. À un endroit, je crois que c'était Colne Valley dans le Yorkshire, un exemple amusant d'hostilité masculine s'est produit. Nous étions arrivés un jour où les comités conservateurs et libéraux choisissaient leurs candidats, et nous avons pensé que c'était une bonne occasion de tenir une série de réunions en plein air. Nous avons essayé de trouver un camion pour une tribune, mais le seul homme de la ville qui possédait ces gros fourgons à louer désapprouvait si violemment les suffragettes qu'il ne nous en prêtait pas. Nous avons donc emprunté une chaise à une commerçante et nous y sommes mis. Bientôt, nous avons eu une foule nombreuse et un public intéressé. Nous avons également attiré l'attention d'un certain nombre de petits garçons armés de lance-pois et avons dû faire nos discours sous un feu brûlant de pois secs.

Pendant que je parlais, le feu cessa, à mon grand soulagement, car les pois secs piquent. J'ai continué mon discours avec une vigueur renouvelée, mais l'un de mes meilleurs arguments a été gâché par les éclats de rire de la foule. J'ai fini d'une manière ou d'une autre et je me suis assis ; puis on m'a expliqué que les tire-pois avaient été financés par l'un des libéraux les plus éminents de la ville, un autre homme qui désapprouvait notre politique d'opposition au gouvernement. Dès que les munitions furent épuisées, cet homme fournit aux garçons une réserve d' oranges pourries. Ceux-ci n'étaient pas si faciles à manier, semble-t-il, car le tout premier se déchaîna et frappa violemment le chevalier chevaleresque au cou. C'est ce qui avait provoqué les rires et arrêté l'attaque contre les femmes.

Nous avons rencontré des chahuts assez rudes, et même une certaine brutalité, lors de plusieurs élections partielles, mais dans l'ensemble nous avons trouvé les hommes prêts, et les femmes plus que prêtes, à nous écouter. Nous avons apprivoisé et éduqué un public qui avait toujours été habitué à la violence lors des élections. Nous avons même apprivoisé les garçons, qui venaient exprès aux réunions pour s'amuser. Ce printemps-là , lorsque nous étions dans le Rutlandshire, trois écoliers sont venus me voir et m'ont dit timidement qu'ils étaient intéressés par le droit de vote. Ils avaient eu un débat sur le sujet dans leur école et, même si la décision était venue de l'autre côté, tous les garçons voulaient en savoir plus. Ne pourrais-je pas organiser une réunion spécialement pour eux ? Bien sûr, j'ai consenti et j'ai trouvé mon public de garçons tout à fait charmant. En fait, j'espère qu'ils m'ont aimé à moitié aussi bien qu'eux.

Tout au long du printemps, notre travail pour les élections partielles s'est poursuivi avec un succès étonnant, même si notre part dans les pertes du gouvernement a été rarement admise par les hommes politiques. Mais les électeurs le savaient. Lors d'une élection dans le Suffolk, où nous avons contribué à doubler le vote unioniste, le candidat élu, s'adressant à la foule depuis la fenêtre de son hôtel, a demandé : « Quelle a été la cause de la grande et glorieuse victoire ? Aussitôt la foule hurla : « Votez pour les femmes ! » — « Bravo aux Suffragettes ! » Ce n'était pas du tout l'intention du candidat retenu, mais il agita gracieusement la main et dit : « Sans aucun doute, les dames y sont pour quelque chose.

Les correspondants des journaux n'étaient pas si réticents à reconnaître notre influence. Même lorsqu'ils condamnaient notre politique, ils n'épargnaient pas leur admiration pour notre énergie, ainsi que pour le courage et l'ardeur de nos travailleurs. Le correspondant du London *Tribune* , un journal libéral hostile à notre tactique, a déclaré : « Leur endurance, à les juger selon les critères des hommes, est extraordinaire. En prenant des réunions l'après-midi aussi bien que le soir, ils ont travaillé deux fois plus dur que les hommes. " Ils se lèvent plus tôt, se retirent tout aussi tard, les femmes contre les hommes, ils parlent mieux, sont plus logiques, mieux informés, mieux formulés, avec une perspicacité plus sûre pour l'argumentation. "

Après un été passé à renforcer nos forces, à organiser de nouvelles branches, à tenir des réunions - environ trois mille entre mai et octobre - à envahir les réunions des ministres - nous avons réussi à le faire environ une fois par jour - à faire des campagnes électorales et à organiser d'énormes manifestations. dans diverses villes, nous sommes arrivés à la fin de l'année. Au cours des derniers mois de l'année, j'ai dirigé plusieurs élections partielles très disputées, au cours desquelles j'ai connu l'une des plus graves mésaventures de ma vie.

Cette élection partielle s'est déroulée dans la circonscription de Mid-Devon, fief du libéralisme. En fait, depuis sa création en 1885, ce siège n'a jamais été occupé par qui que ce soit, sauf par un député libéral. La circonscription est vaste, divisée en huit districts. La population des villes est rude et bruyante, et son dévouement aveugle et irraisonné au parti libéral a toujours reflété l'esprit grossier des électeurs. Une femme unioniste m'a dit, peu après mon arrivée, que ma vie serait en danger si j'osais m'opposer ouvertement au candidat libéral. Elle n'avait jamais osé, m'a-t-elle assuré, porter les couleurs de son parti en public. Cependant, j'ai parlé — dans notre quartier général de Newton Abbott, la ville principale de la division, à Hull et à Bovey Tracey. Nous avons tenu des réunions deux fois par jour, appelant les électeurs à « battre le gouvernement de Mid-Devon, pour faire passer le message que les femmes doivent avoir le droit de voter l'année prochaine ». Bien que certaines réunions aient été mouvementées, nous avons été traités avec beaucoup plus de considération que l'un ou l'autre des candidats, qui, il n'était pas rare, étaient hurlés et mis en fuite. Souvent, l'air de leurs réunions était rempli de légumes pourris et de boules de neige sales. Nous avons également eu des séances plutôt animées. Un jour, lors d'une réunion en plein air, des jeunes voyous ont traîné notre camion en rond jusqu'à ce qu'il semble que nous devions être bouleversés, et à plusieurs reprises le langage lancé contre nous par la foule était tout à fait impropre à ce que je le répète. Pourtant, nous avons échappé à la violence réelle jusqu'au jour de l'élection, lorsqu'il a été annoncé que le candidat unioniste avait remporté le siège avec une majorité de 1 280 voix. Nous savions immédiatement que le ressentiment le plus profond des libéraux serait suscité, mais il ne nous est pas venu à l'esprit que ce ressentiment serait dirigé activement contre nous.

Après la déclaration aux urnes, ma compagne, Mme Martel, et moi avons commencé à marcher jusqu'à notre logement. Certains de nos amis nous ont arrêtés et ont attiré notre attention sur le député unioniste nouvellement élu, qui était escorté hors du bureau de vote par une forte garde de police. On nous a prévenus que notre sécurité exigeait un vol immédiat de la ville. J'ai assuré en riant à nos amis que je n'avais jamais peur de me faire confiance dans une foule, et nous avons continué notre chemin. Soudain, nous avons été confrontés à une foule de jeunes hommes et de garçons, tailleurs d'argile venant des fosses à la périphérie de la ville. Ces jeunes gens, qui portaient les cocardes rouges du parti libéral, venaient d'apprendre la défaite de leur candidat et étaient fous de rage et d'humiliation. L'un d'eux nous a montré du doigt en criant : « Ils l'ont fait ! Ce sont ces femmes qui l'ont fait ! Un cri s'est élevé de la foule et nous avons été inondés d'une pluie d'argile et d'œufs pourris. Nous n'avions pas particulièrement peur, mais les œufs étaient insupportables et, pour y échapper, nous nous précipitâmes dans une petite épicerie voisine. La femme de l'épicier ferma et verrouilla la porte, mais le pauvre épicier cria que sa maison allait être détruite. Bien entendu, je ne voulais pas que cela se produise, alors je leur ai demandé de nous laisser sortir par la porte arrière. Ils nous ont conduits dehors, dans une petite cour arrière qui menait à une petite ruelle d'où nous comptions nous échapper . Mais lorsque nous atteignîmes la cour, nous constatâmes que les voyous, anticipant notre mouvement, avaient surgi au coin de la rue et nous attendaient.

Ils s'emparèrent d'abord de Mme Martel et commencèrent à la frapper à la tête avec leurs poings, mais la courageuse épouse du commerçant, entendant les cris et les jurons des hommes, ouvrit grand la porte et se précipita à notre secours. Entre nous, nous avons réussi à arracher Mme Martel à ses ravisseurs et à la faire entrer dans la maison. Je m'attendais moi aussi à entrer dans la maison, mais au moment où j'atteignais le seuil, un coup stupéfiant tomba sur ma tête, des mains rudes saisirent le col de mon manteau et je fus violemment projeté à terre. Abasourdi, j'ai dû perdre connaissance un instant, car ma sensation suivante fut de la boue froide et humide s'infiltrant à travers mes vêtements. La vue me revenant, j'aperçus les hommes, silencieux maintenant, mais avec un silence terrible et rabaissant, se refermant en cercle autour de moi. Au centre du ring se trouvait un tonneau vide, et l'horrible pensée m'est venue qu'ils pourraient avoir l'intention de m'y mettre. Un long moment sembla s'écouler, tandis que le cercle d'hommes se rapprochait lentement. Je les regardais, dans leurs vêtements ternes enduits d'argile jaune, et ils paraissaient si sous-alimentés, si chétifs et détrempés, qu'une pitié poignante pour eux m'envahit. "Pauvres âmes", ai-je pensé, puis j'ai dit tout à coup : "Aucun de vous n'est-il *un homme* ?" Puis l'un des jeunes s'est précipité vers moi et j'ai su que ce qui allait m'arriver était sur le point de commencer.

À ce moment précis, des cris ont retenti et une ruée de policiers qui s'étaient frayé un chemin à travers une foule hostile pour nous secourir. Bien sûr, la foule a fait demi-tour et s'est enfuie, et j'ai été transporté doucement dans le magasin, que la police a gardé pendant deux heures, avant qu'il soit jugé sûr pour nous de partir dans une automobile fermée. Il a fallu plusieurs mois avant que Mme Martel ou moi ne nous remettions de nos blessures.

Les voyous, déjoués de leur proie féminine, se rendirent au Club Conservateur, brisèrent toutes les fenêtres de la maison et y maintinrent les membres assiégés toute la nuit. Le lendemain matin, le corps d'un homme, affreusement meurtri à la tête, fut retrouvé dans le bief. Dans tout ce désordre et ce crime probable, aucun homme ne fut arrêté. Comparez cela, si vous le souhaitez, avec le traitement réservé à nos femmes à Londres.

Le roi a ouvert le Parlement en grand état le 29 janvier 1908. Une fois de plus, son discours a omis toute mention du droit de vote des femmes et la WSPU a de nouveau lancé un appel à la création d'un Parlement des femmes pour les 11, 12 et 13 février. Avant la convocation, nous avons appris qu'une excellente place dans le scrutin avait été remportée par un ami du mouvement, M. Stanger, qui avait promis de présenter un projet de loi sur le suffrage. Le 28 février était le jour fixé pour la deuxième lecture, et nous avons réalisé que Il faudrait exercer une forte pression pour éviter que le projet de loi ne soit détruit, comme l'avait été le projet de loi Dickinson l'année précédente. Ainsi, le premier jour du Parlement des Femmes, presque toutes les femmes présentes se sont portées volontaires pour participer à la députation, qui devait tenter de porter la résolution au Premier ministre. Menée par deux portraitistes bien connus, la députation quitta Caxton Hall et se dirigea en rangs ordonnés, quatre de front, vers la Chambre des communes. La foule dans les rues était énorme, des milliers de sympathisants venus aider les femmes, des milliers de policiers déterminés à ne pas aider les femmes et des milliers de spectateurs curieux. Une fois la lutte terminée, cinquante femmes furent enfermées dans les cellules du tribunal de police.

Le lendemain matin, lorsque les affaires furent jugées, M. Muskett , qui poursuivait pour la Couronne, et qui était peut-être un peu las de dire aux suffragettes qu'il fallait cesser ces scènes de rue, et de les voir continuer exactement comme s'il n'avait pas parlé, a prononcé un discours très sévère et terrifiant. Il a dit aux femmes que cette fois, elles seraient passibles de la peine maximale habituelle de deux mois d'emprisonnement, avec la possibilité d'une amende de cinq livres, mais que, au cas où elles récidiveraient, la loi leur réservait de pires terreurs. . On proposa de faire revivre, au profit des suffragettes, une loi votée sous le règne de Charles II, qui traitait des « pétitions tumultueuses, soit à la couronne, soit au Parlement ». Cette loi prévoyait que nul ne devait oser se rendre au Roi ou au Parlement « avec une pétition, plainte, remontrance, déclaration ou autre adresse » accompagné d'un nombre de personnes supérieur à douze. Une amende de cent livres ou trois mois d'emprisonnement pourrait être imposée en vertu de cette loi. Le magistrat a alors condamné toutes les femmes sauf deux à être liées pendant douze mois, ou à purger six semaines en deuxième division. Deux autres femmes, des « vieilles délinquantes », ont reçu un mois d'emprisonnement en troisième division, ou classe la plus basse. Tous les prisonniers, à l'exception de deux dont les parents étaient très malades, ont choisi la peine de prison.

La session du lendemain du Parlement des femmes a été marquée par une intense émotion, les femmes passant en revue les événements de la veille, les procès et surtout la menace de faire revivre la loi obsolète de Charles II, une loi *qui a été votée pour entraver le progrès. du parti libéral, né sous les Stuarts, et sous le second Charles luttait pour sa vie* . Il était étonnant que les descendants politiques de ces hommes proposent de rétablir la loi pour entraver l'avancée de la cause des femmes, luttant pour sa survie sous George V et son gouvernement libéral. Au moins, c'était la preuve que le gouvernement était déconcerté dans sa tentative d'écraser notre mouvement. Christabel Pankhurst, qui présidait la deuxième session du Parlement des femmes, a déclaré : « On se rend enfin compte que les femmes se battent pour la liberté, comme leurs pères se sont battus. S'ils veulent douze femmes, oui, et plus de douze, si cent femmes sont recherchés pour être jugés en vertu de cette loi et envoyés en prison pour trois mois, ils peuvent être retrouvés. »

Je n'étais pas présent à cette séance, ni à la première. Je travaillais lors d'une élection partielle à South Leeds, la dernière de plusieurs élections partielles importantes dans de grands centres industriels , où notre succès était incontesté, sauf par la presse libérale. Les élections s'étaient terminées par un grand cortège et un rassemblement de 100 000 personnes sur Hounslet Moor. Le plus bel enthousiasme a marqué cette rencontre. Je n'oublierai jamais quel ordre splendide le peuple gardait, malgré le fait qu'aucune protection policière ne nous était assurée ; comment la foule immense s'est séparée pour laisser passer notre cortège ; comment les foules de femmes d'usine maintenaient un chœur dans le vaste Yorkshire : "Gagnerons-nous ? Aurons-nous le vote ? Nous le ferons !" Il n'est pas étonnant que les vieux aient secoué leur chapelet et déclaré qu'« il n'y avait jamais eu quelque chose de pareil ».

CHAPITRE II

Avec ces cris courageux dans les oreilles, je me suis précipité vers Londres pour la session finale du Parlement, car j'avais décidé que je devais être la première personne à défier le gouvernement de mettre à exécution sa menace de faire revivre l'ancienne loi de Charles II. Ce jour-là, j'ai prononcé un long discours devant les femmes, leur racontant quelque chose de mes expériences des mois passés et comment tout ce que j'avais vu et entendu à travers le pays n'avait fait qu'approfondir ma conviction de la nécessité du vote des femmes. "Je sens", ai-je conclu, "que le moment est venu où je dois agir, et je souhaite être l'un de ceux qui présenteront notre résolution au Parlement cet après-midi. Mon expérience dans le pays, et en particulier dans le sud de Leeds, m'a enseigné des choses que les ministres du Cabinet, qui n'ont pas eu cette expérience, ne connaissent pas, et cela m'a fait sentir que je dois faire une dernière tentative pour les voir et les exhorter à reconsidérer leur position avant qu'un terrible désastre ne se produise.

Au milieu de beaucoup d'enthousiasme et d'émotion, nous avons choisi les treize femmes requises, qui étaient prêtes à être arrêtées et jugées en vertu de la loi Charles II sur les « pétitions tumultueuses ». Je ne m'étais pas entièrement remis de l'attaque qui m'avait été infligée à Mid-Devon, et ma cheville déchirée était encore trop sensible pour que la marche soit autre chose qu'un processus douloureux. Me voyant commencer presque aussitôt à boiter gravement, Mme Drummond, avec une gentillesse caractéristique et brutale, a appelé un homme conduisant une charrette à chiens et lui a demandé s'il voulait bien me conduire à la Chambre des communes. Il a facilement accepté et je suis monté sur le siège derrière lui, les autres femmes faisant la queue derrière la charrette. Nous n'étions pas allés bien loin lorsque la police, qui nous entourait déjà en force, m'a ordonné de descendre de cheval. Bien entendu, j'obéis et marchai, ou plutôt boitai avec mes compagnons. Ils m'auraient soutenu, mais la police a insisté pour que nous marchions en file indienne. Bientôt, je m'évanouis tellement à cause de la douleur à la cheville que j'appelai deux des femmes, qui me prirent les bras et m'aidèrent à avancer. C'était notre seul acte de désobéissance aux ordres de la police. Nous nous déplacions avec difficulté, car la foule était d'une taille incroyable. Tout autour, à perte de vue, se trouvait la grande multitude en mouvement, ondulante et excitée, et nous entourant de tous côtés étaient des régiments de police en uniforme, à pied et à cheval. On aurait pu croire qu'au lieu de treize femmes, dont une boiteuse, marchant tranquillement, la ville était aux mains d'une foule armée.

Nous avions progressé jusqu'à l'entrée de la place du Parlement, lorsque deux vaillants policiers m'ont soudainement saisi les bras de chaque côté et m'ont dit que j'étais en état d'arrestation. Mes deux compagnes, parce qu'elles refusaient de me quitter, furent également arrêtées, et quelques minutes plus tard Annie Kenney et cinq autres femmes furent arrêtées. Cette nuit-là, nous avons été libérés sous caution et le lendemain matin, nous avons été traduits en justice devant le tribunal de police de Westminster pour être jugés en vertu de la loi Charles II. Mais il s'est avéré que les autorités, gênées par notre empressement à tester la loi, ont annoncé qu'elles avaient changé d'avis et qu'elles continueraient, pour le moment, à nous traiter comme de simples bagarreurs de rue.

C'était mon premier procès, et j'écoutais, avec le soupçon que mes oreilles jouaient des tours à ma raison, les parjures les plus étonnants avancés par l'accusation. J'ai entendu dire que nous étions partis de Caxton Hall avec des cris et des chants bruyants, que nous avions eu recours au comportement le plus tumultueux et le plus vulgaire , faisant tomber les casques des policiers, attaquant les agents à droite et à gauche pendant que nous marchions. Notre témoignage et celui de nos témoins ont été ignorés. Lorsque j'ai essayé de parler pour ma propre défense , j'ai été brutalement interrompu et on m'a dit brièvement que moi et les autres devions choisir entre être liés ou aller en prison, en deuxième division, pour six semaines.

Je ne me souviens que vaguement du long et cahoteux trajet à travers Londres jusqu'à la prison de Holloway. Nous nous sommes arrêtés à Pentonville , la prison pour hommes, pour libérer plusieurs hommes prisonniers, et je me souviens avoir frémi à l'idée de nos femmes, dont beaucoup avaient à peine dépassé l'âge de petite fille, être emmenées en prison dans le même fourgon que des hommes criminels. En arrivant à la prison, nous nous sommes frayés un chemin à travers des couloirs sombres jusqu'à la salle d'accueil, où nous avons été alignés contre le mur pour un examen médical superficiel. Après cela, nous avons été enfermés dans des cellules séparées, non meublées, à l'exception de tabourets bas en bois.

Cela m'a semblé un temps interminable avant que la porte de ma cellule ne soit ouverte par une gardienne qui m'a ordonné de la suivre. J'entrai dans une pièce où une autre gardienne était assise à une table, prête à faire l'inventaire de mes effets. Obéissant à l'ordre de me déshabiller, j'ai enlevé ma robe, puis je me suis arrêté. "Enlevez tout", fut l'ordre suivant. "Tout?" J'ai hésité. Il semblait impossible qu'ils s'attendent à ce que je me déshabille. En fait, ils m'ont permis d'enlever mes derniers vêtements à l'abri d'une salle de bain. Je frissonnais dans d'affreux sous-vêtements vieux, rapiécés et tachés, de gros bas de laine brune à rayures rouges, et l'affreuse robe de prison marquée partout de la large flèche de la disgrâce. J'ai pêché une paire de chaussures dans un grand panier de chaussures, vieilles et pour la plupart misérables . On me donna une paire de draps grossiers mais propres, une serviette, une tasse de chocolat froid et une épaisse tranche de pain brun, et on me conduisit à ma cellule.

Mes premières sensations, lorsque la porte fut fermée à clé, ne furent pas tout à fait désagréables. J'étais désespérément fatigué, car j'avais travaillé dur, peut-être un peu trop, depuis plusieurs mois intenses. L'excitation et la fatigue de la veille, ainsi que l'indignation que j'avais endurée tout au long du procès, s'étaient combinées pour m'amener à l'épuisement, et j'étais heureux de me jeter sur mon dur lit de prison et de fermer les yeux. Mais bientôt le soulagement d'être seul et sans rien à faire m'a disparu. La prison de Holloway est un endroit très ancien et présente les inconvénients des lieux anciens qui n'ont jamais connu suffisamment d'air et de soleil. Il empeste les odeurs de générations de mauvaise ventilation, et il s'avère être à la fois le bâtiment le plus étouffant et le plus plein de courants d'air dans lequel je sois jamais allé. Bientôt, j'ai eu envie d'air frais. Ma tête a commencé à me faire mal. Le sommeil s'est enfui. Je suis resté allongé toute la nuit, souffrant du froid, à bout de souffle, souffrant de fatigue et douloureusement éveillé.

Le lendemain, j'étais assez malade, mais je n'en ai rien dit. On ne s'attend pas à être à l'aise en prison. En fait, la souffrance mentale d'une personne est tellement plus grande que n'importe quelle détresse physique ordinaire, que cette dernière est presque oubliée. Le système pénitentiaire anglais est tout à fait médiéval et dépassé. Dans certains détails, le système s'est amélioré depuis qu'ils ont commencé à envoyer les suffragettes à Holloway. Je puis dire que nous, par notre dénonciation publique du système, avons forcé ces légères améliorations. En 1907, les règles étaient excessivement cruelles. La pauvre prisonnière, en entrant à Holloway, tomba pour ainsi dire dans un tombeau. Aucune lettre ni aucun visiteur n'étaient autorisés pendant le premier mois de la peine. Pensez-y : un mois entier, plus de quatre semaines, sans envoyer ni recevoir un seul mot. Les proches peuvent avoir enduré d'atroces souffrances, être tombés malades ou être décédés entre-temps. On avait tout le temps d'imaginer toutes ces choses, car le prisonnier était maintenu au secret, dans une cellule étroite et faiblement éclairée, vingt-trois heures sur vingt-quatre. L'isolement cellulaire est une punition trop terrible pour être infligée à un être humain, quel que soit son crime. On dit que les criminels endurcis dans les prisons pour hommes mendient souvent le fouet. Imaginez ce que doit être une femme qui a commis un petit délit, car la plupart des femmes qui vont à Holloway sont de petits délinquants, assises seules, jour après jour, dans le lourd silence d'une cellule, pensant à leurs enfants à la maison. penser, penser. Certaines femmes deviennent folles. Beaucoup souffrent de nerfs brisés pendant une longue période après leur libération. Il est impossible de croire qu'une femme soit jamais sortie d'une telle horreur moins criminelle qu'au moment où elle y est entrée.

Deux jours d'isolement cellulaire, interrompus chaque jour par une heure d'exercice silencieux dans une cour glaciale, et j'ai été envoyé à l'hôpital. Là, j'ai pensé que je devrais être un peu plus à l'aise. Le lit était meilleur, la nourriture un peu meilleure et de petits conforts, comme de l'eau chaude pour se laver, étaient autorisés. J'ai un peu dormi la première nuit. Vers minuit, je me suis réveillé et je me suis assis dans mon lit, écoutant. Une femme dans la cellule voisine de la mienne gémissait dans de longues respirations sanglotantes de douleur mortelle. Elle s'arrêta pendant quelques minutes, puis gémit de nouveau, horriblement. La vérité m'a envahi, m'a rendu malade, lorsque j'ai réalisé qu'une vie était en train de naître, là, dans cette effrayante prison. Une femme, emprisonnée par les lois des hommes, donnait un enfant au monde. Un enfant né dans une cellule ! Je n'oublierai jamais cette nuit-là, ni ce que j'ai souffert avec les douleurs de l'accouchement de cette femme qui, je l'ai découvert plus tard, attendait simplement son procès sur une accusation qui s'est avérée sans fondement.

Les jours passaient très lentement , les nuits encore plus lentement. Etant hospitalisé, j'étais privé de chapelle, et aussi de travail. Désespérée, j'ai finalement supplié la gardienne de me donner un peu de couture, et elle m'a gentiment donné sa propre jupe à ourler, et plus tard quelques gros tricots à faire. Les prisonniers avaient droit à quelques livres, pour la plupart du genre « école du dimanche ». Un jour, je demandai à l'aumônier s'il n'y avait pas dans la bibliothèque des livres français ou allemands, et il m'apporta un trésor : *Autour de mon Jardin* , de Jules Janin . Pendant quelques jours, j'étais assez heureux, lisant mon livre et le traduisant sur la petite ardoise absurde qu'on nous donnait à la place du papier et du crayon. Cette ardoise était, après tout, d'un grand réconfort. J'ai fait toutes sortes de choses avec. J'ai tenu un calendrier, j'y ai écrit toute la poésie française dont je me souvenais, j'ai même enregistré des chorales de la vieille école et de vieux exercices d'anglais. Cela m'a aidé à merveille à passer les heures interminables jusqu'à ma libération. J'en oubliais même le froid, d'autant plus dur à supporter à cause du manteau de fourrure, que je savais rangé, muni d'un ticket à mon nom. Je les ai suppliés de me donner le manteau, mais ils ne m'ont pas laissé l'avoir.

Enfin le moment arriva où ils me rendirent toutes mes affaires et me laissèrent libre. A la porte, le gouverneur me parla et me demanda si j'avais des plaintes à formuler. "Pas de vous," répondis-je, "ni d'aucune des gardiennes. Seulement de cette prison et de toutes les prisons pour hommes. Nous les raserons."

De retour dans ma maison confortable, entouré d'amis aimants, j'aurais pu me reposer tranquillement pendant quelques jours, mais il y a eu une grande réunion ce soir-là à l'Albert Hall, pour marquer la fin d'une semaine d'abnégation visant à récolter des fonds pour l'année. campagne. Les femmes avaient vendu des papiers, des fleurs, des jouets, balayé les passages à niveau et chanté dans les rues pour la cause. De nombreuses femmes, bien connues dans le monde des arts et des lettres, ont fait ces choses. Je sentais que je ne ferais pas grand-chose si j'assistais simplement à la réunion. Alors j'y suis allé.

Ma libération n'était attendue que le lendemain matin et personne ne songeait à ma présence à la réunion. Mon siège de président était décoré d'une grande pancarte avec l'inscription « La chaise de Mme Pankhurst ». Après tout, les autres étaient assis, les orateurs et des centaines d'anciens prisonniers. Je suis entré tranquillement sur scène, j'ai retiré la pancarte de la chaise et je me suis assis. Un grand cri s'échappa des femmes tandis qu'elles sautaient de leur siège et tendaient les mains vers moi. Il me fallut un certain temps avant de pouvoir les voir pour mes larmes, ou leur parler pour l'émotion qui me secouait comme une tempête.

Le lendemain matin, avec les autres prisonniers libérés, je suis parti en voiture pour Peckham , une circonscription de Londres, où les membres de la WSPU menaient une vigoureuse élection partielle. En grand nombre, nous avons défilé dans les rues, vêtus de nos vêtements de prison ou de leurs reproductions exactes. Naturellement, nous avons attiré beaucoup d'attention et de sympathie, et nos réunions quotidiennes sur Peckham Rye, comme on appelle leur commune, ont attiré des foules énormes. Lorsque le jour du scrutin est arrivé, nos membres étaient postés dans chaque isoloir et de nombreux hommes, en arrivant aux isoloirs, nous ont dit qu'ils votaient, pour la première fois, « pour les femmes », c'est-à-dire contre le gouvernement. Ce soir-là, dans un grand enthousiasme, on a appris que la majorité libérale de 2 339 voix aux dernières élections générales avait été transformée en une majorité conservatrice de 2 494 voix. Les lettres affluent dans les journaux, déclarant que la perte de cet important siège libéral était presque entièrement due au travail des suffragettes, et de nombreux libéraux éminents ont appelé les chefs de parti à commencer à faire quelque chose pour les femmes avant les prochaines élections générales. Les dirigeants libéraux, avec la perspicacité habituelle des politiciens, n'ont pas répondu du tout. Au lieu de cela, ils ont vu avec approbation l'accession au pouvoir le plus élevé de l'ennemi juré des suffragettes, M. Asquith.

M. Asquith devint premier ministre vers Pâques 1908, à la suite de la démission, pour cause de mauvaise santé, de Sir Henry Campbell-Bannerman. M. Asquith a été choisi, non pas en raison d'un sens politique remarquable, ni encore en raison d'une grande popularité personnelle - car il ne possédait ni l'un ni l'autre - mais simplement parce qu'aucun homme meilleur ne semblait disponible à ce moment-là. Il était connu comme un avocat intelligent, astucieux et quelque peu sans scrupules. Il avait occupé plusieurs hautes fonctions à la satisfaction de son parti et, sous Sir Henry Campbell-Bannerman, il avait été chancelier de l'Échiquier, poste qui est généralement considéré comme un tremplin vers le poste de Premier ministre. La meilleure chose que la presse libérale ait trouvée à dire du nouveau premier ministre, c'est qu'il était un homme « fort ». Généralement, en politique, ce terme est utilisé pour décrire un homme obstiné, et nous connaissions déjà M. Asquith. Il était un opposant franc et franc au droit de vote des femmes, et il nous était suffisamment clair qu'aucune méthode d'éducation ou de persuasion ne réussirait jamais à son égard. La nécessité d'agir de notre part était donc plus grande que jamais.

Une telle opportunité s'est présentée immédiatement grâce aux changements intervenus au sein du nouveau Cabinet. Selon la loi anglaise, tous les nouveaux arrivants au Cabinet sont obligés de démissionner de leur siège au Parlement et de se proposer à leur circonscription pour être réélus. Outre ces places, il y en avait plusieurs autres, par suite de décès ou d'élévations à la pairie. Cela rendit nécessaire un certain nombre d'élections partielles et l'Union sociale et politique des femmes entra une fois de plus en campagne contre les candidats libéraux. Je ne traiterai pas plus longuement de ces élections partielles qu'il n'est nécessaire pour montrer l'effet de notre travail sur le gouvernement, et son effet ultérieur sur notre mouvement, qui devait nous contraindre à un militantisme de plus en plus grand. Je laisserai au jugement honnête de mes lecteurs le soin de déterminer où il convient de placer la responsabilité de ces premières vitres brisées.

Nous avons choisi comme premier candidat pour la défaite M. Winston Churchill, qui était sur le point de faire appel à sa circonscription du nord-ouest de Manchester pour approuver sa nomination au poste de président du Board of Trade. Ma fille Christabel a pris en charge cette élection, et son travail et celui de ses forces ont été si réussis que M. Churchill a perdu son siège par 420 voix. Tous les journaux reconnurent que ce sont les suffragettes qui avaient vaincu M. Churchill, et un journal libéral, le London *Daily News*, appela le parti à mettre un terme à une situation intolérable en accédant aux revendications des femmes.

Un autre siège fut immédiatement assuré à M. Churchill, celui de Dundee, alors fortement — au sens purement parti — libéral, et donc sûr. Néanmoins, nous étions déterminés à y combattre M. Churchill, à le vaincre si possible et, dans tous les cas, à faire tomber la majorité libérale. J'ai pris personnellement en charge la campagne, en organisant une très grande réunion à Kinnaird Hall la veille de l'arrivée de M. Churchill. Bien qu'il se sente absolument sûr d'être élu dans cette circonscription écossaise, M. Churchill redoutait l'effet de notre présence sur les femmes libérales. La deuxième réunion qu'il a prononcée à Dundee s'est déroulée exclusivement pour les femmes, et au lieu de demander le soutien des différentes mesures actuellement au programme du gouvernement , méthode habituelle du politicien, il a parlé de la certitude d'obtenir, dans un court laps de temps, le droit de vote parlementaire. pour femme. "Personne", a-t-il déclaré, "ne peut ignorer le fait que lors des prochaines élections générales, le droit de vote des femmes sera une question réelle et pratique ; et le prochain Parlement, je pense, devrait voir la satisfaction des revendications des femmes. n'excluons pas la possibilité que le suffrage soit traité dans ce Parlement." M. Churchill a réitéré sincèrement sa prétention d'être considéré comme un véritable ami de la cause des femmes ; mais lorsqu'on lui a demandé de s'engager à ce que son gouvernement prenne des mesures, il a souligné son incapacité à parler au nom de ses collègues.

Cette promesse spécieuse, ou plutôt cette prophétie du droit de vote des femmes à une date indéterminée, conquit un grand nombre de femmes libérales, qui se mirent immédiatement à travailler avec acharnement pour l'élection de M. Churchill. Dundee compte une importante population de personnes extrêmement pauvres, des ouvriers des filatures de jute et des usines de marmelade. Quelques concessions en matière de taxe sur le sucre, faites à temps, et l'annonce que le nouveau gouvernement envisageait d'établir des pensions de vieillesse, ont créé une immense vague d'enthousiasme libéral qui a entraîné M. Churchill au pouvoir malgré notre travail infatigable. . Nous avons tenu environ deux cents réunions et, la veille des élections, cinq grandes manifestations, dont quatre en plein air et une qui a rempli une grande salle d'exercices. Le jour du scrutin, le 9 mai, a été très excitant. Pour chaque suffragette présente dans les bureaux de vote, il y avait une demi-douzaine d'hommes et de femmes libéraux, distribuant des projets de loi avec des légendes telles que « Votez pour Churchill, et peu importe les femmes », et « Faites entrer Churchill et laissez les femmes dehors ». Pourtant, malgré tous leurs efforts, M. Churchill a obtenu 2 200 voix de moins que son prédécesseur libéral lors des élections générales.

Lors des sept premières élections partielles qui ont suivi l'élévation de M. A. Squith au poste de premier ministre, nous avons réussi à faire reculer le vote libéral de 6 663 voix. Puis quelque chose s'est produit pour freiner nos progrès. M. Asquith a reçu une députation de députés libéraux, qui l'ont exhorté à permettre que le projet de loi sur le suffrage Stanger, qui avait passé sa deuxième lecture à une large majorité, soit adopté. M. Asquith a répondu que lui-même ne souhaitait pas voir les femmes émancipées et qu'il ne serait pas possible au gouvernement d'accorder les facilités requises au projet de loi de M. Stanger. Il a ajouté qu'il était pleinement conscient des nombreux défauts du système électoral et que le gouvernement avait l'intention, "sauf accident", de présenter un projet de réforme avant la clôture de cette législature. Le droit de vote des femmes n'y aurait pas sa place, mais il serait rédigé de telle sorte qu'un amendement en faveur du droit de vote des femmes pourrait être ajouté si un membre choisissait d'en proposer un. Dans ce cas, a déclaré M. Asquith, il ne devrait pas considérer qu'il est du devoir du gouvernement de s'opposer à l'amendement s'il était approuvé par une majorité de la Chambre des communes — *à condition* que l'amendement soit d'ordre démocratique et qu'il ait un retour en arrière. d'elle le soutien, le soutien fort et incontestable, des femmes du pays ainsi que de l'électorat actuel.

On ne pourrait pas supposer qu'une déclaration aussi évasive soit considérée par quelque parti que ce soit comme une promesse que le droit de vote des femmes aurait de réelles chances de succès sous le gouvernement Asquith. Le fait que beaucoup l'aient pris très au sérieux n'est qu'une preuve supplémentaire de la crédulité d'un public aveuglé par les partis. La presse libérale a salué la « promesse » de M. Asquith et a appelé à une trêve de militantisme afin que le gouvernement ait toutes les chances d'agir. Le *Star a déclaré* , d'une manière typique de beaucoup d'autres : "Le sens de l'engagement de M. Asquith est clair. Le droit de vote des femmes sera adopté par la Chambre des communes avant que le gouvernement actuel ne s'installe dans le pays."

Quant aux associations libérales féminines, elles délireaient de joie. Lors d'une conférence convoquée dans le but d'adopter des résolutions de gratitude, Lady Carlisle a déclaré : « C'est un glorieux jour de réjouissance. Notre grand Premier ministre, tout honneur à lui, nous a ouvert la voie par laquelle nous pouvons entrer dans cet héritage. dont nous avons été trop longtemps exclus. »

Lors des deux élections partielles suivantes, les dernières de la série, d'immenses affiches furent exposées : « Le grand projet de réforme du Premier ministre : Votes pour les femmes ». Nous avons essayé de dire aux électeurs que cet engagement était à première vue faux ; que la condition spécieuse selon laquelle l'amendement serait « démocratique » ne laissait aucun doute sur le fait que le gouvernement provoquerait le rejet de tout amendement pratique qui pourrait être proposé. Nos paroles sont tombées dans l'oreille d'un sourd et les majorités libérales ont grimpé en flèche.

À peine une semaine plus tard, M. Asquith a été interrogé à la Chambre des communes par un député anti-suffragiste légèrement alarmé. Le député a demandé à M. Asquith s'il se considérait comme déterminé à présenter la colline de la réforme au cours de cette législature, s'il avait l'intention de permettre à un tel projet de loi d'adopter un amendement en faveur du droit de vote des femmes, si celui-ci était proposé et si, dans ce cas, le droit de vote cet amendement ferait partie de la politique du gouvernement. Toujours évasif, le Premier ministre, après quelques échanges, a répondu : « Mon honorable ami m'a posé une question concernant un avenir lointain et spéculatif. » Ainsi notre interprétation de la « promesse » de M. Asquith était-elle justifiée de sa propre bouche. Pourtant, les femmes libérales s'accrochaient toujours à l'espoir d'une action gouvernementale, et la presse libérale faisait semblant de s'y accrocher. Quant à l'Union sociale et politique des femmes, nous nous sommes préparés à davantage de travail. Nous avons dû emprunter une nouvelle ligne, car il était évident que le gouvernement pouvait, au moins pour un temps, neutraliser notre travail électoral partiel en faisant davantage de fausses promesses. Conformément à notre politique de ne jamais aller plus loin que ce que le gouvernement nous obligeait à aller, nous avons fait de notre première action une action parfaitement pacifique.

Le jour où le projet de loi Stanger atteignait sa deuxième lecture à la Chambre, et plusieurs jours après mon premier voyage à Holloway, M. Herbert Gladstone, le ministre de l'Intérieur, fit un discours qui intéressa beaucoup les suffragettes. Il s'est déclaré suffragiste et a déclaré qu'il avait l'intention de voter pour le projet de loi. Néanmoins, il était convaincu que le projet ne pourrait pas être adopté en raison de la division au sein du Cabinet et du fait qu'aucun parti politique ne s'était uni ni pour ni contre. Le droit de vote des femmes, a déclaré M. Gladstone, doit progresser vers la victoire à travers toutes les étapes nécessaires à la maturation des grandes réformes. D'abord le débat académique, puis l'action efficace, furent l'histoire du suffrage masculin ; il doit en être de même pour le suffrage des femmes. "Les hommes", a déclaré M. Gladstone, "ont appris cette leçon et connaissent la nécessité de démontrer la grandeur de leur mouvement et d'établir cette *force majeure* qui motive et arme un gouvernement pour un travail efficace. C'est la tâche qui attend les partisans de ce grand mouvement. En repensant aux grandes crises politiques des années trente, soixante et quatre-vingt, on constate que les gens ne se déplaçaient pas en petites foules et ne se contentaient pas de réunions enthousiastes dans de grandes salles ; leurs dizaines de milliers dans tout le pays.

"Bien sûr", a ajouté M. Gladstone, "il ne faut pas s'attendre à ce que les femmes puissent se rassembler en telles masses, mais le pouvoir appartient aux masses, et grâce à ce pouvoir, un gouvernement peut être influencé pour agir de manière plus efficace qu'un gouvernement ne le serait probablement. à prendre dans les conditions actuelles."

L'Union Sociale et Politique des Femmes est déterminée à relever ce défi. S'il suffisait de se rassembler en grandes masses pour convaincre le gouvernement que le droit de vote des femmes avait dépassé le stade académique et exigeait désormais une action politique, nous pensions pouvoir entreprendre de satisfaire le membre le plus sceptique du Cabinet. Nous savions que nous pouvions organiser une manifestation qui surpasserait toutes les grandes manifestations pour le droit de vote organisées par les hommes dans les années trente, soixante et quatre-vingt. Le plus grand nombre de personnes jamais rassemblées à Hyde Park aurait été d'environ 72 000 personnes. Nous avons décidé d'organiser une manifestation à Hyde Park rassemblant au moins 250 000 personnes. Le dimanche 21 juin 1908 fut fixé comme date de cette manifestation, et pendant de nombreux mois nous travaillâmes pour en faire un jour marquant dans l'histoire du mouvement.

Notre exemple a été imité par les suffragistes non militants, qui ont organisé leur propre cortège, environ une semaine avant notre manifestation. Treize mille femmes, disait-on, défilaient dans ce cortège.

Pour notre manifestation, nous avons dépensé, rien que pour la publicité, plus de mille livres, soit cinq mille dollars. Nous couvrîmes les panneaux publicitaires de Londres et de toutes les principales villes de province de grandes affiches portant les portraits des femmes qui devaient présider les vingt estrades d'où devaient être prononcés les discours ; une carte de Londres, montrant les itinéraires par lesquels les sept cortèges devaient avancer, ainsi qu'un plan du lieu de rendez-vous de Hyde Park ont également été montrés. Londres, bien sûr, était parfaitement organisée . Pendant des semaines, une petite armée de femmes s'est occupée d'écrire des annonces sur les trottoirs, de distribuer des prospectus, de faire du démarchage de maison en maison, d'annoncer la manifestation au moyen d'affiches et de panneaux sandwich transportés dans les rues. Nous avons invité tout le monde à être présent, y compris les deux chambres du Parlement. Quelques jours avant la manifestation, Mme Drummond et un certain nombre d'autres femmes ont loué et décoré une chaloupe et ont remonté la Tamise jusqu'au Parlement, arrivant à l'heure où les députés reçoivent leurs amies autour d'un thé sur la terrasse. Tout le monde a quitté les tables et s'est rassemblé au bord de l'eau lorsque le bateau s'est arrêté, et la voix forte et claire de Mme Drummond a lancé son invitation au Cabinet et aux membres du Parlement à se joindre à la manifestation des femmes à Hyde Park. "Viens au parc dimanche", a-t-elle crié. "Vous bénéficierez d'une protection policière et il n'y aura pas d'arrestation, nous vous le promettons." Quelqu'un, alarmé, a téléphoné aux bateaux de la police, mais au moment où ils sont apparus, le bateau des femmes s'est éloigné.

Quelle journée ce dimanche 21 juin : claire, radieuse, remplie de soleil doré ! A mesure que j'avançais, menant, avec la vénérable Mme Wolstenholm-Elmy , la première des sept processions, il me sembla que tout Londres était venu assister à notre manifestation. Et une bonne partie de Londres suivait les cortèges. Lorsque j'ai monté sur ma plate-forme à Hyde Park et que j'ai observé les foules puissantes qui attendaient là et les foules interminables qui affluaient encore dans le parc de toutes les directions, j'ai été rempli d'un étonnement non dénué de respect. Jamais je n'aurais imaginé qu'autant de personnes puissent se rassembler pour participer à une manifestation politique. C'était un spectacle gai, beau et époustouflant, car les robes blanches et les chapeaux fleuris des femmes, sur fond d'arbres centenaires, donnaient au parc l'apparence d'un vaste jardin en pleine floraison.

Les clairons sonnèrent et les orateurs de chacune des vingt plates-formes commencèrent leurs discours, qui ne purent être entendus par plus de la moitié ou du tiers de l'immense auditoire. Malgré cela, ils restèrent jusqu'au bout. A cinq heures, les clairons sonnèrent de nouveau, les discours cessèrent et la résolution appelant le gouvernement à présenter sans délai un projet de loi officiel autorisant le droit de vote des femmes fut adoptée sur toutes les tribunes, souvent sans vote dissident. Puis, avec le cri répété trois fois « Votez pour les femmes ! » de la multitude assemblée, la grande réunion s'est dispersée.

Le *Times de Londres* déclarait le lendemain : « Ses organisateurs comptaient sur une audience de 250 000 personnes. Cette attente a certainement été comblée, et probablement elle a été doublée, et il serait difficile de contredire quiconque affirmerait qu'elle a été triplée. le nombre des étoiles, les faits dépassaient le seuil de la perception. »

Le *Daily Express* a déclaré: "Il est probable qu'autant de personnes ne se sont jamais rassemblées en une seule masse carrée nulle part en Angleterre. Les hommes qui ont vu la grande réunion de Gladstone il y a des années ont dit que comparé à la multitude d'hier, ce n'était rien."

Nous sentions que nous avions répondu au défi posé par la déclaration de M. Gladstone selon laquelle « le pouvoir appartient aux masses » et que, grâce à ce pouvoir, le gouvernement pouvait être influencé ; c'est donc avec un réel espoir que nous avons envoyé une copie de la résolution au Premier Ministre, lui demandant quelle réponse le Gouvernement apporterait à ce rassemblement sans précédent d'hommes et de femmes. M. Asquith a répondu formellement qu'il n'avait rien à ajouter à sa déclaration précédente et que le gouvernement avait l'intention, à un moment indéterminé, de présenter un projet de loi de réforme générale qui *pourrait* être amendé pour inclure le droit de vote des femmes. Notre merveilleuse démonstration, semblait-il, ne lui avait fait aucune impression.

CHAPITRE III

Nous en étions désormais à un point où nous devions choisir entre deux alternatives. Nous avions épuisé les arguments. Par conséquent, soit nous devions abandonner complètement notre agitation, comme l'avaient pratiquement fait les suffragettes des années 80, soit nous devions agir et continuer à agir jusqu'à ce que l'égoïsme et l'obstination du gouvernement soient brisés, ou que le gouvernement lui-même soit détruit. . À moins d'y être contraint, le gouvernement, à notre avis, ne donnerait jamais le droit de vote aux femmes.

Nous avons réalisé la véracité des paroles de John Bright, prononcées alors que le projet de réforme de 1867 était en cours d'agitation. Le Parlement, déclarait alors John Bright, n'avait jamais été favorable à une quelconque réforme. Le Reform Act de 1832 avait été arraché par la force au gouvernement de l'époque, et maintenant, avant qu'un autre, dit-il, puisse être adopté, les agitateurs devraient remplir les rues de gens de Charing Cross à l'abbaye de Westminster. Suivant les conseils de John Bright, nous avons lancé un appel au public pour qu'il se joigne à nous pour organiser une grande manifestation le 30 juin devant la Chambre des communes. Nous voulions être sûrs que le gouvernement voyait et lisait notre immense audience. Une proclamation publique du commissaire de police, avertissant le public de ne pas se rassembler sur la place du Parlement et déclarant que les abords du Parlement devaient rester ouverts, fut immédiatement publiée.

Nous avons persisté à annoncer que la manifestation aurait lieu, et j'ai écrit une lettre à M. Asquith pour lui dire qu'une députation l'attendrait à quatre heures et demie de l'après-midi du 30 juin. Nous avons tenu le Parlement des femmes habituel à Caxton Hall, après quoi Mme Pethick Lawrence, onze autres femmes et moi-même sommes partis. Nous n'avons rencontré aucune opposition de la part de la police, mais avons marché à travers des foules de spectateurs enthousiastes jusqu'à l'entrée des étrangers à la Chambre des communes. Ici, nous avons été accueillis par un grand groupe d'hommes en uniforme commandés par l'inspecteur Scantlebury de la police. L'inspecteur, que je connaissais personnellement, s'est avancé et a demandé officiellement : « Êtes-vous Mme Pankhurst et est-ce votre députation ?

"Oui," répondis-je.

"Mes ordres sont de vous exclure de la Chambre des communes."

"M. Asquith a-t-il reçu ma lettre ?" J'ai demandé.

Pour réponse, l'inspecteur sortit ma lettre de sa poche et me la tendit.

"M. Asquith n'a-t-il renvoyé aucun message, aucune sorte de réponse ?" J'ai demandé.

"Non", a répondu l'inspecteur.

Nous nous sommes retournés et sommes retournés à Caxton Hall pour raconter au public qui attendait ce qui s'était passé. Nous avons décidé qu'il n'y avait rien d'autre à faire qu'attendre patiemment jusqu'au soir et voir dans quelle mesure le public répondrait à notre appel à se réunir sur la place du Parlement. Nous savions déjà que les rues étaient remplies de monde et, dès le début, la foule augmentait rapidement. À huit heures, nous sommes sortis en groupes de Caxton Hall et avons trouvé la place du Parlement remplie d'une foule, estimée le lendemain à au moins 100 000 personnes. Depuis les marches des édifices publics, depuis les corniches de pierre, depuis les grilles de fer de la cour du Palais, auxquelles elles s'accrochaient de manière précaire, nos femmes faisaient des discours jusqu'à ce que la police les arrache et les jette dans la foule mouvante, ondulante et excitée. Certaines femmes ont été arrêtées, d'autres ont simplement reçu l'ordre de partir. Des acclamations et des huées mêlées s'élevèrent de la part des spectateurs. Certains hommes étaient des brutaux venus s'amuser. D'autres se sont montrés sincèrement sympathiques et ont vaillamment essayé de nous aider à atteindre la Chambre des communes. Les lignes de police furent brisées à maintes reprises et ce n'est que grâce aux charges répétées de la police à cheval que les attaques de la population furent repoussées. De nombreux députés, dont M. Lloyd-George, M. Winston Churchill et M. Herbert Gladstone, sont venus assister à la lutte, qui a duré jusqu'à minuit et a abouti à l'arrestation de vingt-neuf femmes. Deux de ces femmes ont été arrêtées après avoir chacune jeté une pierre à travers une fenêtre de la résidence officielle de M. Asquith à Downing Street, la valeur des fenêtres étant d'environ 2,40 dollars.

Ce fut le premier bris de fenêtre de notre histoire. Mme Mary Leigh et Miss Edith New, qui avaient jeté les pierres, m'ont fait savoir du tribunal de police qu'ayant agi sans ordre, elles ne seraient pas mécontentes d'être répudiées par le quartier général. Loin de les répudier, j'allai aussitôt les voir dans leurs cellules et les assurai de mon approbation de leur acte. Briser des vitres est une méthode ancestrale pour exprimer son mécontentement face à une situation politique. Comme l'a dit avec raison l'un des journaux commentant l'affaire : « Lorsque le roi et la reine dîneront à Apsley le 13 janvier, ils seront reçus dans des pièces dont le duc de Wellington était obligé de protéger avec des volets en fer. la fureur de ses adversaires politiques.

À Winchester, il y a quelques années, pour ne citer qu'un exemple, une grande émeute a eu lieu pour protester contre le déplacement d'une arme historique d'une partie de la ville à une autre. Au cours de cette émeute, des vitres ont été brisées et d'autres biens de toutes sortes ont été détruits, causant des dégâts très graves. Aucune sanction n'a été infligée pour cette émeute et les autorités, se penchant devant l'opinion publique ainsi exprimée de manière émeute, ont remis l'arme dans sa situation originale.

Le fait de briser des vitres, lorsque les Anglais le font, est considéré comme une expression honnête de leur opinion politique. Le fait de briser des vitres, lorsque les Anglaises le font, est considéré comme un crime. En condamnant Mme Leigh et Miss New à deux mois de prison en première division, le magistrat a utilisé un langage très sévère et a déclaré qu'une telle chose ne devait plus jamais se reproduire. Bien sûr, les femmes lui ont assuré que cela se reproduirait. Mme Leigh a déclaré : "Nous n'avons pas d'autre solution que de nous rebeller contre l'oppression et, si nécessaire, de recourir à des mesures plus fortes. Ce combat continue."

L'été 1908 reste dans les mémoires comme l'une des saisons les plus chaudes que le pays ait connues depuis des années. Nos prisonniers à Holloway ont souffert intensément, certains étant rendus désespérément malades par la chaleur, le mauvais air et la nourriture misérable. Nous qui avons passé l'été en campagne avons également souffert, mais dans une moindre mesure. Ce fut un immense soulagement lorsque les fraîches journées d'automne sont arrivées et c'est avec une vigueur renouvelée que nous nous sommes préparés pour la journée d'ouverture du Parlement, qui était le 12 octobre. Une fois de plus, nous décidâmes d'envoyer une députation auprès du Premier ministre et de nouveau nous invitâmes le grand public à prendre part à la manifestation. Nous avions imprimé des milliers de petits prospectus portant cette inscription : « Hommes et femmes, aidez les suffragettes à précipiter la Chambre des communes, mardi soir 13 octobre, à 19 h 30. »

MME. PANKHURST ET CHRISTABEL SE CACHENT DE LA POLICE
SUR LE JARDIN SUR LE TOIT DU CLEMENTS INN

Octobre 1908

Le dimanche 11 octobre, nous avons tenu une grande réunion à Trafalgar Square, ma fille Christabel, Mme Drummond et moi parlant depuis le socle du monument Nelson. M. Lloyd-George, comme nous l'avons appris par la suite, était membre de l'auditoire. La police était là et prenait de nombreuses notes de nos discours. Nous n'avions pas manqué de remarquer qu'ils nous surveillaient quotidiennement, suivaient nos traces et montraient de diverses manières qu'ils avaient ordre de suivre tous nos mouvements. Le point culminant est survenu à midi le 12 octobre, lorsque Christabel, Mme Drummond et moi avons reçu chacun un imposant document juridique qui disait : « Une information a été déposée aujourd'hui par le commissaire de police selon laquelle vous, au mois d'octobre, l'année 1908, se sont rendus coupables d'une conduite susceptible de provoquer une rupture de la paix en initiant et en faisant initier, en publiant et en faisant publier un certain prospectus, appelant et incitant le public à faire un certain acte illicite et illégal agir, à savoir, précipiter la Chambre des communes à 19h30 le 13 octobre.

Le dernier paragraphe était une convocation au poste de police de Bow Street le même après-midi à 15 heures. Nous ne sommes pas allés au poste de police de Bow Street. Nous nous sommes plutôt rendus à un « At Home » bondé au Queen's Hall, où l'on peut imaginer que notre nouvelle a suscité un grand enthousiasme. L'endroit était encerclé par des agents de police, et les reporters de la police étaient sur place pour prendre des sténographies de tout ce qui se disait depuis la tribune. Un jour, un cri excité s'est élevé : un inspecteur de police allait venir nous arrêter. Mais l'officier s'est contenté d'apporter un message indiquant que la convocation avait été ajournée au lendemain matin.

Il ne nous convenait pas d'obéir si tôt à la convocation ajournée, alors j'écrivis une note polie à la police, disant que nous serions à notre quartier général, n° 4 Clements Inn, le lendemain soir à six heures, et serait alors à sa disposition. Des mandats d'arrêt contre nos arrestations ont été rapidement émis et l'inspecteur Jarvis a reçu pour instruction de les exécuter immédiatement. Cela lui était impossible, car Mme Drummond passait son dernier jour de liberté à des affaires privées, tandis que ma fille et moi nous étions retirés dans une autre partie du Clements Inn, qui est un grand bâtiment décousu. Là, dans le toit-jardin de l' appartement privé de Pethick Lawrence, nous restions toute la journée occupés, sous le doux bleu du ciel d'automne, à notre travail et à nos préparatifs pour une longue absence. À six heures, nous sommes descendus les escaliers, habillés pour la rue. Mme Drummond est arrivée rapidement, les agents en attente ont lu les mandats et nous nous sommes tous rendus à Bow Street en taxi. Il était trop tard pour que le procès ait lieu. Nous avons demandé une libération sous caution, mais les autorités n'ont pas voulu nous permettre de participer à la « ruée » que nous avions provoquée, nous avons donc été obligés de passer la nuit au commissariat. Toute la nuit, je restai éveillé, pensant aux scènes qui se passaient dans les rues.

Le lendemain matin, dans une salle d'audience bondée au maximum, ma fille s'est levée pour mener sa première affaire en justice. Elle avait mérité le droit à un LL.B. après son nom, mais comme les femmes ne sont pas autorisées à exercer le droit en Angleterre, elle ne s'est jamais présentée au barreau à aucun titre sauf celui de défenderesse. Elle proposait maintenant de combiner les deux rôles de défendeur et d'avocat et de mener le dossier pour nous trois. Elle a commencé par demander au magistrat de ne pas juger l'affaire devant ce tribunal, mais de la renvoyer devant un juge et un jury. Nous souhaitions depuis longtemps porter le cas des suffragettes devant des particuliers, parce que nous avions toutes les raisons de soupçonner que les fonctionnaires du tribunal de police agissaient sous les ordres directs de ceux-là mêmes contre lesquels notre agitation était dirigée. Le procès devant jury nous a été refusé ; mais une fois l'interrogatoire préliminaire terminé, le magistrat, M. Curtis Bennett, accorda un ajournement d'une semaine pour la préparation de l'affaire.

Le 21 octobre, le procès reprit, avec la salle d'audience aussi pleine qu'auparavant et la table de la presse encore plus bondée, car il avait été largement publié que nous avions effectivement cité à comparaître deux membres du gouvernement, qui avaient été témoins des scènes dans la nuit d'octobre. 13ème. Le premier témoin à entrer dans la tribune fut M. Lloyd-George. Christabel l'interrogea assez longuement sur le sens et les mérites du mot précipitation, et réussit à le mettre très mal à l'aise – et l'accusation portée contre nous paraissait très fragile. Elle l'a ensuite interrogé sur les discours qu'il avait entendus à Trafalgar Square et sur la question de savoir s'il avait été suggéré de détruire des biens ou de recourir à la violence personnelle. Il a admis que les discours étaient modérés et que la foule était ordonnée. Puis Christabel demanda soudain : « Il n'y a pas eu de mots aussi susceptibles d'inciter à la violence que le conseil que vous avez donné à Swansea, selon lequel les femmes devraient être impitoyablement expulsées de votre réunion ? M. Lloyd-George avait l'air noir et ne répondit rien. Le magistrat s'empressa de prendre la protection de M. Lloyd-George. "Cela n'a absolument aucune importance", a-t-il déclaré. "C'était une réunion privée." C'était une réunion publique, et Christabel l'a dit. "C'était *en quelque sorte une réunion privée* ", a insisté le magistrat.

M. Lloyd-George a pris un air pompeux d'indignation lorsque Christabel lui a demandé : « N'avons-nous pas reçu des encouragements de votre part, et sinon de vous, de la part de vos collègues, pour entreprendre une action de ce genre ? M. Lloyd-George leva les yeux au ciel en répondant : « Je serais très surpris d'entendre cela, Miss Pankhurst.

« N'est-il pas vrai, demanda Christabel, que vous nous avez vous-même donné l'exemple de la révolte ? "Je n'ai jamais incité la foule à la violence", s'est exclamé le témoin. "Pas dans l'affaire du cimetière gallois ?" elle a demandé. "Non!" s'écria-t-il avec colère. "Vous ne leur avez pas dit d'abattre un mur et de déterrer un corps ?" poursuivit Christabel. Il ne pouvait pas le nier, mais « j'ai donné des conseils qui ont été jugés judicieux par la Cour d'appel », a-t-il déclaré sèchement, et il a tourné le dos aussi loin qu'il le pouvait dans l'étroit box des témoins.

M. Herbert Gladstone avait demandé à être autorisé à témoigner plus tôt, car il était détenu pour des fonctions publiques importantes. Christabel a demandé à interroger un témoin avant que M. Gladstone n'entre dans la loge.

Le témoin était Mlle Georgiana Brackenbury , qui avait récemment été condamnée à six semaines d'emprisonnement pour cette cause, et avait depuis rencontré et eu un entretien avec M. Horace Smith, le magistrat, qui lui avait fait un aveu très important et préjudiciable de l'engagement du gouvernement. ingérence dans les procès des suffragistes. Christabel lui a posé une question. "M. Horace Smith vous a-t-il dit en vous condamnant qu'il faisait ce qu'on lui avait dit de faire ?" "Il ne faut pas poser cette question !" s'écria le magistrat. Mais le témoin avait déjà répondu « Oui ». Il y a eu une agitation agitée dans la salle d'audience. Il a été enregistré sous serment qu'un magistrat avait admis que les suffragettes étaient condamnées non pas par lui-même, d'après les preuves et conformément à la loi, mais par le gouvernement, car personne ne pouvait douter d'où venaient les ordres de M. Horace Smith.

M. Gladstone, dodu, chauve et vermeil, ne ressemble en rien à son illustre père. Il est entré à la barre des témoins souriant et confiant, mais sa complaisance a disparu lorsque Christabel lui a directement demandé si le gouvernement n'avait pas ordonné au commissaire de police de prendre cette mesure contre nous. Bien entendu, le magistrat est intervenu et M. Gladstone n'a pas répondu à la question. Christabel a réessayé. "Avez-vous demandé à M. Horace Smith de se prononcer contre Miss Brackenbury et de l'envoyer en prison pendant six semaines ?" Cela aussi a suscité des objections, ainsi que toutes les questions sur ce sujet.

Tout au long de l'interrogatoire, le magistrat est intervenu constamment pour sauver le ministre de l'embarras, mais Christabel a finalement réussi à faire admettre, point par point, à M. Gladstone qu'il avait dit que les femmes ne pourraient jamais obtenir le droit de vote parce qu'elles ne pouvaient pas se battre pour l'obtenir. les hommes s'étaient battus.

Un grand nombre de témoins témoignent du caractère ordonné de la manifestation du 13, puis Christabel se lève pour plaider. Elle commença par déclarer que ces démarches avaient été entreprises, comme le dit le dicton juridique, « par méchanceté et vexation », dans le but d'affaiblir un ennemi politique. Elle a déclaré que, selon la loi, l'accusation qui pouvait légitimement être portée contre nous était celle de rassemblement illégal, mais que le gouvernement ne nous avait pas inculpés de ce délit, parce que le gouvernement souhaitait que l'affaire soit portée devant un tribunal de police.

"Les autorités n'osent pas voir cette affaire être portée devant un jury", a-t-elle déclaré, "car elles savent parfaitement que si elle était entendue devant un jury composé de nos compatriotes, nous serions acquittés, tout comme John Burns a été acquitté il y a des années pour avoir agi. beaucoup plus dangereux pour la paix publique que nous ne l'avons pris. Nous sommes privés de procès par jury. Nous sommes également privés du droit de faire appel de la décision du magistrat. Cette procédure a été très soigneusement pensée.

À propos du prospectus, elle a déclaré : « Nous ne nions pas avoir émis ce projet de loi ; aucun de nous trois n'a souhaité nier sa responsabilité. Nous avons effectivement publié le projet de loi ; nous l'avons fait circuler ; nous y avons apposé les mots « Venez et aider les suffragettes à précipiter la Chambre des communes. Pour ces paroles, nous ne nous excusons pas . Il est très bien connu que nous avons pris cette mesure afin de faire valoir une revendication que, selon la constitution britannique, nous avons tout à fait le droit de faire. »

CHRISTABEL, Mme. DRUMMOND ET MME. PANKHURST AU QUAI,
PREMIER PROCÈS POUR CONSPIRATION

Octobre 1908

Dans tout ce que les suffragettes avaient fait, dans tout ce qu'elles pourraient faire, déclara ma fille, elles ne feraient que suivre les traces des hommes présents au Parlement. "M. Herbert Gladstone nous a dit dans le discours que je lui ai lu que la victoire de l'argumentation seule ne suffit pas. Comme nous ne pouvons espérer gagner par la seule force de l'argumentation, il est nécessaire de vaincre par d'autres moyens la résistance sauvage des Le gouvernement répond à notre revendication de citoyenneté. Il dit : « Allez, combattez comme les hommes. » Et puis, lorsque nous montrons notre pouvoir et que nous obtenons que le peuple nous aide, il engage des poursuites contre nous d'une manière qui aurait été honteuse même à l'époque de la coercition. Ensuite, il y a M. Lloyd-George, qui, le cas échéant. l'homme l'a fait, nous a donné l'exemple. Toute sa carrière a été une série de révoltes. Il a dit que si nous n'obtenons pas le vote - remarquez ces mots - nous devrions être fondés à adopter les méthodes que les hommes ont dû adopter. , à savoir abattre les grilles de Hyde Park." Elle a cité Lord Morley disant à propos des troubles indiens : « Nous sommes en Inde en présence d'un mouvement vivant, et un mouvement pour quoi ? Pour des objets que nous leur avons nous-mêmes appris à considérer comme des objets désirables ; et à moins que nous puissions d'une manière ou d'une autre réconcilier l'ordre avec la satisfaction de ces idéaux et aspirations, la faute ne sera pas leur faute, ce sera la nôtre – cela marquera l'effondrement de l'esprit d'État britannique. » – Appliquez ces mots à notre cas », a-t-elle poursuivi.

"N'oubliez pas que nous exigeons des hommes d'État libéraux ce qui est pour nous le plus grand bienfait et le droit le plus essentiel - et si le gouvernement actuel ne parvient pas à concilier l'ordre avec notre exigence du vote sans délai, cela marquera l'effondrement de son sens politique. Oui, leur sens politique s'est déjà effondré. Ils sont déshonorés. C'est seulement devant ce tribunal qu'ils ont le plus petit espoir d'être soutenus. »

Ma fille avait parlé avec passion et ferveur , et sa juste indignation l'avait poussée à des mots qui ont fait virer le visage du magistrat au cramoisi de colère. Lorsque je me levai pour m'adresser à la cour, je commençai par prendre une apparence de calme que je ne ressentais pas tout à fait. J'ai approuvé tout ce que Christabel avait dit sur l'injustice de notre procès et la méchanceté du gouvernement ; J'ai protesté contre le fait que les délinquants politiques soient jugés devant un tribunal de police ordinaire et j'ai déclaré que nous n'étions pas des femmes qui comparaîtraient devant un tribunal comme de simples contrevenants. J'ai décrit la noble carrière de Mme Drummond en tant qu'épouse, mère et femme d'affaires autonome. J'ai dit : "Avant que vous décidiez ce qui doit être fait de nous, j'aimerais que vous m'expliquiez ce qui m'a amené sur le banc des accusés ce matin." Et puis j'ai raconté ma vie et mes expériences, dont j'ai raconté beaucoup dans ces pages de ce que j'avais vu et connu comme un pauvre gardien de la loi et un registraire des naissances et des décès ; de la façon dont j'avais appris l'urgence de changer le statut des femmes, de modifier les lois sous lesquelles elles et leurs enfants vivent, et de la justice essentielle de faire des femmes des citoyennes autonomes.

« J'ai vu, dis-je, que la loi encourage les hommes à profiter de l'impuissance des femmes. Beaucoup de femmes ont pensé comme moi et ont essayé pendant de très nombreuses années, sous l'influence de laquelle nous avons été influencées. on nous a si souvent rappelé de modifier ces lois, mais nous constatons que l'influence ne compte pour rien Lorsque nous allions à la Chambre des communes, on nous disait, lorsque nous persistions, que les députés n'étaient pas responsables envers les femmes, mais qu'ils étaient responsables. uniquement aux électeurs, et que leur temps était trop occupé pour réformer ces lois, même s'ils étaient d'accord sur le fait qu'elles avaient besoin d'être réformées.

« Nous, les femmes, avons présenté des pétitions plus larges en faveur de notre émancipation que celles jamais présentées pour toute autre réforme ; nous avons réussi à tenir un plus grand nombre de réunions publiques que les hommes n'en ont jamais organisé pour aucune réforme, malgré la difficulté qu'ont les femmes à se débarrasser de leur opinion. Nous avons surmonté cette méfiance naturelle, ce désir d'échapper à la publicité que nous avons hérité de générations de nos aïeules. Nous avons fait face à des foules hostiles au coin des rues, parce qu'on nous a dit que nous ne pouvions pas avoir cette représentation de nos impôts comme le font les hommes. Nous avons gagné à moins que nous ne convertissions tout le pays à notre côté. Parce que nous avons fait cela, nous avons été déformés, nous avons été ridiculisés, nous avons été méprisés et la foule ignorante a été incitée à nous offrir la violence, ce qui nous avons été confrontés sans armes et sans protection par les garanties dont bénéficient les ministres du Cabinet. Nous avons été poussés à le faire, nous sommes déterminés à poursuivre cette agitation parce que nous nous sentons liés par l'honneur . Tout comme c'était le devoir de vos ancêtres, il est de notre devoir de faire du monde un meilleur endroit pour les femmes qu'il ne l'est aujourd'hui.

"Enfin, je voudrais attirer l'attention sur la retenue dont ont fait preuve nos partisans dans la nuit du 13, après notre arrestation. Notre règle a toujours été d'être patient, de faire preuve de retenue, de montrer notre sobriété. appelés supérieurs que nous ne sommes pas hystériques ; pour ne pas recourir à la violence, mais plutôt pour nous offrir à la violence des autres.

"C'est tout ce que j'ai à vous dire, monsieur. Nous sommes ici, non pas parce que nous contrevenons à la loi ; nous sommes ici dans le cadre de nos efforts pour devenir des législateurs."

Les policiers costauds, les journalistes et la plupart des spectateurs étaient en larmes lorsque j'ai terminé. Mais le magistrat, qui avait écouté une partie du temps, la main dissimulant son visage, estimait toujours que nous étions à juste titre accusés devant un tribunal de police ordinaire d'incitation à l'émeute. Puisque nous avons refusé de nous engager à maintenir la paix, il a condamné Mme Drummond et moi-même à trois mois d'emprisonnement, et Christabel à dix semaines d'emprisonnement. C'était destiné à être une sorte d'emprisonnement auquel les autorités n'avaient jamais été confrontées jusqu'à présent.

CHAPITRE IV

Mon premier acte en arrivant à Holloway fut d'exiger que le gouverneur soit mandé. Quand il est venu, je lui ai dit que les suffragettes avaient décidé de ne plus se soumettre à un traitement de simples contrevenants. Au cours de notre procès, deux ministres avaient reconnu que nous étions des délinquants politiques et que nous devions donc désormais refuser d'être fouillés ou de nous déshabiller en présence des gardiennes. Pour ma part, je revendiquais le droit, et j'espérais que les autres feraient de même, de parler à mes amis pendant l'exercice ou chaque fois que j'entrais en contact avec eux. Le gouverneur, après réflexion, a cédé aux deux premières demandes, mais a déclaré qu'il lui faudrait consulter le ministère de l'Intérieur avant de nous permettre de rompre la règle du silence. Nous avons donc été autorisés à changer de vêtements en privé et, comme concession supplémentaire, avons été placés dans des cellules adjacentes. Mais cela ne m'a apporté que peu d'avantages, car au bout de quelques jours, j'ai été transféré dans une cellule d'hôpital, souffrant de la maladie que m'inflige toujours la vie en prison. Ici, le gouverneur m'a rendu visite avec la mauvaise nouvelle que le ministre de l'Intérieur avait refusé de m'accorder le privilège de parler avec mes codétenus. Je lui ai demandé si je pourrais, lorsque je serai assez fort pour marcher, faire de l'exercice avec mes amis. Il y consentit, et j'eus bientôt la joie de revoir ma fille et les autres braves camarades, et de me promener avec eux dans la cour lugubre de la prison. En file indienne, nous marchions, à trois ou quatre pieds les uns des autres, allant et venant sous les yeux de pierre des gardiennes. Les dalles rugueuses du trottoir nous faisaient mal aux pieds, chaussés de lourdes bottes de prison informes. Les journées d'automne étaient froides et tristes, et nous frissonnions violemment sous nos maigres manteaux. Mais de toutes nos difficultés, le silence incessant de nos vies était la pire.

MME. PANKHURST ET Mlle Christabel PANKHURST
EN ROBE DE PRISON

À la fin de la deuxième semaine, j'ai décidé que je ne le supporterais plus. Cet après-midi-là, pendant l'exercice, j'ai soudainement appelé ma fille par son nom et lui ai dit de rester immobile jusqu'à ce que je l'approche. Bien sûr, elle s'est arrêtée et quand j'ai atteint son côté, nous avons serré les bras et avons commencé à parler à voix basse. Une gardienne accourut vers nous et nous dit : « J'écouterai tout ce que vous direz ». J'ai répondu : « Vous pouvez le faire, mais j'insisterai sur mon droit de parler à ma fille. Une autre gardienne avait quitté précipitamment la cour et revenait maintenant avec un grand nombre de gardiennes. Ils m'ont saisi et m'ont rapidement emmené dans ma cellule, tandis que les autres prisonniers du droit de vote acclamaient mon action à haute voix. Pour leur « mutinerie », ils furent condamnés à trois jours d'isolement cellulaire et, pour ma part, à une punition bien plus sévère. Impénitent, j'ai dit au gouverneur que, malgré toute punition qu'il pourrait m'imposer, je ne me soumettrais plus jamais à la règle du silence. Interdire à une mère de parler à sa fille était infâme. Pour cela, j'ai été qualifié de « criminel dangereux » et j'ai été envoyé en cellule d'isolement, sans exercice ni chapelle, tandis qu'un gardien était constamment posté à la porte de ma cellule pour veiller à ce que je ne communique avec personne.

Il m'a fallu deux semaines avant de revoir aucun de mes amis, et entre-temps, la santé de Mme Drummond avait été si gravement détériorée qu'elle a été autorisée à être hospitalisée. Ma fille aussi, j'ai appris, était malade et, en désespoir de cause, j'ai demandé au Conseil des magistrats invités d'être autorisé à la voir. Après une longue conférence, au cours de laquelle j'ai dû attendre dehors dans le couloir, les magistrats m'ont refusé, disant que je pourrais renouveler ma demande dans un mois. La réponse, disaient-ils, dépendrait alors de ma conduite. Un mois! Ma fille sera peut-être morte à ce moment-là. Mon anxiété m'a renvoyé au lit, malade, mais, même si je ne le savais pas, le soulagement était déjà en route. J'avais dit aux magistrats en visite que j'attendrais que l'opinion publique rentre entre ces murs, et cela s'est produit plus tôt que j'avais osé l'espérer. Mme Drummond, dès qu'elle a pu apparaître en public, et les autres prisonniers du droit de vote, à mesure qu'ils étaient libérés, ont diffusé l'histoire de notre mutinerie et d'une autre mutinerie ultérieure dirigée par Miss Wallace Dunlop, qui a envoyé un grand nombre de personnes. des femmes en cellule d'isolement. Les suffragettes ont marché par milliers vers Holloway, se pressant aux abords de la rue de la prison. Ils ont marché autour de la prison en chantant la Marseillaise des Femmes et en applaudissant. Le son parvint faiblement à nos oreilles, allégeant infiniment notre fardeau de douleur et de solitude. La semaine suivante, ils sont revenus, nous l'avons appris par la suite, mais cette fois, la police les a refoulés bien avant qu'ils n'atteignent l'enceinte de la prison.

Les manifestations, accompagnées d'une volée de questions posées à la Chambre des communes, ont enfin raconté. Le ministère de l'Intérieur a donné l'ordre que je devais voir ma fille et que nous étions autorisés à faire de l'exercice et à parler ensemble pendant une heure chaque jour. De plus, nous devions avoir le rare privilège de lire un quotidien. Puis, le 8 décembre, jour de la libération de Christabel, l'ordre est venu que moi aussi je sois libéré, deux semaines avant l'expiration de ma peine.

Lors du petit-déjeuner de bienvenue offert à nous, prisonniers libérés, au Lincoln's Inn Hotel, j'ai dit à nos membres que désormais nous devrions tous insister sur le refus de respecter les règles ordinaires de la prison. Nous n'avons pas proposé d'enfreindre les lois pour ensuite échapper aux sanctions. Nous voulions simplement affirmer notre droit à être reconnus comme prisonniers politiques. Nous sommes arrivés à ce point après mûre réflexion. Nous nous sommes d'abord fixés pour ne pas nous plaindre de la prison, pour ne rien dire à ce sujet, pour l'éviter, pour nous tenir à l'écart de toutes les questions annexes, pour continuer sur la voie droite de la réforme politique, pour obtenir le vote ; parce que nous savions que lorsque nous l'aurions gagné, nous pourrions réformer les prisons et bien d'autres abus également. Mais maintenant que les ministres ont admis à la barre des témoins que nous étions des délinquants politiques, nous devrions à l'avenir exiger le traitement réservé aux hommes délinquants politiques dans tous les pays civilisés . « Si les nations, dis-je, sont encore gouvernées de telle sorte qu'elles commettent des délinquants politiques, alors la Grande-Bretagne traitera ses délinquants politiques de la même manière que les délinquants politiques sont traités par les autres nations. les délinquants ordinaires contre le bien-être de la société sont traités, nous n'aurions pas dû nous plaindre si nous étions traités ainsi ; mais ce n'est pas la coutume internationale de le faire, et donc, pour la dignité des femmes du pays, et pour dans l'intérêt de la conscience des hommes du pays et dans l'intérêt de notre nation parmi les nations de la terre, nous n'allons pas permettre au gouvernement libéral de nous traiter à l'avenir comme de simples contrevenants à la loi. »

J'ai dit la même chose ce soir-là lors d'une grande réunion tenue à Queen's Hall pour accueillir les prisonniers libérés et, même si nous savions tous que notre détermination impliquait une lutte acharnée, nos femmes l'ont approuvée sans une seconde d'hésitation. S'ils avaient pu anticiper les événements qui nous assombrissaient déjà, s'ils avaient pu prévoir les nouvelles formes de souffrance et de danger qui nous attendaient, je suis sûr qu'ils auraient encore fait la même chose, car nos expériences avaient été nous a appris à nous débarrasser de la peur. Quelle que soit la timidité, le recul devant la douleur ou les difficultés que chacun d'entre nous possédait à l'origine, tout cela avait disparu. Il n'y avait aucune terreur à laquelle nous ne soyons pas prêts à faire face.

L'année 1909 marque un moment important dans notre lutte, en partie à cause de notre décision de ne plus jamais nous soumettre au classement des criminels ; et en partie parce que cette année, nous avons forcé le gouvernement libéral à déclarer publiquement ce qui concerne le plus ancien des droits populaires, le droit de pétition. Nous avions longtemps envisagé cette mesure, et le moment semblait désormais venu de la franchir.

Dans les derniers jours de 1908, M. Asquith, parlant de la politique à mener en 1909, commenta les diverses députations qu'il était alors obligé de recevoir. Ils l'ont sollicité, dit-il, « de toutes parts et pour toutes les causes, en moyenne environ deux heures sur trois jours par semaine ». Les députations demandaient toutes des choses différentes, et bien que toutes les choses ne puissent pas être incluses dans le discours du roi, M. Asquith était enclin à admettre que beaucoup d'entre elles devraient être incluses. Cette déclaration du Premier ministre selon laquelle il recevait constamment des députations d'hommes et écoutait favorablement leurs suggestions sur la politique à suivre, suscita chez les suffragettes des sentiments de profonde indignation. C'est en partie ce qu'ils ont exprimé le 25 janvier, lors de la première réunion du Conseil des ministres. Une petite députation de la WSPU s'est rendue à Downing Street pour revendiquer le droit d'être entendue, comme les hommes l'étaient. Pour avoir frappé à la porte de la résidence officielle, quatre des femmes, dont ma sœur, Mme Clark, ont été arrêtées et envoyées en prison pour un mois.

Un mois plus tard, le septième de nos parlements de femmes a été convoqué contre cette situation et contre le fait qu'aucune mention des femmes n'ait été incluse dans le discours du roi. Dirigée par Mme Pethick Lawrence, Lady Constance Lytton et Miss Daisy Solomon, une députation de femmes s'est efforcée de porter la résolution à la Chambre des communes. Ils ont été immédiatement arrêtés et, le lendemain, envoyés en prison pour des peines d'un à deux mois. Le moment approchait rapidement où il faudrait tester la légalité de ces arrestations. En juin 1909, le test fut effectué.

On se souvient que nous avions essayé de forcer les autorités à mettre à exécution leur menace de nous inculper en vertu de la loi obsolète de Charles II sur les « pétitions tumultueuses », qui prescrit des sanctions sévères aux personnes se présentant au Parlement par groupes de plus de douze dans le but de présenter des pétitions. Il a été déclaré que si nous étions inculpés en vertu de cette loi, notre affaire serait entendue devant un juge et un jury plutôt que devant un magistrat de police. Comme c'était exactement ce que nous souhaitions, nous avions envoyé députation sur députation de plus de douze personnes, mais toujours elles étaient jugées par des tribunaux de police et envoyées en prison souvent pour des périodes aussi longues que celle prescrite par l'Acte Charles II. Nous décidâmes maintenant de faire quelque chose de plus ambitieux encore ; nous avons décidé de tester, non pas la loi Charles II, mais le droit constitutionnel du sujet de présenter une pétition au Premier ministre comme siège du pouvoir.

Le droit de pétition, qui existe en Angleterre depuis la plus ancienne période connue, a été inscrit dans la Déclaration des droits qui est devenue loi en 1689 lors de l'avènement de William et Mary. C'était en fait l'une des conditions attachées à l'adhésion des monarques communs. Selon la Déclaration des droits, « les sujets ont le droit de présenter une pétition au roi et de prendre tous leurs engagements, et les poursuites pour de telles pétitions sont illégales ». Le pouvoir du roi étant passé presque entièrement entre les mains du Parlement, le Premier ministre se trouve désormais là où se trouvait autrefois la majesté du roi. Il est donc clair que le droit du sujet de présenter une pétition au Premier ministre ne peut être légalement refusé. Ainsi avons-nous été conseillés, et afin de respecter la stricte lettre de la loi, nous avons accepté les limitations du droit de pétition prévues par l'Acte Charles II et avons décidé que notre pétition serait portée à la Chambre des Communes par petits moyens. groupes de femmes.

J'ai de nouveau convoqué, le soir du 29 juin, un Parlement des femmes. Auparavant, j'avais écrit à M. Asquith pour lui dire qu'une délégation de femmes l'attendrait à la Chambre des communes à huit heures du soir. Je lui ai écrit en outre que nous ne devions pas être refusés, car nous insistions sur notre droit constitutionnel d'être reçus. À ma note, le Premier ministre a répondu par une note formelle refusant de nous recevoir. Nous avons néanmoins continué nos préparatifs, car nous savions que le Premier ministre continuerait à décliner, mais qu'à la fin il serait obligé de nous recevoir.

Un incident survenu une semaine avant la date de la députation devait avoir des conséquences importantes. Miss Wallace Dunlop s'est rendue au St. Stephen's Hall de la Chambre des communes et a marqué à l'encre d'imprimerie sur la pierre de la salle un extrait de la Déclaration des droits. La première fois qu'elle a tenté, elle a été interrompue par un policier, mais deux jours plus tard, elle a réussi à inscrire sur les anciens murs le rappel au Parlement que les femmes aussi bien que les hommes possèdent des droits constitutionnels et qu'ils se proposaient d'exercer ces droits. Elle a été arrêtée et condamnée à un mois de prison, en troisième division. L'option d'une lourde amende lui a été proposée, ce qu'elle a bien entendu refusé. La peine de prison de Mlle Wallace Dunlop a commencé le 22 juin. Peut-être que son acte avait quelque chose à voir avec l'intérêt inhabituel porté à la députation qui approchait, intérêt manifesté non seulement par le public mais par de nombreux membres du Parlement. A la Chambre des Communes, le sentiment fort que les femmes devaient cette fois être reçues s'est manifesté dans de nombreuses questions posées au gouvernement. Un député a même demandé la permission de proposer l'ajournement de la Chambre sur une question d'importance publique urgente, à savoir le danger pour la paix publique, en raison du refus du Premier ministre de recevoir la députation. Cette affirmation a cependant été démentie et le gouvernement a décliné de manière mensongère toute responsabilité quant aux mesures que la police pourrait prendre à l'égard de la députation. Le ministre de l'Intérieur, M. Gladstone, lorsque M. Kier Hardie lui a demandé de donner des instructions pour que la députation, si elle était ordonnée, soit admise à St. Stephen's, a répondu : « Je ne peux pas dire quelle mesure la police devrait prendre dans cette affaire. " Notre Parlement des femmes s'est réuni le 29 juin au soir à sept heures et demie et la pétition adressée au Premier ministre a été lue et adoptée. Alors notre députation partit. M'accompagnant en tant que leader étaient deux femmes très respectables d'âge avancé, Mme Saul Solomon, dont le mari avait été Premier ministre au Cap, et Miss Neligan , l'une des plus éminentes éducatrices pionnières d'Angleterre. Nous trois et cinq autres femmes étions précédés par Miss Elsie Howey, qui, chevauchant vite, monta à cheval pour annoncer notre arrivée à la foule immense qui remplissait les rues. Elle, nous l'avons appris par la suite, a progressé jusqu'aux abords de la Chambre des Communes avant d'être refoulée par la police. Quant à la députation, elle se fraya un chemin à travers la foule jusqu'à l'église St. Margaret de Westminster, où nous trouvâmes une longue file de policiers barrant la route. Nous nous sommes arrêtés un moment, rassemblant des forces pour l'épreuve consistant à essayer de franchir les lignes, lorsqu'une chose inattendue s'est produite. Un ordre fut donné par quelqu'un et instantanément les lignes de police se séparèrent, laissant un espace libre à travers lequel nous marchâmes vers la Maison. Nous avons été escortés sur notre chemin par l'inspecteur Wells et, à notre passage, la foule s'est mise à applaudir bruyamment, croyant fermement que nous allions après tout être reçus. Quant à moi, je n'ai guère spéculé sur ce qui allait se passer. J'ai simplement conduit ma députation jusqu'à l'entrée de St. Stephen's Hall. Là, nous avons rencontré une autre force policière importante commandée par notre vieille connaissance, l'inspecteur Scantlebury , qui s'est avancé et m'a remis une lettre. Je l'ai ouvert et j'ai lu à haute voix aux femmes. "Le Premier ministre, pour les raisons qu'il a déjà exposées dans une réponse écrite à leur demande, regrette de ne pouvoir recevoir la députation proposée."

J'ai laissé tomber la note par terre et j'ai dit : « J'affirme mon droit, en tant que sujet du roi, de présenter une pétition au Premier ministre, et je suis fermement résolu à rester ici jusqu'à ce que je sois reçu.

L'INSPECTEUR WELLS CONDUISANT MME. PANKHURST À LA CHAMBRE DES COMMUNES

Juin 1908

L'inspecteur Scantlebury se détourna et se dirigea rapidement vers la porte de l'entrée des étrangers. Je me suis tourné vers l'inspecteur Jarvis, qui était resté, vers plusieurs députés et quelques journalistes qui me regardaient, et je les ai suppliés de transmettre mon message au Premier ministre, mais personne n'a répondu, et l'inspecteur, saisissant mon bras, a commencé à éloigne-moi. Je savais maintenant que la députation ne serait pas reçue et que la vieille histoire misérable de refuser de partir, d'être forcé de reculer et de revenir encore et encore jusqu'à être arrêté, devrait être refaite . Je devais tenir compte du fait que j'étais accompagné de deux vieilles dames fragiles qui, aussi courageuses qu'elles fussent d'être là, ne pouvaient pas supporter ce que je savais devoir suivre. J'ai rapidement décidé que je devais forcer une arrestation immédiate, alors j'ai commis un acte d'agression technique sur la personne de l'inspecteur Jarvis, en le frappant très légèrement sur la joue. Il a dit instantanément : « Je comprends pourquoi vous avez fait cela », et j'ai alors supposé que nous serions immédiatement pris. Mais les autres policiers n'ont apparemment pas compris la situation, car ils ont commencé à bousculer et à bousculer nos femmes. J'ai dit à l'inspecteur : « Dois-je recommencer ? et il a dit "Oui". Je l'ai donc légèrement frappé une deuxième fois, puis il a ordonné à la police de procéder aux arrestations.

L'affaire ne s'est pas terminée avec l'arrestation de notre députation composée de huit femmes. Au cours de députations récurrentes de douze, les suffragettes se pressèrent encore et encore en vain pour atteindre la Chambre des communes. Malgré le fait que la foule était amicale et faisait tout ce qu'elle pouvait pour aider les femmes, leurs députations furent dispersées par la police et de nombreuses femmes arrêtées. Vers neuf heures, la place du Parlement était vide, une énorme force de police à cheval ayant repoussé les gens dans la rue Victoria et de l'autre côté du pont de Westminster. Pendant un court instant, tout parut tranquille, mais bientôt de petits groupes de femmes, sept ou huit à la fois, apparaissaient mystérieusement et se précipitaient avec entrain vers la Maison. Cette procédure extraordinaire a grandement exaspéré la police, qui n'a pas réussi à percer le mystère de l'origine des femmes. L'explication est que la WSPU avait loué trente bureaux dans le quartier, dans lesquels les femmes attendaient jusqu'à ce qu'il soit temps pour elles de sortir. C'était une démonstration éclatante de l'ingéniosité des femmes s'opposant à la force physique des hommes, mais elle servait encore un autre but. Cela a détourné l'attention de la police d'une autre manifestation en cours. D'autres suffragettes s'étaient rendues à la résidence officielle du Premier Lord de l'Amirauté, au ministère de l'Intérieur, aux bureaux du Trésor et du Conseil privé, et avaient manifesté leur mépris pour le refus du gouvernement de recevoir la députation par la méthode consacrée de briser un accord. fenêtre à chaque endroit.

Cent huit femmes ont été arrêtées cette nuit-là, mais au lieu de se soumettre à l'arrestation et au procès, l'Union sociale et politique des femmes a annoncé qu'elle était prête à prouver que le gouvernement et non les femmes avaient enfreint la loi en refusant de recevoir la pétition. Mon cas, couplé à celui de l'hon. Mme Haverfield a été sélectionnée comme cas test pour tous les autres, et Lord Robert Cecil a été retenu pour la défense . M. Muskett , qui a mené les poursuites, a tenté de prouver que nos femmes n'étaient pas allées à la Chambre des communes pour présenter une pétition, mais il a été facile de démontrer que cette affirmation était injustifiée. Les discours du chef, les articles officiels publiés dans notre journal *Votes for Women* et les lettres envoyées à M. Asquith, sans parler du fait incontestable que chaque membre de la députation portait une copie de la pétition à la main, Nous avons fourni suffisamment de preuves de la nature de notre mission. L'ensemble du cas du droit de pétition du sujet fut alors soumis à la discussion. M. Muskett a parlé en premier, puis notre conseil, M. Henle, puis Lord Robert Cecil. J'ai enfin parlé en décrivant les événements du 29 juin. J'ai dit au magistrat que s'il décidait que nous et non le gouvernement étions coupables d'une infraction à la loi, nous refuserions d'être liés, mais choisirions tous d'aller en prison. Dans ce cas, nous ne devrions pas accepter d'être traités comme des criminels. "Nous sommes cent huit ici aujourd'hui", dis-je en désignant les bancs où étaient assis mes codétenus, "et de même que nous avons cru que notre devoir était de défier la police dans la rue, alors quand " Si nous entrons en prison, comme nous sommes des prisonniers politiques, nous ferons de notre mieux pour ramener au XXe siècle le traitement des prisonniers politiques qui a été jugé juste dans le cas de William Cobbett et d'autres délinquants politiques de son époque. "

Le magistrat, Sir Albert de Rutzen , un homme âgé et aimable, plutôt déconcerté par cette situation inédite, rend alors sa décision. Il est d'accord avec M. Henle et Lord Robert Cecil sur le fait que le droit de pétition est clairement garanti à chaque sujet, mais il pense que lorsque les femmes se sont vu refuser la permission d'entrer à la Chambre des communes et lorsque M. Asquith a déclaré qu'il ne le ferait pas les recevoir, les femmes ont eu tort de persister dans leurs revendications. Il devrait donc leur infliger une amende de cinq livres chacun, ou les condamner à un mois de prison en deuxième division. La peine serait suspendue pour le moment jusqu'à ce que les éminents avocats puissent obtenir une décision d'une juridiction supérieure sur le point juridique du droit de requête.

J'ai ensuite déposé une réclamation pour tous les prisonniers et demandé que tous leurs cas soient suspendus jusqu'à ce que l'affaire type soit tranchée, ce qui a été accepté, sauf en ce qui concerne quatorze femmes accusées d'avoir brisé des fenêtres. Ils ont été jugés séparément et envoyés en prison à des peines variant de six semaines à deux mois. D'eux plus tard.

L'appel contre la décision de Sir Albert de Rutzen a été jugé devant une cour divisionnaire au début de décembre de la même année. Lord Robert Cecil comparut de nouveau pour la défense et, dans une argumentation magistrale, affirma qu'en Angleterre il y avait et avait toujours eu le droit de pétition, et que ce droit avait toujours été considéré comme une condition nécessaire d'un pays libre et d'un pays civilisé. Gouvernement. Le droit de pétition, souligne-t-il, présente trois caractéristiques : en premier lieu, il s'agit du droit de pétition auprès des véritables dépositaires du pouvoir ; en second lieu, c'était le droit de pétitionner en personne ; et en troisième lieu, ce droit doit être exercé raisonnablement. Une longue liste de précédents historiques a été proposée à l'appui du droit de pétition en personne, mais Lord Robert a soutenu que même si ces précédents n'existaient pas, ce droit était reconnu dans la « Loi sur les pétitions tumultueuses » de Charles II, qui prévoit « qu'aucun personne ou personnes, quelles qu'elles soient, se rendront à Sa Majesté ou aux deux ou à l'une ou l'autre des chambres du Parlement sous prétexte de présenter ou de remettre une pétition, une plainte, une remontrance ou une déclaration ou autre adresse, accompagnée d'un nombre excessif de personnes..." etc. Le projet de loi de Les droits avaient spécialement confirmé le droit de pétition en ce qui concerne le roi personnellement. "Les femmes", poursuivit Lord Robert, "s'étaient rendues sur la place du Parlement le 29 juin dans l'exercice d'un droit constitutionnel évident, et en s'y rendant avec une pétition, elles avaient agi selon la seule méthode constitutionnelle qu'elles possédaient, étant sans droit de vote . pour le redressement de leurs griefs.

Si donc il était vrai, comme on le prétend, que le sujet possédait non seulement le droit de pétitionner, mais aussi celui de pétitionner en personne, le seul point à considérer était de savoir si ce droit avait été exercé raisonnablement. Si quelqu'un désirait interroger le Premier ministre, il était sûrement raisonnable de se rendre à la Chambre des communes et de se présenter à l'entrée des étrangers. Mme Pankhurst, Mme Haverfield et les autres avaient, comme le démontrait la preuve, emprunté la voie publique et avaient été escortées jusqu'à la porte de la Chambre des communes par un officier de police et ne pouvaient donc, jusqu'à ce point , ont agi de manière illégale. La police avait dégagé un grand espace ouvert en face de la Chambre des Communes, la foule étant tenue à une certaine distance. Dans l'espace ouvert, il n'y avait que des personnes ayant des affaires à la Chambre des Communes, des membres de la police et les huit femmes qui formaient la députation. On ne pouvait pas prétendre que ces huit femmes avaient causé une obstruction. Il est vrai qu'un policier leur a dit que le Premier ministre n'était pas à la Chambre des communes, mais lorsqu'on désirait s'entretenir avec un député, on ne faisait pas sa demande à un policier occasionnel dans la rue. De plus, la police n'avait aucune autorité pour empêcher quiconque d'entrer dans la Chambre des communes.

La lettre remise aux femmes, dans laquelle le Premier ministre déclarait qu'il ne pouvait ou ne voulait pas les voir, avait été citée. Or, le premier ministre avait-il dit, dans sa lettre, qu'il ne pouvait pas ou ne voulait pas voir les femmes à ce moment-là, que le moment n'était pas convenable ; mais qu'il les recevrait plus tard, à un moment plus opportun, cela eût été une réponse suffisante. Les femmes n'auraient pas eu de raison de refuser une telle réponse, car le droit de pétition doit être exercé raisonnablement. Mais la lettre contenait un refus catégorique, et cela, si l'on admet le droit de pétition, n'était pas du tout une réponse. Enfin, Lord Robert a fait valoir que s'il existe un droit de pétition à un député, alors il doit incomber à un député de recevoir la pétition, et que personne n'a le droit d'interférer avec le pétitionnaire. Si les huit femmes étaient légalement fondées à présenter leur pétition, elles étaient également fondées à refuser d'obéir aux ordres de la police de quitter les lieux.

Dans un discours plein de parti pris et révélant clairement qu'il n'avait aucune connaissance précise des événements qui avaient conduit à l'affaire en question, le Lord Chief Justice a rendu son jugement. Il a déclaré qu'il était entièrement d'accord avec Lord Robert Cecil quant au droit de présenter une pétition au Premier ministre, soit en tant que Premier ministre, soit en tant que membre du Parlement ; et il accepta également que les pétitions adressées au roi soient présentées au premier ministre. Mais la revendication des femmes, dit-il, n'était pas seulement de présenter une pétition, mais d'être reçues en députation. Il ne pensait pas qu'il était probable que M. Asquith aurait refusé de recevoir une pétition des femmes, mais son refus de recevoir la députation n'était pas anormal, « en conséquence de ce que nous savons s'être produit en occasions précédentes ». [1]

Se référant à la loi sur la police métropolitaine de 1839, qui prévoit qu'il est légal pour le commissaire de police de prendre des règlements et de donner des instructions au constable pour maintenir l'ordre et empêcher toute obstruction des voies de communication dans le voisinage immédiat de la maison de Communes, et l'ordonnance sessionnelle habilitant la police à maintenir dégagées les abords de la Chambre des communes, le Lord Chief Justice a décidé que moi et les autres femmes étions coupables d'une infraction à la loi lorsque nous avons insisté sur le droit d'entrer dans la

Chambre des communes. Chambre des communes. Le Lord Chief Justice a donc statué que notre condamnation devant le tribunal inférieur était appropriée et notre appel a été rejeté avec dépens.

Ainsi fut détruit en Angleterre l'ancien droit constitutionnel de pétition, garanti au peuple par la Déclaration des Droits et chéri par d'innombrables générations d'Anglais. Je dis que le droit a été détruit, car que vaut une pétition qui ne peut être présentée en personne ? La décision de la Haute Cour a été consternante pour les membres de la WSPU, car elle a mis fin à la dernière démarche, par des moyens constitutionnels, vers notre émancipation. Loin de nous décourager ou de nous décourager, cela nous a simplement incité à adopter de nouvelles formes de militantisme plus agressives.

NOTE DE BAS DE PAGE:

[1] M. Asquith n'avait jamais, depuis qu'il était devenu Premier ministre, reçu de députation de femmes, ni de députation de la WSPU. Il était donc absurde de la part du Lord Chief Justice de parler de « ce qui s'est passé, à des occasions précédentes ». ".

CHAPITRE V

Entre le moment de l'arrestation en juin et le prononcé de la décision absurde du Lord Chief Justice selon laquelle, bien que nous, en tant que sujets, possédions le droit de pétition, nous avions pourtant commis une infraction en exerçant ce droit, près de six mois se sont écoulés. . Dans cet intervalle, certains développements graves avaient élevé le mouvement militant sur un plan nouveau et plus héroïque. On se souvient qu'une semaine avant notre députation pour tester l'Acte Charles II, Miss Wallace Dunlop avait été envoyée en prison pour un mois pour avoir tamponné un extrait de la Déclaration des Droits sur les murs de pierre de St. Stephen's Hall. En arrivant à Holloway le vendredi 2 juillet au soir, elle fit venir le gouverneur et lui demanda qu'elle soit traitée comme une délinquante politique. Le gouverneur répondit qu'il n'avait aucun pouvoir pour modifier la sentence du magistrat, sur quoi Miss Wallace Dunlop l'informa que c'était la résolution inaltérable des suffragettes de ne plus jamais se soumettre au traitement carcéral réservé aux délinquants ordinaires contre la loi. Par conséquent, si elle est placée en deuxième division en tant que délinquante de droit commun, elle devrait refuser de toucher à la nourriture jusqu'à ce que le gouvernement cède sur son point de vue. Il est peu probable que le gouvernement ou les autorités pénitentiaires aient réalisé la gravité de l'action de Miss Wallace Dunlop, ou le caractère héroïque du caractère des Suffragettes. En tout état de cause, le ministre de l'Intérieur n'a prêté aucune attention à la lettre que lui avait envoyée la prisonnière, dans laquelle elle expliquait simplement mais clairement les motifs de son acte désespéré, et les autorités pénitentiaires n'ont fait que chercher les moyens de briser sa résistance. Le régime alimentaire ordinaire de la prison a été remplacé par la nourriture la plus alléchante, et celle-ci, au lieu d'être apportée de temps à autre dans sa cellule, y était conservée nuit et jour, mais toujours intacte. Plusieurs fois par jour, le médecin venait prendre son pouls et constater sa faiblesse croissante. Le médecin, ainsi que le gouverneur et les gardiennes, discutèrent, cajolèrent et menacèrent, mais sans effet. La semaine se passa sans aucun signe de capitulation de la part du prisonnier. Vendredi, le médecin a signalé qu'elle atteignait rapidement un point où la mort pouvait survenir à tout moment. Des conférences précipitées eurent lieu entre la prison et le ministère de l'Intérieur, et ce soir-là, le 8 juin, Miss Wallace Dunlop fut renvoyée chez elle, après avoir purgé un quart de sa peine et avoir complètement ignoré toutes les conditions de son emprisonnement.

Le jour de sa libération, les quatorze femmes qui avaient été reconnues coupables de bris de vitres reçurent leur peine et, apprenant l'acte de Mlle Wallace Dunlop, elles, alors qu'elles étaient emmenées à Holloway dans le fourgon de la prison, tinrent une consultation et acceptèrent de la suivre.

exemple. Arrivés à Holloway, ils ont immédiatement informé les fonctionnaires qu'ils ne renonceraient à aucun de leurs biens, qu'ils ne porteraient pas de vêtements de prison, qu'ils n'effectueraient pas de travaux pénitentiaires , qu'ils ne mangeraient pas de nourriture de prison ou qu'ils ne respecteraient pas la règle du silence.

Le gouverneur accepta pour le moment de leur permettre de conserver leurs biens et de porter leurs propres vêtements, mais il leur dit qu'ils avaient commis un acte de mutinerie et qu'il devrait les en accuser lors de la prochaine visite des magistrats. Les femmes ont ensuite adressé des pétitions au ministre de l'Intérieur, exigeant qu'elles bénéficient du traitement carcéral universellement autorisé pour les délinquants politiques. Ils ont décidé de reporter la grève de la faim jusqu'à ce que le ministre de l'Intérieur ait eu le temps de répondre. Pendant ce temps, après un vain appel à l'air frais, car il faisait une chaleur étouffante, les femmes commettèrent un nouvel acte de mutinerie, elles brisèrent les fenêtres de leurs cellules.

Nous l'avons appris des prisonniers eux-mêmes. Plusieurs jours après leur arrivée en prison, ma fille Christabel et Mme Tuke , inquiètes pour leur sort, ont été admises dans une chambre à l'étage supérieur d'une maison surplombant la prison. En appelant à haute voix et en brandissant un drapeau de l'Union, ils ont réussi à attirer l'attention des prisonniers. Les femmes passèrent leurs bras à travers les vitres cassées, agitant des mouchoirs, des insignes de Votes pour les Femmes, tout ce qu'elles pouvaient trouver, et en quelques mots criés racontèrent leur histoire. Le même jour, les magistrats en visite sont arrivés et les mutins ont été condamnés à des peines de sept à dix jours d'isolement dans les cellules disciplinaires. Dans ces cellules effroyables, sombres, impures, ruisselantes d'humidité, les prisonniers frappaient résolument la faim. Au bout de cinq jours, l'une des femmes était dans un état tel que le ministre de l'Intérieur a ordonné sa libération. Le lendemain, plusieurs autres furent relâchés et, avant la fin de la semaine, le dernier des quatorze avait recouvré la liberté.

L'affaire a suscité la plus grande sympathie dans toute l'Angleterre, sympathie que M. Gladstone a tenté de détourner en accusant deux des prisonniers d'avoir donné des coups de pied et de mordre les gardiennes. Malgré leurs vigoureux dénégations, ces deux femmes ont été condamnées, pour ces accusations, l'une à dix jours de prison et l'autre à un mois de prison. Bien qu'encore très affaiblis par la grève de la faim précédente, ils ont immédiatement entamé une deuxième grève de la faim et ont dû être relâchés au bout de trois jours.

Après cela, chaque groupe successif de prisonniers suffragettes, sauf indication contraire, suivit l'exemple de ces rebelles héroïques. Les responsables de la prison, voyant leur autorité s'évanouir, furent pris de panique. Holloway et d'autres prisons pour femmes à travers le Royaume sont devenues de parfaits repaires de violence et de brutalité. Écoutez le récit de Lucy Burns sur son expérience :

"Nous sommes restés complètement immobiles lorsqu'on nous a ordonné de nous déshabiller, et lorsqu'ils nous ont dit de nous rendre à nos cellules, nous avons joint les bras et nous sommes tenus dos au mur. Le gouverneur a sifflé et une grande foule de gardiennes est apparue, se jetant sur nous, nous forçant à nous avons séparés et nous ont traînés vers les cellules. Je pense que j'avais douze gardiennes pour ma part, et parmi elles, elles ont réussi à me faire trébucher si bien que je suis tombée par terre, impuissante. Une des gardiennes m'a saisi par les cheveux, a enroulé la longue tresse. autour de son poignet et m'ont littéralement traîné sur le sol. Dans la cellule, ils m'ont arraché les vêtements de mon dos, m'enfilant un vêtement en coton grossier et en jetant d'autres sur le lit pour que je puisse les enfiler moi-même, épuisé par l'affreux. expérience Je restai allongé sur le sol pendant un certain temps, haletant et frissonnant. Peu à peu, une gardienne vint à la porte et me jeta une couverture autour de moi, car à ce moment-là j'étais transi jusqu'aux os. les couvertures rugueuses étaient tous les vêtements que je portais pendant mon séjour en prison. La plupart des prisonniers refusaient tout sauf la couverture. Conformément à un accord, nous avons tous cassé nos fenêtres et avons été immédiatement emmenés au cachot. Là, nous avons frappé la faim, et après avoir enduré une grande misère pendant près d'une semaine, nous avons été un à un relâchés. »

Avec quelle simplicité ils le disent. "Après avoir enduré une grande misère..." Mais quiconque n'a pas vécu l'horrible expérience de la grève de la faim ne peut avoir la moindre idée de l'ampleur de cette misère. Dans une cellule ordinaire, c'est assez bien. Dans la misère indescriptible des cellules disciplinaires, la situation est pire. La véritable sensation de faim ne dure qu'environ vingt-quatre heures chez la plupart des prisonniers. En général, je souffre le plus le deuxième jour. Après cela, il n'y a plus de besoin de nourriture très désespéré. La faiblesse et la dépression mentale prennent leur place. De grands troubles de la digestion détournent le désir de nourriture vers un désir de soulager la douleur. Il y a souvent des maux de tête intenses, accompagnés de vertiges ou d'un léger délire. Un épuisement complet et un sentiment d'isolement de la terre marquent les dernières étapes de l'épreuve. La guérison est souvent longue et le rétablissement complet d'une santé normale est parfois d'une lenteur décourageante.

La première grève de la faim a eu lieu début juillet. Au cours des deux mois qui suivirent, de nombreuses femmes adoptèrent la même forme de protestation contre un gouvernement qui ne reconnaissait pas le caractère politique de leurs délits. Dans certains cas, les grévistes de la faim ont été traités avec une cruauté sans précédent. Les femmes délicates ont été condamnées non seulement à l'isolement cellulaire, mais également à porter des menottes pendant vingt-quatre heures d'affilée. Une femme qui refusait de porter des vêtements de prison a été mise en gilet droit .

L'ironie de tout cela apparaît d'autant plus grande qu'à ce moment précis, les dirigeants du Parti libéral à la Chambre des communes étaient au milieu de leur première campagne contre le droit de veto des Lords.

Le 17 septembre, une grande réunion eut lieu à Birmingham, à l'occasion de laquelle M. Asquith devait lancer son défi aux Lords et annoncer que leur veto serait aboli, laissant la volonté du peuple prédominante en Angleterre. Bien entendu, les suffragettes profitèrent de cette occasion pour manifester. Cette démarche était parfaitement logique. Privées du droit de pétition, désormais exclues de chaque réunion du Cabinet ministériel, les femmes ont été contraintes d'utiliser tous les moyens qui leur restaient pour faire valoir leur cause auprès du gouvernement. Mme Mary Leigh et un groupe de membres de Birmingham ont averti le public de ne pas assister à la réunion de M. Asquith car des troubles risquaient de se produire. Depuis le moment où le Premier ministre et son Cabinet ont quitté la Chambre des Communes jusqu'à ce que le train arrive à la gare de Birmingham, ils ont été complètement entourés de détectives et de policiers. Les précautions prises pour garder M. Asquith n'ont jamais été égalées, sauf dans le cas du tsar lors des éclatements de la révolution en Russie. De la gare, il fut conduit par un passage souterrain d'un quart de mille de long jusqu'à son hôtel, où il dîna seul, après avoir été transporté à l'étage dans un monte-bagages. Escorté jusqu'au Bingley Hall par une forte garde de policiers à cheval, il eut si peur de rencontrer les suffragettes qu'il entra par une porte latérale. La salle était gardée comme pour un siège. Au-dessus de la verrière, une épaisse bâche avait été tendue. De hautes échelles étaient placées de chaque côté du bâtiment, et des tuyaux d'incendie étaient prêts, non pas pour éteindre les incendies, mais pour jouer sur les suffragettes si elles apparaissaient à un endroit inaccessible du toit. Les rues étaient partout barricadées, et la police, en régiments, était déployée pour défendre les barricades contre les assauts des femmes. Personne n'était autorisé à franchir les barricades sans montrer ses billets d'entrée aux longues files de policiers, puis les détenteurs de billets étaient poussés un à un à franchir les portes étroites.

Leurs précautions furent vaines, car les suffragettes déterminées trouvèrent plus d'un moyen de transformer le triomphe de M. Asquith en fiasco. Bien qu'aucune femme n'ait eu accès à la salle, de nombreux sympathisants masculins étaient présents et, avant que la réunion n'ait eu lieu, treize hommes avaient été violemment expulsés pour avoir rappelé au Premier ministre que « le peuple » dont il prétendait défendre le droit de gouverner , comprenait des femmes comme des hommes. Dehors, se mêlant à la foule immense, des bandes de femmes attaquèrent les barricades, les barricades extérieures étant renversées malgré les milliers de policiers. Du toit d'une maison voisine , Mme Leigh et Charlotte Marsh ont arraché des dizaines d'ardoises et les ont jetées sur le toit de Bingley Hall et dans les rues en contrebas, en prenant toutefois soin de ne heurter personne. Alors que M. Asquith s'éloignait, les femmes ont lancé des ardoises sur la voiture gardée. La lance à incendie a été sortie et les pompiers ont reçu l'ordre de faire couler l'eau sur les femmes. Ils ont refusé, c'est tout à leur honneur, mais la police, furieuse de ne pas avoir réussi à maintenir l'ordre, n'a pas hésité à jouer de l'eau froide sur les femmes alors qu'elles s'accroupissaient et s'accrochaient à la pente dangereuse du toit. Des brutes dans les rues leur jetaient des briques, faisant couler le sang. Finalement, les femmes ont été traînées par la police et, dans leurs vêtements dégoulinants, ont marché dans les rues jusqu'au poste de police.

Les suffragettes qui avaient précipité les barricades et jeté des pierres sur le train en partance de M. Asquith furent condamnées à des peines allant de quinze jours à un mois, mais Miss Marsh et Mme Leigh furent envoyées en prison respectivement pour trois et quatre mois. Tous les prisonniers ont entamé la grève de la faim, comme nous le savions.

Quelques jours plus tard, nous avons été horrifiés de lire dans les journaux que ces prisonniers étaient nourris de force au moyen d'un tube en caoutchouc enfoncé dans l'estomac. Les membres du syndicat s'adressèrent immédiatement à la prison et au ministère de l'Intérieur pour connaître la véracité du rapport, mais toutes les informations furent refusées. Le lundi suivant, à notre demande, M. Keir Hardie , à l'heure des questions à la Chambre, a insisté pour obtenir des informations du gouvernement. M. Masterman , parlant au nom du ministre de l'Intérieur, a admis à contrecœur que, afin de préserver la dignité du gouvernement et en même temps de sauver la vie des prisonniers, un « traitement hospitalier » était administré. « Traitement à l'hôpital » était le terme utilisé pour attirer l'attention sur l'un des expédients les plus dégoûtants et les plus brutaux jamais utilisés par les autorités pénitentiaires. Aucune loi ne l'autorise, sauf dans le cas de personnes certifiées folles, et même dans ce cas, lorsque l'opération est effectuée par des infirmières qualifiées sous la direction de médecins qualifiés, elle ne peut pas être qualifiée de sûre. En fait, les demandeurs d'asile meurent généralement après un court laps de temps. *Le Lancet* , peut-être la revue médicale la plus connue dans la langue, a publié une longue liste d'opinions d'éminents médecins et chirurgiens qui ont condamné cette pratique appliquée aux prisonniers ayant le droit de vote comme étant indigne de la civilisation . Un médecin a parlé d'un cas qu'il avait observé et dans lequel la mort était survenue presque aussitôt que le tube avait été inséré. Un autre a cité un cas où la langue, tordue derrière la sonde d'alimentation, avait, au cours de la lutte, presque été mordue. Les cas où de la nourriture avait été injectée dans les poumons n'étaient pas inconnus. M. C. Mansell-Moullin , MD, FRCS, a écrit au *Times* qu'en tant que chirurgien hospitalier possédant plus de trente ans d'expérience, il souhaitait protester avec indignation contre le terme "traitement hospitalier" utilisé par le gouvernement en relation avec l'alimentation forcée des femmes. Il s'agit d'une diffamation ignoble, a-t-il déclaré, car la violence et la brutalité n'ont pas leur place dans les hôpitaux. Un mémorial signé par 116 médecins renommés a été adressé au Premier Ministre pour protester contre la pratique du gavage et lui signaler en détail les graves dangers qui y sont liés.

Voilà pour le témoignage médical contre une forme de brutalité qui a perduré et perdure encore dans nos prisons anglaises, comme punition pour les femmes qui sont là pour le bien de leur conscience. Quant aux témoignages des victimes, ils constituent un volume des plus révoltants. Mme Leigh, la première victime, est une femme de constitution robuste, sinon elle aurait à peine pu survivre à l'expérience. Jetée à la prison de Birmingham après la manifestation d'Asquith, elle avait brisé les fenêtres de sa cellule et, en guise de punition, avait été envoyée dans une cellule disciplinaire sombre et froide. Ses mains étaient menottées, derrière elle pendant la journée et la nuit devant son corps, *paumes dehors* . Elle a refusé de toucher à la nourriture qu'on lui apportait et, trois jours après son arrivée, elle a été emmenée chez le médecin. Ce qu'elle a vu avait de quoi terrifier les plus courageux. Au centre de la pièce se trouvait une solide chaise posée sur un drap en coton. Contre le mur, comme prêtes à l'action, se tenaient quatre gardiennes. Le jeune médecin était également présent. Le médecin en chef prit la parole et dit : « Écoutez attentivement ce que j'ai à dire. J'ai reçu l'ordre de mes supérieurs de ne pas vous libérer, même pour des raisons médicales. Si vous vous abstenez toujours de manger, je dois prendre d'autres mesures pour vous contraindre. le prendre." Mme Leigh a répondu qu'elle refusait toujours, et elle a ajouté qu'elle savait qu'elle ne pouvait pas légalement être nourrie de force car une opération ne pouvait pas être effectuée sans le consentement du patient s'il était sain d'esprit. Le médecin répéta qu'il avait ses ordres et qu'il les exécuterait. Un certain nombre de gardiennes se sont alors jetées sur Mme Leigh, l'ont maintenue au sol et ont incliné sa chaise vers l'arrière. Elle fut tellement surprise qu'elle ne put résister cette fois-là. Ils ont réussi à lui faire avaler un peu de nourriture provenant d'un gobelet. Plus tard, deux médecins et les gardiennes sont apparus dans sa cellule, ont forcé Mme Leigh à se mettre au lit et l'y ont maintenue. À sa grande horreur, les médecins lui ont sorti un tube en caoutchouc de deux mètres de long, et il a commencé à lui boucher la narine. La douleur était si terrible qu'elle hurlait encore et encore. Trois des infirmières fondirent en larmes et le jeune médecin supplia l'autre d'arrêter. Ayant reçu ses ordres du gouvernement, le médecin persista et le tube fut enfoncé dans l'estomac. L'un des médecins, debout sur une chaise et tenant le tube en hauteur, versait de la nourriture liquide à travers un entonnoir, manquant d'étouffer la pauvre victime. « Les tympans de mes oreilles, dit-elle plus tard, semblaient éclater. Je sentais la douleur jusqu'au bout du sternum. Quand enfin le tube fut retiré, j'eus l'impression que l'arrière de mon nez et de ma gorge étaient touchés. être arraché avec ça."

Presque évanouie, Mme Leigh a été ramenée à la cellule disciplinaire et allongée sur son lit de planches. L'épreuve se renouvelait de jour en jour. Les autres prisonniers ont vécu des expériences similaires.

CHAPITRE VI

Le mouvement militant en était là lorsqu'en octobre 1909, j'effectuai ma première visite aux États-Unis. Je n'oublierai jamais l'émotion de mon atterrissage, de la première rencontre avec le « reporter » américain, expérience redoutée par tous les Européens. En fait, les premiers jours ont semblé être un tourbillon ahurissant de journalistes et de réceptions, le tout menant à ma première conférence au Carnegie Hall le 25 octobre. L'immense salle était entièrement remplie et une foule énorme de gens se pressaient dans les rues à l'extérieur pendant des pâtés de maisons. Avec moi sur scène se trouvaient plusieurs femmes que j'avais rencontrées en Europe, et dans le fauteuil se trouvait une vieille amie, Mme Stanton Blatch , dont les débuts de la vie conjugale s'étaient déroulées en Angleterre. Cependant, la grande foule devant moi était composée d'étrangers et je ne pouvais pas savoir comment ils réagiraient à mon histoire. Quand je me levai pour parler, un profond silence tomba, mais dès mes premiers mots : « Je suis ce que vous appelez un voyou... », un grand rire chaleureux et sympathique secoua les murs. Ensuite, j'ai su que j'avais trouvé des amis en Amérique. Et tout le reste de la tournée l'a démontré. À Boston, le comité m'a accueilli avec une grosse automobile grise décorée aux couleurs de notre Union, et ce soir-là, à Tremont Temple, j'ai parlé à un auditoire de 2 500 personnes, toutes très généreuses dans leur réactivité. À Baltimore, des professeurs et des étudiants de l'Université Johns Hopkins ont agi en qualité d'organisateurs de la réunion. J'ai beaucoup apprécié ma visite au Bryn Mawr College et à Rosemary Hall, une merveilleuse école pour filles du Connecticut. À Chicago, j'ai rencontré, entre autres personnalités, Miss Jane Addams et Mme Ella Flagg Young, surintendante des écoles. Ma visite au Canada restera gravée dans les mémoires, notamment à Toronto, où le maire, vêtu des chaînes de son bureau, m'a accueilli. J'ai également rencontré le vénérable Goldwin Smith, décédé depuis.

Partout, j'ai trouvé les Américains gentils et enthousiastes, et je ne peux pas en dire trop sur la merveilleuse hospitalité qu'ils m'ont témoignée. Les femmes que j'ai rencontrées étaient remarquablement intéressées par la protection sociale. Le travail des clubs de femmes m'a semblé très favorable et j'ai pensé que ces institutions constituaient une base parfaite pour un mouvement pour le droit de vote. Mais à cette époque, en 1909, le mouvement pour le droit de vote aux États-Unis était dans un curieux état de quiétude. Un grand nombre de femmes avec lesquelles j'ai été en contact semblaient penser qu'il était tout à fait juste qu'elles aient le droit de voter, mais peu d'entre elles semblaient en réaliser la réelle nécessité. Certains, il est vrai, commençaient à associer le vote aux réformes pour lesquelles ils travaillaient avec tant de altruisme et de dévouement. C'est en discutant avec les jeunes femmes que j'ai senti que sous la surface des choses en Amérique, un fort mouvement pour le suffrage était en train de s'éveiller. Ces jeunes femmes, quittant leurs splendides collèges pour commencer leur vie, se rendaient compte de façon très intelligente qu'elles avaient besoin et qu'elles seraient obligées de s'assurer un statut politique.

Le 1er décembre, je m'embarquai sur le *Maurétanie* pour l'Angleterre, et en arrivant j'appris que la peine de prison qui pesait sur moi pendant que les requêtes avaient été plaidées, avait été annulée, un ami inconnu ayant payé mon amende pendant que j'étais sur l'océan.

L'année 1910 commença par des élections générales, précipitées par le rejet par la Chambre des Lords du budget de 1909 de M. Lloyd-George. Le Parti libéral s'est rendu au pays en promettant des taxes sur la valeur des terres. Ils ont également promis l'abolition du droit de veto des Lords, le Home Rule irlandais, la suppression de l'Église du Pays de Galles et d'autres réformes. Le droit de vote des femmes n'a pas été directement promis, mais M. Asquith a promis que, s'il restait en fonction, il présenterait un projet de loi de réforme électorale qui pourrait être amendé pour inclure le droit de vote des femmes. Les unionistes, sous la direction de M. Balfour, avaient pour programme une réforme tarifaire et n'offraient même pas une vague promesse d'une éventuelle mesure de suffrage. Pourtant, comme d'habitude, nous sommes allés dans les circonscriptions et nous nous sommes opposés au Parti libéral. Nous n'avions aucune confiance dans la promesse de M. Asquith et, d'ailleurs, si nous n'avions pas réussi à nous opposer au parti au pouvoir, nous aurions simplement invité M. Asquith et M. Balfour à conclure un accord pour ne pas traiter du suffrage, dans l'optique de maintenir la cause en permanence en dehors de la politique pratique. Nous étions à peu près dans la même situation que les nationalistes irlandais en 1885, lorsque ni les dirigeants libéraux ni les dirigeants conservateurs n'incluaient l'autonomie dans leur programme . Les Irlandais se sont opposés au Parti libéral, avec pour résultat que celui-ci a été élu avec une majorité si étroite que le gouvernement libéral a dû dépendre du vote irlandais au Parlement pour rester au pouvoir. C'est pour cette raison qu'ils furent obligés de présenter un projet de loi sur l'autonomie.

Les autres sociétés de droit de vote et de nombreuses femmes libérales nous ont supplié de ne pas nous opposer au parti libéral lors de cette élection. On nous a imploré de renoncer à notre revendication « juste pour une fois » compte tenu de l'importance de la lutte entre les Communes et la Chambre des Lords sur le budget. Nous avons répondu que le même plaidoyer avait été lancé en 1906 lorsqu'on nous avait supplié de renoncer à notre demande « juste pour une fois » en raison de la question fiscale. Pour les femmes, il n'y avait qu'un seul problème politique, disions-nous, c'était celui de leur propre émancipation. Le conflit entre les Lords et les Communes était bien moins vital que les revendications du peuple – représenté dans ce cas par les femmes – à être admis à la citoyenneté. De notre point de vue, les deux chambres du Parlement n'étaient pas représentatives jusqu'à ce que les femmes aient leur mot à dire dans le choix des législateurs et dans l'influence de l'élaboration des lois.

Nous nous sommes opposés aux candidats libéraux dans quarante circonscriptions, et dans presque chacune d'entre elles, les majorités libérales ont été réduites et pas moins de dix-huit sièges ont été arrachés aux candidats libéraux. Ce fut vraiment une élection terrible pour le gouvernement. M. Asquith se déplaçait d'une circonscription à l'autre accompagné d'une garde du corps composée de détectives et de « chuckers » officiels, dont le seul devoir était d'expulser les femmes, ainsi que les hommes, qui interrompaient ses réunions sur la question du vote pour les femmes. Les salles dans lesquelles il parlait avaient les fenêtres fermées ou les vitres recouvertes d'un solide grillage. Toutes les voies menant aux halls étaient barricadées, la circulation était suspendue et d'importantes forces de police montaient la garde. Les précautions les plus extraordinaires ont été prises pour protéger le Premier ministre. À un endroit, il se rendit à son rendez-vous, fortement surveillé et empruntant un chemin secret qui menait à travers des groseilliers et un champ de choux jusqu'à une porte arrière. Après la réunion, il s'est enfui par la même porte et a été solennellement guidé le long d'un chemin recouvert de sciure de bois pour amortir ses pas, jusqu'à une automobile dissimulée, où il s'est assis jusqu'à ce que la foule se soit dispersée.

Les autres ministres durent recourir à des précautions similaires. Ils vivaient sous la protection constante de gardes du corps. Leurs réunions ont été surveillées d'une manière sans précédent. Bien sûr, aucune femme n'était admise à leurs réunions, mais elles y entraient quand même. Deux femmes se sont cachées pendant vingt-cinq heures sous les chevrons d'une salle de Louth où s'exprimait M. Lloyd-George. Ils ont été arrêtés, mais seulement après avoir fait leur manifestation. Deux autres se sont cachés sous une estrade pendant vingt-deux heures afin d'interroger le Premier ministre. Je pourrais continuer ce disque presque indéfiniment.

Nous avions imprimé une magnifique affiche montrant le processus de gavage et nous l'avons utilisée partout sur des panneaux publicitaires. Nous avons dit aux électeurs que le « Parti libéral », l'ami du peuple, avait emprisonné 450 femmes pour le crime d'avoir demandé à voter. À cette époque, ils torturaient des femmes à Holloway. C'étaient des munitions splendides et ça racontait. Le Parti libéral est revenu au pouvoir, mais sa majorité dans toutes les sections de la Chambre des communes a été balayée.

Le gouvernement Asquith dépend désormais, pour son existence même, des votes du Parti travailliste et des nationalistes irlandais.

CHAPITRE VII

Les premiers mois de 1910 furent occupés par le gouvernement réélu dans une lutte pour garder le contrôle des affaires. Une coalition avec le parti irlandais, dont les dirigeants ont convenu, si le projet de loi Home Rule était avancé, de s'en tenir au budget. Aucune coalition annoncée publiquement avec le Parti travailliste n'a été formée à l'époque, Keir Hardie , lors de la conférence annuelle du parti, annonçant qu'ils continueraient à être indépendants du gouvernement. C'était important pour nous car cela signifiait que le Parti travailliste , au lieu de conclure un accord pour apporter un soutien général à toutes les mesures gouvernementales, serait libre de s'opposer au gouvernement en cas de refus continu d'un projet de loi sur le droit de vote. D'autres facteurs se sont combinés pour nous donner l'espoir que le vent avait tourné en notre faveur . On nous a laissé entendre que le gouvernement était las de notre opposition et qu'il était prêt à mettre fin à la lutte de la seule manière possible, à condition qu'il puisse le faire sans paraître céder à la coercition. Nous avons donc déclaré début février une trêve à tout militantisme.

Le Parlement s'est réuni le 15 février et le discours du Roi a été lu le 21 février. Aucune mention du droit de vote des femmes n'a été faite dans le discours et aucun simple député n'a réussi à remporter une place dans le scrutin pour un projet de loi sur le droit de vote. Cependant, comme la situation était tendue et anormale en raison du projet d'abolition du pouvoir de veto du Seigneur, nous avons décidé d'attendre patiemment un moment. On s'attendait avec confiance à la tenue d'autres élections générales avant que les conflits entre les deux chambres du Parlement ne soient réglés, et cet événement se serait sans aucun doute produit au plus tard en juin, sans la mort inattendue du roi Édouard VII. Cela a interrompu la situation tendue. Le décès du roi fut l'occasion d'un apaisement temporaire des animosités et produisit une disposition générale au compromis sur toutes les questions difficiles. La question de l'émancipation des femmes fut reprise dans cet esprit et d'une manière tout à fait honorable pour les membres à l'origine du mouvement.

Un comité strictement indépendant des partis sur le suffrage des femmes avait été créé à la Chambre des communes en 1887, principalement grâce aux efforts de Miss Lydia Becker, que j'ai déjà mentionnée comme la Susan B. Anthony du mouvement pour le suffrage anglais. En 1906, pour des raisons qu'il n'est pas nécessaire d'énumérer, le comité initial avait été laissé tomber, les partisans libéraux du droit de vote des femmes formant leur propre comité. Or, dans cette période de bonne humeur, à la suggestion de certains membres, dirigés par MHN Brailsford , qui n'était pas lui-même membre du Parlement, ils formèrent un autre organisme non partisan qu'ils appelèrent le

Comité de conciliation. Son objectif fut déclaré être de rassembler tous les suffragistes de la Chambre des communes, quelle que soit leur affiliation à un parti, et d'élaborer une mesure de suffrage qui pourrait être adoptée grâce à leur effort uni. Le comte de Lytton accepta la présidence du comité et M. Brailsford en fut nommé secrétaire. Le comité était composé de vingt-cinq libéraux, dix-sept conservateurs, six nationalistes irlandais et six membres du parti travailliste . Malgré des difficultés que je ne peux guère espérer faire comprendre aux lecteurs américains, le comité a travaillé pour élaborer un projet de loi qui devrait gagner le soutien de toutes les sections de la Chambre. Les conservateurs ont insisté sur un projet de loi modéré, tandis que les libéraux craignaient que les termes du projet de loi n'ajoutent au pouvoir des classes possédantes. Le projet de loi original sur le suffrage, rédigé par mon mari. Le Dr Pankhurst, qui accordait le droit de vote aux femmes sur un pied d'égalité avec les hommes, a été abandonné et un projet de loi a été rédigé sur le modèle de la loi existante sur le droit de vote municipal. La base du droit de vote municipal est l'occupation, et le projet de loi de conciliation, dans sa première rédaction, proposait d'étendre le vote parlementaire aux femmes chefs de famille et aux femmes occupant des locaux commerciaux payant un loyer de dix livres et plus. On a estimé qu'environ quatre-vingt-quinze pour cent. des femmes qui bénéficieraient du droit de vote en vertu du projet de loi étaient des chefs de famille. En Angleterre, cela ne signifie pas qu'une personne occupe une maison entière. Quiconque habite ne serait-ce qu'une seule pièce sur laquelle il exerce un contrôle total est un chef de famille.

organisations de femmes , et il a été accepté par chacune d'entre elles. Notre journal officiel a déclaré dans son éditorial : "Nous, de l'Union sociale et politique des femmes, sommes prêtes à participer à cette action unie et pacifique. Le nouveau projet de loi ne nous donne pas tout ce que nous voulons, mais nous sommes pour, si d'autres le sont aussi. "

Il semblait certain qu'une majorité écrasante de la Chambre des communes était favorable au projet de loi et prête à le voter. Même si nous savions qu'il ne pourrait pas être adopté à moins que le gouvernement n'y consente, nous espérions que les dirigeants de tous les partis et la majorité de leurs partisans s'uniraient pour convenir que le projet de loi serait adopté. Ce règlement par consentement est rare au Parlement anglais, mais des mesures extrêmement importantes et durement combattues ont ainsi été adoptées. L'extension du droit de vote en 1867 en est un bon exemple.

Le projet de loi de conciliation fut présenté à la Chambre des communes le 14 juin 1910 par M. DJ Shackleton, et fut reçu avec l'enthousiasme le plus extraordinaire. Les journaux ont souligné le sentiment de réalité qui a marqué l'attitude de la Chambre à l'égard du projet de loi. Il était clair que les membres se rendaient compte qu'il ne s'agissait pas ici d'une question académique sur laquelle ils devaient simplement débattre et enregistrer leurs opinions, mais d'une mesure qui était destinée à être appliquée à travers toutes ses étapes et à être inscrite dans le droit anglais. L'enthousiasme de la Maison a balayé tout le Royaume. La profession médicale a adressé un mémoire en sa faveur , signé par plus de trois cents hommes et femmes parmi les plus distingués de la profession. Des mémoires d'écrivains, d'ecclésiastiques, de travailleurs sociaux, d'artistes, d'acteurs et de musiciens ont également été envoyés. La Fédération libérale féminine s'est réunie et a résolu à l'unanimité de demander au premier ministre d'accorder toutes les facilités au projet de loi. Certains esprits avancés de la Fédération proposèrent même d'envoyer sur-le-champ une députation à la Chambre des Communes avec la résolution, mais cette proposition fut rejetée parce qu'elle sentait trop le militantisme. Une demande d'entrevue a été envoyée à M. Asquith, et il a répondu en promettant de recevoir dans les plus brefs délais des représentants de la Fédération des femmes libérales et de l'Union nationale des sociétés de droit de vote des femmes.

La députation conjointe a été reçue par M. Asquith le 21 juin et Lady M'Laren , en tant que représentante de la Fédération libérale des femmes, s'est adressée très directement au chef de son parti. Elle a notamment déclaré : « Si vous refusez notre demande, nous devrons nous rendre dans le pays et dire que vous, qui êtes contre le veto de la Chambre des Lords, placez un veto sur la Chambre des Communes en refusant d'autoriser une deuxième lecture. de ce projet de loi."

M. Asquith a répondu avec prudence qu'il ne pouvait pas décider seul sur une question aussi grave, mais qu'il devrait consulter son Cabinet, dont la majorité, a-t-il admis, étaient des suffragistes. Leur décision, a-t-il déclaré, serait rendue à la Chambre des communes.

PLUS DE 1 000 FEMMES ONT ÉTÉ EN PRISON – DES FLÈCHES LARGES LORS DU DÉFILÉ DE 1910

L'Union Sociale et Politique des Femmes a organisé une manifestation en faveur du projet de loi de conciliation, la plus grande qui ait été organisée jusqu'alors . C'était une affaire nationale, voire internationale, à laquelle prenaient part tous les groupes de suffragettes, et les rangs étaient si nombreux qu'il fallait au cortège une heure et demie pour passer un point donné. En tête marchaient six cent dix-sept femmes, vêtues de blanc et tenant de longs bâtons d'argent terminés par la large flèche. C'étaient les femmes qui avaient été emprisonnées pour cette cause, et tout au long de la marche, elles ont reçu un hommage sous les acclamations du public. L'immense Albert Hall, la plus grande salle d'Angleterre, même s'il était rempli de l'orchestre à la plus haute galerie, n'était pas assez grand pour accueillir tous les manifestants. Au milieu d'une grande joie et d'un grand enthousiasme, Lord Lytton a prononcé un discours émouvant dans lequel il a prédit avec confiance l'avancée rapide du projet de loi. Les femmes, déclara-t-il, avaient toutes les raisons de croire que leur émancipation était réellement proche.

Il est vrai que le moment était venu d'adopter un projet de loi sur le suffrage. Jamais depuis cinquante ans la voie n'avait été aussi claire, car l'absence momentanée de législation ordinaire laissait le champ libre à un projet de réforme électorale. Pourtant, lorsqu'on a demandé au premier ministre à la Chambre des communes s'il donnerait aux députés l'occasion d'en discuter rapidement, la réponse n'a pas été encourageante. Le gouvernement, a déclaré M. Asquith, est prêt à accorder du temps avant la clôture de la session pour un débat approfondi et une division en deuxième lecture, mais il ne peut permettre aucune facilité supplémentaire. Il a déclaré franchement qu'il ne souhaitait pas personnellement que le projet de loi soit adopté, mais le gouvernement était conscient que la Chambre des communes devrait avoir la possibilité, si tel était son désir délibéré, de traiter efficacement toute la question.

Cette déclaration énigmatique a été interprétée par la majorité des suffragettes, par la presse et par le public en général, comme signifiant que le gouvernement se préparait gracieusement à céder au désir incontestable de la Chambre des communes d'adopter le projet de loi. Mais l'Union Sociale et Politique des Femmes était dubitative. La remarque de M. Asquith était ambiguë et pouvait être interprétée de plusieurs manières. Cela pourrait signifier qu'il était prêt à accepter le verdict de la majorité et à laisser le projet de loi franchir toutes ses étapes. Ce serait évidemment la seule façon de donner à la Chambre la possibilité de traiter efficacement toute la question. D'un autre côté, M. Asquith pourrait avoir l'intention de laisser le projet de loi passer par les étapes du débat et d'être ensuite étouffé en comité. Nous craignions une trahison, mais au vu de l'annonce que le Gouvernement avait fixé les 11 et 12 juillet pour le débat en deuxième lecture, nous avons conservé un esprit de calme attente. Le 26 juillet avait été fixé comme jour d'ajournement du Parlement, et si le projet de loi était voté favorablement le 12, il y aurait amplement de temps pour en franchir les étapes finales. Lorsqu'un projet de loi passe sa deuxième lecture, il est normalement envoyé à l'étage supérieur, à un grand comité qui siège pendant que la Chambre des communes traite d'autres affaires, et ainsi l'étape du comité peut se dérouler sans installations spéciales. Le projet de loi n'est renvoyé à la Chambre qu'à l' étape du rapport, moment auquel a lieu la troisième et dernière lecture. Après cela, le projet de loi est envoyé à la Chambre des Lords. Une semaine au maximum suffit pour cette procédure. Un projet de loi peut être renvoyé à l'ensemble de la Chambre et, dans ce cas, il ne peut être soumis à l'étape du comité à moins de bénéficier de facilités spéciales. Dans notre journal et dans de nombreux discours publics, nous avons exhorté les membres à voter pour envoyer le projet de loi à un grand comité.

Quelques jours avant que le projet de loi n'atteigne sa deuxième lecture, la rumeur courait que M. Lloyd-George allait s'exprimer contre, mais nous avons refusé de le créditer. Aussi injuste envers les femmes que M. Lloyd-George s'était montré de diverses manières, il s'était toujours présenté comme un fervent ami du suffrage des femmes, et nous ne pouvions pas croire qu'il se retournerait contre nous à la onzième heure. Les promoteurs du projet de loi comptaient également sur M. Winston Churchill, dont j'ai cité le discours aux femmes de Dundee dans un chapitre précédent, car on savait qu'il avait plus d'une fois exprimé sa sympathie pour ses objets. Mais lorsque les débats ont commencé, nous avons trouvé ces deux ardents suffragettes rassemblés contre le projet de loi. M. Churchill, après avoir prononcé un discours anti-suffrage conventionnel, dans lequel il déclarait que les femmes n'avaient pas besoin de voter et qu'elles n'avaient en réalité aucun grief, a attaqué le projet de loi de conciliation parce que la classe de femmes qui bénéficierait du droit de vote en vertu de ce projet n'avait pas le droit de vote. lui convient. Certaines femmes, concédait-il, devraient être émancipées, et il pensait que le meilleur plan serait de sélectionner « certaines des meilleures femmes de toutes les classes » sur des considérations de propriété, d'éducation et de capacité de gain. Ces franchises spéciales seraient soigneusement équilibrées, « afin de ne pas, dans l'ensemble, donner un avantage indu au vote de la propriété par rapport au vote des salariés ». On ne saurait imaginer une proposition plus fantastique et moins susceptible de trouver la faveur de la Chambre des communes. La deuxième objection de M. Churchill au projet de loi était qu'il était antidémocratique ! Il nous a semblé que tout était plus démocratique que ses propositions de franchises « fantaisistes ».

M. Lloyd-George a déclaré qu'il était d'accord avec tout ce que M. Churchill avait dit "à la fois pertinent et non pertinent". Il a fait l'affirmation étonnante que le comité de conciliation qui avait rédigé le projet de loi était un « comité de femmes réunies à l'extérieur de la Chambre ». Et que ce comité a dit à la Chambre des Communes non seulement qu'elle doit voter pour un projet de loi sur le droit de vote des femmes, mais aussi : « Vous devez voter pour la forme particulière sur laquelle nous sommes d'accord, et nous ne vous permettrons même pas de délibérer sur une autre forme. »

Bien entendu, ces déclarations étaient totalement fausses. Le projet de loi de conciliation a été rédigé par des hommes et présenté parce que le gouvernement avait refusé d'introduire une mesure de parti. Les suffragettes auraient été trop heureuses que le gouvernement délibère sur une forme plus large de suffrage. C'est parce qu'ils ont refusé de délibérer sur quelque forme que ce soit que ce projet de loi d'intérêt privé a été déposé.

Ce fait a été souligné au cours du discours de M. Lloyd-George. On a dit, dit-il, que ce projet de loi valait mieux que rien du tout, mais pourquoi devrait-il s'agir d'une alternative ? "Quel est l'autre ?" » a crié un membre, mais M. Lloyd-George a esquivé la question avec un « Eh bien, je ne peux pas le dire pour le moment ».

Plus tard, il a déclaré : « Si les promoteurs de ce projet de loi disent qu'ils considèrent la deuxième lecture comme une simple affirmation du principe du droit de vote des femmes, et s'ils promettent que lorsqu'ils présenteront à nouveau le projet de loi, ce sera sous une forme qui permettre à la Chambre des communes de proposer tout amendement visant à restreindre ou à prolonger. Je serai heureux de voter pour ce projet de loi.

M. Philip Snowden, en réponse à cela, a déclaré : « Nous retirerons ce projet de loi si le très honorable monsieur, au nom du gouvernement, ou le premier ministre lui-même, s'engage à donner à cette Chambre l'occasion de discuter et de mener à bien ses diverses met en place une autre forme de projet de loi sur la franchise. Si nous ne pouvons pas l'obtenir, alors nous poursuivrons ce projet de loi.

Le gouvernement n'a pas répondu du tout à cette question et le débat s'est poursuivi. Trente-neuf discours ont été prononcés, le premier ministre montrant clairement dans son discours qu'il entendait user de tout son pouvoir pour empêcher que le projet de loi devienne loi. Il commença par dire qu'une mesure de franchise ne devrait jamais être envoyée à un grand comité, mais à l'ensemble de la Chambre. Il a également déclaré que ses conditions, à savoir que la majorité des femmes devaient démontrer sans aucun doute qu'elles souhaitaient obtenir le droit de vote et que le projet de loi soit démocratique dans ses termes, n'avaient pas été respectées.

Lorsque le vote a eu lieu, il a été constaté que le projet de loi de conciliation avait passé sa deuxième lecture à une majorité de 109 voix, une majorité plus large que celle obtenue par le fameux budget du gouvernement ou par la résolution de la Chambre des Lords. En fait, aucune mesure au cours de cette législature n'a reçu une majorité aussi forte : 299 députés ont voté pour contre 190 contre. La question s'est alors posée de savoir quelle commission devait traiter du projet de loi. M. Asquith avait déclaré que tous les projets de loi sur le droit de vote devraient être soumis à un comité plénier, de sorte que lors de la division, ses paroles ont incité de nombreux amis sincères du projet de loi à l'envoyer là-bas. D'autres ont compris qu'il s'agissait là d'une démarche malicieuse, mais ont eu peur de susciter la colère du Premier ministre. Bien entendu, tous les anti-suffragistes ont voté de la même manière et le projet de loi a donc été soumis à l'ensemble de la Chambre.

Même alors, le projet de loi aurait pu être avancé jusqu'à sa lecture finale. La Chambre avait du temps libre, car pratiquement tous les travaux législatifs importants ont été interrompus en raison de l'impasse entre les Lords et les Communes. Après la mort du roi, une conférence des dirigeants des partis conservateur et libéral avait été organisée pour régler les questions en question, et cette conférence n'avait pas encore fait rapport. Le Parlement avait donc peu de travail en cours. La pression la plus forte possible a été exercée sur le gouvernement pour qu'il accorde des facilités au projet de loi de conciliation. Plusieurs réunions ont eu lieu pour soutenir le projet de loi. L'Union politique des hommes pour le droit de vote des femmes, la Ligue des hommes pour le droit de vote des femmes et le Comité de conciliation ont tenu une réunion conjointe à Hyde Park. Certains membres de la vieille école des suffragistes ont tenu une autre grande réunion à Trafalgar Square. L'Union sociale et politique des femmes, le 23 juillet, jour anniversaire du jour de 1867 où les ouvriers, luttant pour leur droit de vote, avaient abattu les grilles de Hyde Park, y organisa une autre énorme manifestation. Un espace d'un demi-mille carré fut dégagé, quarante plates-formes érigées et deux grandes processions défilèrent de l'est et de l'ouest jusqu'à la réunion. De nombreuses autres sociétés de droit de vote ont coopéré avec nous à cette occasion. Le jour même de cette réunion, M. Asquith a écrit à Lord Lytton pour refuser de consacrer plus de temps au projet de loi au cours de cette session.

Ceux qui croyaient encore que le gouvernement pourrait être amené à rendre justice aux femmes plaçaient leurs espoirs dans la session d'automne du Parlement. Des résolutions exhortant le gouvernement à accorder des facilités au projet de loi au cours de l'automne furent envoyées, non seulement par les associations de suffrage, mais par de nombreuses organisations d'hommes. Les corporations de trente-huit villes, dont Liverpool, Manchester, Glasgow, Dublin et Cork, envoyèrent des résolutions à cet effet. Les ministres étaient assiégés de demandes pour recevoir des députations de femmes, et comme le pays était sur le point d'élections générales et que le Parti libéral voulait les services de femmes, leurs demandes ne pouvaient être totalement ignorées. M. Asquith, au début d'octobre, reçut une députation de femmes de sa propre circonscription d'East Fife, mais tout ce qu'il eut à leur dire, c'était que le projet de loi ne pourrait pas être avancé cette année-là. "Et l'année prochaine ?" Ils ont demandé, et il a répondu brièvement : « Attendez et voyez.

Il avait été extrêmement difficile, durant ces jours troublés, de contraindre tous les membres de la WSPU à respecter la trêve, et lorsqu'il devint parfaitement évident que le projet de conciliation était voué à l'échec, la guerre fut de nouveau déclarée. Lors d'une grande réunion tenue à l'Albert Hall le 10 novembre, j'ai moi-même jeté le jauge du combat. J'ai dit, parce que je voulais que l'ensemble de la question soit clairement compris par le public ainsi que par nos membres : « C'est le dernier effort constitutionnel de l'Union sociale et politique des femmes pour obtenir l'adoption du projet de loi. Si le projet de loi , malgré nos efforts, est tué par le gouvernement, alors tout d'abord, je dois dire que la trêve prendra fin si nous sommes accueillis par la déclaration selon laquelle il n'y a aucun pouvoir à obtenir à la Chambre. temps des Communes pour notre mesure, alors notre première étape est de dire : « Nous vous retirons cela des mains, puisque vous ne parvenez pas à nous aider, et nous reprenons nous-mêmes la direction de la campagne. »

Une autre députation, ai-je déclaré, doit se rendre à la Chambre des communes pour porter une pétition au Premier ministre. Je dirigerais moi-même, et si personne ne voulait me suivre, j'irais seul. Instantanément, partout dans la salle , des femmes se levèrent d'un bond en criant : « Mme Pankhurst, je vous accompagne ! "Je vais aller!" "Je vais aller!" Et je savais que nos courageuses femmes étaient plus que jamais prêtes à se donner, jusqu'à leur vie, s'il le fallait, pour la cause de la liberté.

La session d'automne s'est tenue le vendredi 18 novembre et M. Asquith a annoncé que le Parlement serait ajourné le 28 novembre. Pendant que son discours était en cours, 450 femmes, en petits groupes, pour respecter la stricte lettre de la loi, marchaient depuis Caxton Hall et depuis le siège de l'Union.

LE CHEF DE LA DÉPUTATION LE VENDREDI NOIR
Novembre 1910

Comment raconter l'histoire de cette terrible journée, le Black Friday, telle qu'elle reste gravée dans notre mémoire – comment décrire ce qui est arrivé aux femmes anglaises à la demande d'un gouvernement anglais, est une tâche difficile. Je vais essayer de le dire aussi simplement et précisément que possible. J'en suis conscient, les faits clairs, énoncés sans détour, mettront à rude épreuve la crédulité.

Rappelons que le pays était à la veille d'élections générales et que le Parti libéral avait besoin de l'aide des femmes libérales. Cela rendait extrêmement indésirable du point de vue du gouvernement l'arrestation et l'emprisonnement massifs d'un grand nombre de femmes qui réclamaient l'adoption du projet de loi de conciliation. Les Fédérations libérales féminines souhaitaient également l'adoption du projet de loi de conciliation, même si elles n'étaient pas prêtes à se battre pour cela. Ce que le gouvernement craignait, c'était que les femmes libérales soient incitées par nos souffrances à s'abstenir de faire du travail électoral pour le parti. Le gouvernement conçut donc un plan selon lequel les suffragettes seraient punies, refoulées et vaincues dans leur tentative d'atteindre la Chambre, mais ne seraient pas arrêtées. Des ordres furent évidemment donnés pour que la police soit présente dans les rues et que les femmes soient jetées d'un policier en uniforme ou sans uniforme à un autre, qu'elles soient si brutalement traitées que la simple terreur les ferait rebrousser chemin. Je dis que des ordres ont été donnés et comme preuve de cela, je peux d'abord souligner qu'à toutes les occasions précédentes, la police avait d'abord essayé de faire reculer les députations et, lorsque les femmes persistaient à avancer, les avait arrêtées. Parfois, des policiers se sont comportés avec cruauté et méchanceté à notre égard, mais jamais avec la brutalité unanime et massive dont nous avons fait preuve lors du Black Friday.

Le gouvernement espérait très probablement que la violence de la police envers les femmes serait imitée par la foule, mais au contraire, la foule s'est montrée remarquablement amicale. Ils poussèrent et luttèrent pour nous dégager un chemin et, malgré les efforts de la police, ma petite députation réussit effectivement à atteindre la porte de l'Entrée des Étrangers. Nous avons monté les marches sous les acclamations enthousiastes de la foule qui remplissait les rues, et nous sommes restés là pendant des heures à contempler une scène que j'espère ne plus jamais revoir.

Pendant des heures, des scènes comme celle-ci ont été jouées le Black Friday.

Novembre 1910

A intervalles de deux ou trois minutes, de petits groupes de femmes apparaissaient sur la place, essayant de nous rejoindre à l'entrée des étrangers. Ils portaient de petites banderoles sur lesquelles étaient inscrites diverses devises : « Asquith a opposé son veto à notre projet de loi », « Là où il y a un projet de loi, il existe un moyen », « La volonté des femmes l'emporte sur celle d'Asquith », etc. Ces banderoles, la police les a saisies et les a déchirées en morceaux. Ensuite, ils ont imposé les mains aux femmes et les ont littéralement jetées d'un homme à l'autre. Certains policiers ont utilisé leurs poings, frappant les femmes au visage, à la poitrine, aux épaules. J'ai vu une femme renversée avec violence trois ou quatre fois de suite, jusqu'à ce qu'elle ne reste plus qu'à moitié consciente contre le trottoir et qu'elle soit emmenée dans un état grave par de gentils étrangers. À chaque instant, la lutte devenait plus acharnée, à mesure que de plus en plus de femmes entraient en scène. Des femmes, dont beaucoup sont éminentes en art, en médecine et en science, des femmes de réputation européenne, soumises à un traitement qui n'aurait pas été infligé à des criminels, et toutes pour le délit d'avoir insisté sur le droit de pétition pacifique.

Cette lutte a duré environ une heure, de plus en plus de femmes réussissant à se frayer un chemin devant la police et à accéder aux marches de la Chambre. Puis la police montée fut appelée pour refouler les femmes. Mais, désespérées, les femmes, ne craignant ni les sabots des chevaux ni la violence écrasante de la police, ne se sont pas écartées de leur objectif. Et maintenant, les foules commençaient à murmurer. Les gens ont commencé à se demander pourquoi les femmes étaient malmenées ; pourquoi, s'ils enfreignaient la loi, ils n'étaient pas arrêtés ; pourquoi, s'ils n'enfreignaient pas la loi, ils n'étaient pas autorisés à continuer sans être inquiétées. Pendant longtemps, près de cinq heures, la police a continué à bousculer et à battre les femmes, la foule devenant de plus en plus turbulente pour leur défense . Finalement, la police fut obligée de procéder à des arrestations. Cent quinze femmes et quatre hommes, pour la plupart meurtris, étouffés ou autrement blessés, ont été arrêtés.

Pendant que tout cela se passait à l'extérieur de la Chambre des communes, le premier ministre refusait obstinément d'écouter les conseils de certains des députés les plus sains d'esprit et les plus épris de justice. Keir Hardie , Sir Alfred Mondell et d'autres ont exhorté M. Asquith à recevoir la députation, et Lord Castlereagh est allé jusqu'à proposer un amendement à une proposition du gouvernement, une autre proposition qui aurait obligé le gouvernement à fournir des facilités immédiates au projet de loi de conciliation. . Nous avons été informés de ce qui se passait et j'ai fait venir un ou plusieurs membres amis et j'ai fait tous les efforts possibles pour les influencer en faveur de l'amendement de Lord Castlereagh. J'ai souligné la lutte brutale qui se déroulait sur la place et je les ai suppliés de revenir en arrière et de dire aux autres qu'il fallait y mettre un terme. Mais, malgré la détresse de certains d'entre eux, ils m'ont assuré qu'il n'y avait pas la moindre chance pour l'amendement.

« N'y a-t-il pas un seul *homme* à la Chambre des communes, m'écriai-je, quelqu'un qui nous défendra, qui fera comprendre à la Chambre que l'amendement doit aller de l'avant ?

Eh bien, il y avait peut-être des hommes là-bas, mais tous, sauf cinquante-deux, faisaient passer leur loyauté envers le parti avant leur virilité, et, parce que la proposition de Lord Castlereagh aurait signifié une censure du gouvernement, ils refusèrent de la soutenir. Cela ne s'est toutefois produit que lorsque M. Asquith a eu recours à son astuce habituelle consistant à promettre une action future. Dans ce cas, il a promis de faire une déclaration au nom du gouvernement le mardi suivant.

Le lendemain matin, les prisonniers ayant obtenu le droit de vote ont été traduits en justice devant le tribunal de police. Ou plutôt, ils ont dû attendre à l'extérieur de la salle d'audience pendant que M. Muskett , qui poursuivait au nom du commissaire en chef de la police, expliquait au magistrat stupéfait qu'il avait reçu l'ordre du ministre de l'Intérieur que les prisonniers soient tous libérés. M. Churchill a déclaré qu'il avait soigneusement examiné l'affaire et avait décidé qu'« aucun avantage public ne serait obtenu en poursuivant les poursuites et, par conséquent, aucune preuve ne serait apportée contre les prisonniers ».

Des rires sourds et, selon les journaux, des huées méprisantes ont été entendus dans le tribunal et, lorsque l'ordre a été rétabli, les prisonniers ont été amenés par lots et ont dit qu'ils étaient libérés.

Le mardi suivant, la WSPU a tenu une autre réunion du Parlement des femmes à Caxton Hall pour entendre les nouvelles de la Chambre des communes. M. Asquith a déclaré : "Le gouvernement, s'il est toujours au pouvoir, accordera lors de la prochaine législature des facilités pour procéder efficacement à un projet de loi sur le droit de vote qui est formulé de manière à permettre un libre amendement." Il n'a pas promis que cela se ferait au cours de la première année du Parlement.

Nous avions demandé des facilités pour le projet de loi de conciliation, et la promesse de M. Asquith était trop vague et trop ambiguë pour nous plaire. Le Parlement, sur le point d'être dissous, n'avait duré que dix mois. Le prochain ne durera peut-être pas plus longtemps. Par conséquent, la promesse de M. Asquith, comme d'habitude, ne signifiait rien du tout. J'ai dit aux femmes : « Je vais à Downing Street. Venez tous. Et nous y sommes allés.

Nous avons trouvé une petite force de police à Downing Street, et nous avons facilement franchi leur ligne et aurions envahi la résidence du Premier ministre si des renforts de police n'étaient pas arrivés sur les lieux. M. Asquith lui-même est apparu à l'improviste et, comme nous le pensions, très à propos. Avant qu'il ait pu réaliser ce qui se passait, il s'est retrouvé entouré de suffragettes en colère. Il a été bien hué et, dit-on, bien secoué, avant d'être secouru par la police. Alors que son taxi s'éloignait, un objet a heurté l'une des vitres, la brisant.

Un autre ministre du Cabinet, M. Birrell , s'est involontairement retrouvé au milieu de la mêlée, et je suis obligé de constater qu'il a été assez bousculé. Mais il n'est pas vrai que sa jambe ait été blessée par les femmes. Sa hâte de sauter dans un taxi lui a valu une légère entorse à la cheville.

Cette nuit-là et le lendemain, des vitres furent brisées dans les maisons de Sir Edward Grey, de M. Winston Churchill, de M. Lewis Harcourt et de M. John Burns ; ainsi que dans les résidences officielles du premier ministre et du chancelier de l'Échiquier.

Cette semaine-là, 160 suffragettes furent arrêtées, mais toutes, sauf celles accusées de bris de vitres ou d'agression, furent libérées. Cette étonnante action en justice a établi deux choses : premièrement, lorsque le ministre de l'Intérieur a déclaré qu'il n'avait aucune responsabilité dans la poursuite et la condamnation des prisonniers du droit de vote, il a proféré un mensonge colossal ; et deuxièmement, que le gouvernement était pleinement conscient que l'emprisonnement de femmes de bonne moralité qui luttaient pour obtenir la citoyenneté était une mauvaise tactique électorale.

CHAPITRE VIII

Presque immédiatement après les événements relatés dans le chapitre précédent, je partis pour ma deuxième tournée à travers les États-Unis. J'ai été ravi de découvrir un mouvement pour le suffrage bien vivant et progressiste, alors qu'il n'existait auparavant chez la plupart des gens qu'une théorie académique en faveur de l'égalité des droits politiques entre hommes et femmes. Mon premier meeting, tenu à Brooklyn, était annoncé par des femmes sandwich déambulant dans les rues principales de la ville, un peu comme nos militantes suffragettes chez nous. J'ai découvert que les réunions de rue étaient désormais monnaie courante à New York. L'Union politique des femmes avait adopté une politique électorale et, dans tout le pays, aussi loin à l'ouest que je voyageais, j'ai trouvé des femmes éveillées à la nécessité de l'action politique plutôt que de simples discussions sur le suffrage.

Ma deuxième visite en Amérique, comme la première, est assombri dans ma mémoire par le chagrin. Très peu de temps après mon retour en Angleterre, une sœur bien-aimée, Mme Mary Clarke, est décédée. Ma sœur, qui était une suffragette très ardente et une travailleuse appréciée de l'Union sociale et politique des femmes, était l'une des femmes qui ont été horriblement maltraitées sur la place du Parlement lors du Vendredi noir. Elle fait également partie des femmes qui, quelques jours plus tard, ont manifesté leur protestation contre le gouvernement en jetant une pierre à travers la fenêtre d'une résidence officielle. Pour cet acte, elle a été envoyée à la prison de Holloway pour une peine d'un mois. Libérée le 21 décembre, il était clair pour ceux qui la connaissaient le mieux que sa santé avait gravement souffert de la terrible expérience du Black Friday et de l'expérience ultérieure de la prison. Elle est décédée subitement le jour de Noël, au grand chagrin de tous ses associés. Sa vie n'est pas la seule à avoir été sacrifiée à la suite de cette journée. D'autres décès sont survenus, principalement dus à des cœurs affaiblis par le surmenage. Mlle Henria Williams est décédée le 2 janvier 1911 des suites d'une insuffisance cardiaque. Mlle Cecilia Wolseley Haig était une autre victime. Les mauvais traitements du Black Friday ont entraîné chez elle une maladie douloureuse qui s'est terminée, après un an d'intenses souffrances, par sa mort le 21 décembre 1911.

SCÈNES D'ÉMEUTE LE VENDREDI NOIR

Novembre 1910

Il n'est pas possible de publier une liste complète de toutes les femmes décédées ou blessées à vie au cours de la campagne pour le droit de vote en Angleterre. Dans de nombreux cas, les détails n'ont jamais été rendus publics et je ne me sens pas libre de les rapporter ici. Un cas très célèbre, qui est du domaine public, est celui de Lady Constance Lytton, sœur du comte de Lytton, qui présida le comité de conciliation. Lady Constance avait été emprisonnée à deux reprises en 1909 à la suite d'activités en faveur du droit de vote et, à chaque fois, elle avait bénéficié de privilèges spéciaux en raison de son rang et de l'influence de sa famille. Malgré ses protestations et ses demandes sincères pour bénéficier du même traitement que les autres prisonniers du droit de vote, les autorités snobs et lâches ont insisté pour maintenir Lady Constance dans les cellules de l'hôpital et pour la libérer avant l'expiration de sa peine. Cela a été fait sous prétexte de sa mauvaise santé, et il était vrai qu'elle souffrait d'une maladie valvulaire du cœur.

Consciente de l'injustice faite à ses camarades dans cette discrimination, Lady Constance Lytton accomplit l'un des actes les plus héroïques jamais enregistrés dans l'histoire du mouvement pour le suffrage. Elle a coupé ses beaux cheveux et s'est déguisée d'une autre manière, a mis des vêtements bon marché et laids et, sous le nom de "Jane Warton", a participé à une manifestation à Newcastle, subissant à nouveau l'arrestation et l'emprisonnement. Cette fois, les autorités l'ont traitée comme une prisonnière ordinaire. Sans tester son cœur ni lui faire subir un examen médical adéquat, ils l'ont soumise aux horreurs du gavage. En raison de sa constitution fragile, elle souffrait à chaque fois d'affreuses nausées, et comme un jour les vêtements du médecin étaient souillés, il la frappa avec mépris sur la joue. Ce traitement s'est poursuivi jusqu'à ce que l'identité du prisonnier soit soudainement connue. Bien sûr, elle a été immédiatement libérée, mais elle ne s'est jamais remise de cette expérience et est désormais une invalide désespérée. [2]

Je veux dire ici que ces amis bien intentionnés de l'extérieur qui disent que nous avons subi ces horreurs de la prison, des grèves de la faim et du gavage forcé, parce que nous voulions nous martyriser pour cette cause, se trompent absolument et entièrement. Nous ne sommes jamais allés en prison pour être des martyrs. Nous y sommes allés pour obtenir les droits de citoyenneté. Nous étions prêts à enfreindre les lois afin de forcer les hommes à nous donner le droit de légiférer. C'est ainsi que les hommes ont acquis leur citoyenneté. Mazzini dit vraiment que la voie de la réforme a toujours passé par la prison.

Le résultat des élections générales, qui eurent lieu en janvier 1911, fut que le Parti libéral fut de nouveau ramené au pouvoir. Le Parlement s'est réuni le 31 janvier, mais la session s'est officiellement ouverte le 6 février avec la lecture du discours du Roi. Le programme de la session comprenait la mesure de veto des Lords, le Home Rule, le paiement des membres du Parlement et l'abolition du vote plural. L'assurance invalidité a également été évoquée ainsi que certaines modifications du projet de loi sur les pensions de vieillesse. Le droit de vote des femmes n'a pas été mentionné. Nous avons néanmoins eu une chance singulière, puisque les trois premières places du scrutin ont été obtenues par des membres du comité de conciliation. M. Philips, un député irlandais, a remporté la première place, mais comme le parti irlandais avait décidé de ne présenter aucun projet de loi au cours de cette session, il a cédé à Sir George Kemp, qui a annoncé qu'il utiliserait sa place pour prendre une seconde place. lecture du débat sur le nouveau projet de loi de conciliation. L'ancien projet de loi s'intitulait : « Un projet de loi pour donner le droit de vote aux femmes occupantes », un titre qui rendait l'amendement difficile. Le nouveau projet de loi portait le titre plus souple, « Un projet de loi visant à conférer le droit de vote parlementaire aux femmes », éliminant ainsi l'une des objections les plus plausibles de M. Lloyd-George à son encontre. La clause d'occupation de 10 £ a été omise, éliminant une autre objection, celle de la possibilité d'un « vote pédé », c'est-à-dire d'un homme riche conférant le droit de vote à une famille de filles par le simple expédient de les rendre locataires de tranches de terrain. sa propre propriété. Le projet de loi de conciliation se lit désormais comme suit : "1. Toute femme possédant une qualification de ménage au sens de la loi sur la représentation du peuple (1884) aura le droit d'être inscrite comme électrice et, lorsqu'elle sera inscrite pour voter dans le comté ou l'arrondissement de où sont situés les locaux éligibles.

"2. Aux fins de la présente loi, une femme ne peut être disqualifiée par le mariage pour être inscrite sur les listes électorales, à condition que le mari et la femme ne soient pas tous deux inscrits sur les listes électorales dans le même arrondissement parlementaire ou la même division de comté."

Ce projet de loi a reçu un accueil encore plus chaleureux que le premier, car on pensait qu'il gagnerait les voix des députés qui estimaient que la mesure initiale n'était pas vraiment démocratique. Néanmoins, le Premier ministre a montré dès le début qu'il avait l'intention de s'y opposer, comme il l'avait fait pour toutes les mesures de suffrage précédentes. Il a annoncé que tous les vendredis jusqu'à Pâques ainsi que tous les mardis et mercredis habituellement autorisés pour les projets de loi émanant des députés seraient consacrés à l'examen des mesures gouvernementales. Presque aucune voix libérale ne s'est élevée contre cette décision arbitraire. Les députés irlandais en étaient en effet ravis, car cela donnait un avantage au Home Rule Bill. Les membres travaillistes semblaient complaisants et le reste de la coalition était indifférent. Un libéral d'arrière-ban est allé jusqu'à se lever et à remercier le premier ministre pour la courtoisie avec laquelle le processus de bâillonnement s'est déroulé. L'opposition a fait preuve d'une certaine combativité, mais l'indignation des conservateurs a été tempérée par la réflexion que le précédent établi pourrait être mis à profit lorsque leur parti arriverait au pouvoir.

Sir George Kemp a alors annoncé qu'il prendrait le 5 mai pour la deuxième lecture du projet de loi de conciliation, et les partisans du projet de loi, selon leurs diverses convictions, se sont mis au travail pour promouvoir ses intérêts. La conviction de la WSPU était que le gouvernement de M. Asquith ne permettrait jamais que le projet de loi soit adopté tant qu'il n'y serait pas réellement contraint, et nous avons adopté nos propres méthodes pour obtenir un engagement définitif du gouvernement selon lequel il accorderait des facilités au projet de loi.

En avril de la même année, le recensement devait avoir lieu et nous avons organisé une résistance de la part des femmes. Selon notre loi, le recensement de tout le royaume doit avoir lieu tous les dix ans à un jour fixé. Notre plan était de réduire la valeur du recensement à des fins statistiques en refusant de produire les déclarations requises. Deux voies de résistance se présentèrent. La première et la plus importante fut la résistance directe des occupants qui refusaient de remplir les formulaires de recensement. Cela exposait le registre à une amende de 5 £ ou à un mois d'emprisonnement, et exigeait donc l'exercice d'un courage considérable. Le deuxième moyen de résistance était l'évasion : rester loin de chez soi pendant toute la durée du recensement. Nous avons fait l'annonce de ce plan et immédiatement s'ensuivent une réponse splendide de la part des femmes et un chœur de désapprobation horrifiée de la part du public conservateur. Le *Times* a exprimé cette désapprobation dans un article de fond, auquel j'ai répondu en expliquant les raisons de notre protestation. "Le recensement", ai-je écrit, "est un dénombrement des personnes. Jusqu'à ce que les femmes soient considérées comme des personnes aux fins de représentation dans les conseils de la nation ainsi qu'aux fins de l'impôt, nous refuserons d'être dénombrées."

Au sujet des lois faites par les hommes – sans l'assistance des femmes – pour la protection des femmes et des enfants, j'ai un sentiment très particulier. De par mon expérience en tant que pauvre gardien de la loi et en tant que registraire des naissances et des décès, je sais à quel point ces lois sont ridiculement, voire tragiquement, loin de leur protection. Prenez par exemple la fameuse « Charte des enfants » de 1906, la mesure qui a répandu la renommée de M. Lloyd-George à travers le monde. Un volume pourrait être rempli des erreurs et des cruautés de cette loi, dont l'objet est la préservation et l'amélioration de la vie des enfants. Une caractéristique distinctive de la loi est qu'elle fait porter l'essentiel de la responsabilité de la négligence envers les enfants sur le dos des mères, qui, en vertu des lois anglaises, n'ont aucun droit en tant que parents. Deux ou trois cas particulièrement frappants de ce genre furent signalés à cette époque et donnèrent une justification supplémentaire à la résistance au recensement.

Le cas d'Annie Woolmore est très pitoyable. Elle a été arrêtée et condamnée à Holloway pendant six semaines pour avoir négligé ses enfants. Les preuves démontraient que la femme vivait avec son mari et ses enfants dans une masure misérable, qu'il aurait été presque impossible de maintenir propre même s'il y avait eu de l'eau dans la maison. Comme c'était la pauvre âme, en mauvaise santé et affaiblie par les privations, elle dut transporter toute l'eau dont elle consommait sur une grande distance. Les enfants ainsi que la maison étaient très sales, il est vrai, mais les enfants étaient bien nourris et bien traités. Le mari, ouvrier , sans travail la plupart du temps, a témoigné que sa femme "se mourait de faim pour nourrir les enfants". Pourtant, elle avait violé les termes de la « Charte des enfants » et elle est allée en prison. Je suis heureux de dire que grâce aux efforts des suffragettes, elle a été graciée et a bénéficié d'un meilleur foyer.

Un autre cas est celui d'Helen Conroy, accusée de vivre dans une pièce misérable, avec son mari et ses sept enfants, le plus jeune âgé d'un mois. Selon la loi, il était interdit à la mère de laisser son enfant au lit avec elle pendant la nuit, mais l'accusation portée contre elle était en partie que l'enfant avait été trouvé endormi dans une boîte de paille humide. Sans doute aurait-elle préféré un berceau, ou même une caisse de paille sèche. Mais la misère la plus extrême rendait le berceau impossible et les conditions du logement maintenaient la paille humide. Dans cette affaire, les deux parents ont été envoyés en prison pour trois mois de travaux forcés . Le magistrat remarqua nonchalamment que la maison dans laquelle vivaient ces pauvres gens avait été condamnée deux ans auparavant, mais qu'un propriétaire respectable y percevait toujours des loyers.

Une autre mère pauvre, expulsée de sa maison parce qu'elle ne pouvait pas payer le loyer, a emmené ses quatre enfants en rase campagne et, une fois trouvée, dormait avec eux dans une gravière. Elle a été envoyée en prison pendant un mois et les enfants sont allés au workhouse.

Ces mères désolées, résultats logiques de la sujétion des femmes, suffisent à elles seules à justifier presque tout défi à l'égard d'un gouvernement qui refuse aux femmes le droit de décider librement de leur destinée. Aucune promesse n'ayant été obtenue de la part du Premier ministre au 1er avril, nous avons mené, et avec beaucoup de succès, notre résistance au recensement. Plusieurs milliers de femmes dans tout le pays ont refusé ou éludé les retours. J'ai rendu mon document de recensement avec les mots « Pas de vote, pas de recensement » écrits dessus, et d'autres femmes ont suivi cet exemple avec des messages similaires. Une femme a rempli le formulaire avec des informations complètes sur son seul serviteur et a ajouté qu'il y avait beaucoup de femmes mais plus de personnes dans sa maison. À Birmingham, seize femmes riches ont rempli leurs maisons de résistantes. Ils dormaient à même le sol, sur des chaises et des tables, et même dans les bains. Le directeur d'un grand collège a ouvert le bâtiment à 300 femmes. De nombreuses femmes dans d'autres villes organisaient des fêtes toute la nuit pour des amis qui souhaitaient rester loin de chez elles. Dans certains endroits, des maisons inoccupées étaient louées pour la nuit par des résistants, qui s'étendaient sur les planches nues. Certains groupes de femmes louaient des fourgons gitans et passaient la nuit dans la lande.

A Londres, nous avons donné un grand concert au Queen's Hall le soir du recensement. Beaucoup d'entre nous ont marché jusqu'à minuit dans Trafalgar Square, puis se sont rendus à la patinoire d'Aldwich , où nous nous sommes amusés jusqu'au matin. Certains patinaient tandis que d'autres regardaient et profitaient de l'admirable animation musicale et théâtrale qui aidait à passer les heures. Nous avions parmi nous un certain nombre des stars les plus brillantes du monde théâtral, et elles ont été généreuses dans leurs contributions. Comme c'était dimanche soir, le président a dû convoquer chacun des artistes pour un "discours" au lieu d'une chanson ou autre tour de rôle. Un restaurant ouvert toute la nuit à proximité faisait de grosses affaires et, dans l'ensemble, les résistants passaient un très bon moment. Le Théâtre Scala a été le théâtre d'un autre divertissement toute la nuit.

Il y avait beaucoup de curiosité de voir ce que le gouvernement allait imaginer comme punition pour les femmes rebelles, mais le gouvernement s'est rendu compte de l'impossibilité de prendre des mesures punitives, et M. John Burns, qui, en tant que chef du gouvernement local Board, responsable du recensement, annonça qu'il avait décidé de traiter l'affaire avec magnanimité. Le nombre d'évasions, a-t-il déclaré, était insignifiant. Mais chacun savait que c'était exactement le contraire des faits.

DE CETTE MANIÈRE, DES MILLIERS DE FEMMES À PARTIR DU ROYAUME ONT DORMI DANS DES MAISONS INOCCUPÉES PENDANT LA NUIT DU RECENSEMENT.

Le projet de loi de conciliation a été débattu le 5 mai et a été adopté en deuxième lecture à une énorme majorité de 137 voix. Et maintenant, le public et une partie de la presse s'unissent pour exiger fermement que le gouvernement se soumette à la volonté incontestable de la Chambre et accorde des facilités à le projet de loi. Le Comité de conciliation a envoyé une délégation de membres auprès du Premier ministre pour lui rappeler sa promesse préélectorale selon laquelle la Chambre des communes devrait avoir l'occasion de traiter toute la question du droit de vote des femmes, mais ils n'ont réussi qu'à obtenir l'assurance qu'il avait la question à l'étude. À la fin du mois, la Chambre a annoncé que le gouvernement n'accorderait pas de facilités au cours de cette session, mais comme le nouveau projet de loi remplissait les conditions fixées par le Premier ministre et qu'il était désormais susceptible d'être amendé, le gouvernement a reconnu qu'il était leur devoir d'accorder des facilités lors d'une session de l'actuel Parlement. Ils seraient préparés à la session suivante, lorsque le projet de loi aurait été relu pour la deuxième fois, soit grâce à l'obtention d'une bonne place au scrutin, soit (si cela n'arrivait pas) par l'octroi d'un jour gouvernemental à cet effet. , de donner une semaine, ce qu'ils ont compris comme étant le délai suggéré comme raisonnable par les promoteurs pour la suite des étapes.

Cet engagement a été pris afin de dissuader la WSPU de faire une manifestation militante à l'occasion du couronnement du roi.

Keir Hardie a demandé si le gouvernement s'assurerait, au moyen d'une clôture ou autrement, que le projet de loi serait adopté dans la semaine, et le Premier ministre a répondu : « Non, je ne peux pas donner une assurance de ce genre. est un problème de la plus grande ampleur. »

Cette réponse semblait rendre l'engagement du gouvernement pratiquement sans valeur. Le comité de conciliation s'est également rendu compte des possibilités de discussion du projet de loi, et Lord Lytton a écrit à M. Asquith et lui a demandé des assurances que les facilités offertes n'étaient pas destinées à des discussions académiques mais à une opportunité efficace de faire adopter le projet de loi. Il a également demandé que la semaine proposée ne soit pas interprétée de manière rigide mais que, à condition que l'étape en commission soit franchie dans les délais, des jours supplémentaires pour les étapes du rapport et de la troisième lecture pourraient être prévus. Une possibilité raisonnable de tirer parti de la fermeture a également été demandée. À la lettre de Lord Lytton, le Premier ministre répondit ainsi :

> *Mon cher Lytton* — En réponse à votre lettre au sujet du projet de loi sur l'émancipation des femmes, je voudrais vous renvoyer à certaines observations faites récemment dans un discours au National Liberal Club par Sir Edward Grey, qui exprime avec précision l'intention du gouvernement.
>
> Il s'ensuit (pour répondre à vos demandes spécifiques) que la « semaine » proposée sera interprétée avec une élasticité

raisonnable, que le gouvernement n'opposera aucun obstacle raisonnable au bon usage de la fermeture, et que si (comme vous le suggérez) le projet de loi est en commission dans le délai proposé, les jours supplémentaires requis pour le rapport et la troisième lecture ne seront pas refusés.

Le gouvernement, bien que divisé sur le fond du projet de loi, est unanime dans sa détermination à donner effet, non seulement dans la lettre mais dans l'esprit, à la promesse concernant les facilités que j'ai faite en son nom devant la dernière assemblée générale. élection.

Le vôtre, etc.,

SS ASQUITH .

Sceptique jusque-là, la WSPU était désormais convaincue que le gouvernement était sincère dans sa promesse d'accorder toutes les facilités au projet de loi l'année suivante. Nous avons tenu une joyeuse réunion de masse à Queen's Hall et j'ai de nouveau déclaré que la guerre contre le gouvernement était terminée. Notre nouvelle politique consistait à inaugurer une grande campagne de vacances, dans le but de rendre la victoire en 1912 absolument certaine. Les électeurs doivent être excités, les députés doivent rester fidèles à leur allégeance. Les femmes doivent s'organiser afin que les questions qui affectent d'une manière vitale le bien-être social du pays puissent leur être posées. J'ai choisi l'Écosse et le Pays de Galles comme scènes de mes travaux de vacances .

Je peux dire que notre confiance était pleinement partagée par le grand public. La croyance dans l'engagement de M. Asquith a été reflétée avec précision dans un article publié dans *The Nation* , qui a déclaré : « À partir du moment où le Premier ministre a signé la lettre franche et sans rancune à Lord Lytton parue dans les journaux de samedi dernier, les femmes sont devenues, dans tous les cas, sauf la formalité juridique, les électeurs et les citoyens. Depuis au moins deux ans, sinon plus, rien n'a manqué, sauf une occasion complète et équitable pour la Chambre des communes de traduire ses convictions dans le langage précis d'une loi. promis pour la prochaine session et promis dans des termes et dans des conditions qui garantissent le succès.

La seule chose que nous pensions avoir à craindre était de détruire les amendements au projet de loi, et dans la nouvelle politique électorale partielle que nous avons adoptée, nous avons travaillé contre tous les candidats de tous les partis qui refusaient de promettre, non seulement de soutenir le Commission de conciliation pour adopter le projet de loi, mais aussi pour voter contre tout amendement que la commission jugerait dangereux. Nous pensions avoir couvert toutes les possibilités de catastrophe. Mais nous avions encore quelque chose à apprendre sur la trahison du ministère Asquith et sur sa capacité à mentir de sang-froid.

M. Lloyd-George était dès le début un ennemi déclaré du projet de loi, mais comme nous n'avions aucun doute sur la sincérité du Premier ministre, nous ne pouvions que conclure que M. Lloyd-George s'était détaché du corps principal du gouvernement. et était devenu le chef autoproclamé de l'opposition. Dans un discours prononcé devant un grand groupe libéral, M. Lloyd-George a conseillé que les membres libéraux soient invités à voter pour une place pour une "mesure démocratique", afin qu'une telle mesure puisse revendiquer l'engagement du Premier ministre concernant les installations lors de la prochaine session. Dans un ou deux autres discours, il fit de vagues allusions à la possibilité de présenter un autre projet de loi sur le suffrage. Sa propre idée était d'amender le projet de loi pour donner le droit de vote aux épouses de tous les électeurs, faisant ainsi des femmes mariées des électrices en vertu des qualifications de leur mari. L'effet inévitable d'un tel amendement serait de faire échouer le projet de loi, puisqu'il aurait accordé le droit de vote à environ 6 000 000 de femmes en plus du million et demi qui bénéficieraient des termes initiaux du projet de loi. Une telle augmentation massive de l'électorat n'a jamais été connue en Angleterre ; le nombre d'émancipés par le projet de réforme de 1832 n'excède guère qu'un demi-million. Le projet de réforme de 1867 admettait un million de nouveaux électeurs, et celui de 1884 peut-être deux millions. L'absurdité de la proposition de M. Lloyd-George était telle que nous ne l'avons pas prise au sérieux. Nous n'avons pas laissé son opposition nous alarmer sérieusement jusqu'au jour d'août où un député gallois, M. Leif Jones, a demandé au Premier ministre depuis la salle de la Chambre s'il était conscient que sa promesse de facilités pour le projet de loi de conciliation lors de la session suivante, il a été réclamé exclusivement pour ce projet de loi, et a demandé en outre une déclaration selon laquelle les facilités promises seraient également accordées à tout autre projet de loi sur le suffrage susceptible d'obtenir une deuxième lecture et susceptible d'être amendé. M. Lloyd-George, parlant au nom du gouvernement, a répondu qu'il ne pouvait s'engager à accorder des facilités à plus d'un projet de loi sur le même sujet, mais que tout projet de loi qui, satisfaisant à ces critères, obtiendrait une seconde lecture, serait traité par lui. comme relevant de leurs engagements.

Étonné de ce simple détournement d'une promesse sacrée, Lord Lytton écrivit de nouveau au Premier ministre, examinant l'ensemble de l'affaire et demandant une autre déclaration des intentions du gouvernement. Voici le texte de la réponse de M. Asquith :

> *Mon cher Lytton* , je n'hésite pas à dire que les promesses
> faites par et au nom du gouvernement, concernant l'octroi

de facilités au projet de loi de conciliation, seront strictement respectées, tant dans la lettre que dans l'esprit.

Cordialement,

SS ASQUITH .

23 août 1911.

Une fois de plus, nous avons été rassurés et notre confiance dans l'engagement du premier ministre est restée inébranlable tout au long de la campagne, même si M. Lloyd-George a continué à laisser entendre que les promesses de facilités pour le projet de loi étaient tout à fait illusoires. Nous ne pouvions pas le croire, et quand, deux mois plus tard, on me demanda en Amérique : « Quand les Anglaises voteront-elles ? J'ai répondu avec une parfaite conviction : « L'année prochaine ».

C'était à Louisville, Kentucky, où j'ai assisté à la convention annuelle de 1911 de la National American Woman Suffrage Association.

Je me souviens avec un plaisir particulier de cette troisième visite aux États-Unis. J'ai été l'invité à New York du Dr et de Mme John Winters Brannan, et grâce à la courtoisie du Dr Brannan, qui est à la tête de tous les hôpitaux de la ville, j'ai pu découvrir un peu le système pénal et la vie institutionnelle de l'Amérique. . Nous avons visité le workhouse et le pénitencier de Blackwell's Island, et bien qu'on me dise que ces lieux ne sont pas considérés comme des institutions modèles, je peux assurer à mes lecteurs qu'ils sont infiniment supérieurs aux prisons anglaises où les femmes sont punies pour avoir tenté de gagner leur vie politique. liberté. Dans les prisons américaines, bien qu'elles manquaient de certains éléments essentiels, je n'ai vu ni isolement cellulaire, ni règle de silence, ni air bureaucratique mortel. La nourriture était bonne et variée, et surtout il régnait entre les fonctionnaires et les prisonniers un air de gentillesse et de bonne humeur qui fait presque totalement défaut en Angleterre.

Mais après tout, aux États-Unis comme dans d'autres pays, le problème des relations entre les femmes sans droit de vote et l'État reste entier et insatisfaisant. Un soir, mes amis m'emmenèrent dans cette sombre et terrible institution qu'est le Tribunal de Nuit des Femmes. Nous nous sommes assis sur le banc avec le magistrat, et il nous a tout expliqué très courtoisement. Toute cette affaire était déchirante. Toutes les femmes, à une exception près, un vieil ivrogne, furent accusées de racolage. La plupart d'entre eux étaient de nature élevée. Tout semblait désespéré et il était clair qu'ils étaient victimes d'un système maléfique. Leur condamnation était acquise d'avance.

Le magistrat a précisé que dans la plupart des cas, la raison de leur venue était économique. Le cas d'une petite fabricante de cigares, qui disait très simplement qu'elle ne sortait dans la rue que lorsqu'elle ne travaillait pas et que lorsqu'elle travaillait, elle gagnait 8 dollars par semaine, était très tragique et touchant. Après cela, je ne pouvais plus exclure la Cour de Nuit de mes discours. Toute la terrible injustice de la vie des femmes semblait se refléter dans cet endroit.

Lors de cette visite, je suis allé aussi loin à l'ouest que la côte du Pacifique, passant le jour de Noël à Seattle et voyant pour la première fois une communauté où les femmes et les hommes existaient dans des conditions d'égalité exacte. Ce fut une expérience délicieuse. Alors que j'écrivais à nos membres, les hommes des États occidentaux semblaient à mes yeux des hommes désireux, sérieux et brutaux, bâtissant une grande communauté en toute hâte, mais je n'ai jamais vu plus de respect, de courtoisie et de chevalerie envers les femmes que dans cet État de droit de vote que j'ai eu le privilège de visiter.

Je suis cependant un peu en avance sur mon histoire. C'est en novembre, alors que j'étais dans la ville de Minneapolis, qu'un coup fatal s'abattit sur les suffragettes anglaises. J'en ai eu connaissance par des dépêches câblées dans les journaux et par des câbles privés, et j'étais si bouleversé que je pouvais à peine me maîtriser suffisamment pour remplir mes engagements immédiats. C'était la nouvelle que le gouvernement avait rompu sa parole et avait délibérément détruit le projet de loi de conciliation. Ma première pensée folle, en apprenant cet acte de trahison, fut d'annuler tous mes engagements et de retourner en Angleterre, mais ma décision finale de rester ensuite s'est avérée la bonne, car les femmes de la maison, sans perdre un instant, ont frappé le répondre au coup, guidé par cette perspicacité qui a caractérisé chaque acte des membres de notre Union. Je ne suis rentré en Angleterre que le 11 janvier 1912, et à cette époque de grandes choses avaient été accomplies. Notre mouvement était entré dans une nouvelle étape de militantisme plus vigoureuse.

NOTE DE BAS DE PAGE:

[2] L'histoire de Lady Constance Lytton a été racontée de manière passionnante dans son livre « Prisons and Prisoners », Heinemann.

LIVRE III
LA RÉVOLUTION DES FEMMES

CHAPITRE I

Le Parlement s'était réuni de nouveau le 25 octobre 1911, et la première démarche du gouvernement fut pour le moins peu propice. Le Premier ministre a présenté deux motions, la première leur permettant de prendre tout le temps de la Chambre pendant le reste de la session, et la seconde guillotinant la discussion sur le projet de loi sur les assurances afin de forcer l'adoption de la mesure avant Noël. Une seule journée a été réservée aux articles relatifs aux femmes dans ce projet de loi. Ces clauses étaient notoirement injustes ; ils prévoyaient une assurance maladie pour environ quatre millions de femmes et une assurance chômage pour aucune femme. Aux termes du projet de loi, onze millions d'hommes étaient assurés contre la maladie et environ deux millions et demi contre le chômage. Les femmes recevaient des prestations inférieures pour la même prime que les hommes, et les primes payées sur le revenu familial étaient créditées uniquement sur le compte des hommes. Le projet de loi tel qu'il est rédigé ne prévoyait aucune forme d'assurance pour les épouses, les mères et les filles qui passaient leur vie à la maison à travailler pour la famille. Il pénalisait les femmes qui restaient à la maison, ce qui, selon la plupart des hommes, est le seul domaine d'action légitime des femmes. Le projet de loi amendé autorisait à contrecœur, outre les prestations de maternité, une petite assurance, à des conditions plutôt difficiles, pour les épouses d'ouvriers.

Ainsi, le premier discours du gouvernement réélu à l'égard des femmes fut un mépris ; et cela fut suivi, le 7 novembre, par l'annonce presque incroyable que le gouvernement avait l'intention, lors de la prochaine session, de présenter un projet de loi sur le suffrage masculin. Cette annonce n'a pas été faite à la Chambre des communes, mais à une députation d'hommes de la People's Suffrage Federation, un petit groupe de personnes qui prônaient le suffrage universel des adultes. La députation, qui fut organisée en privé, fut reçue par M. Asquith, alors maître d' Elibank (whip libéral en chef). Le porte-parole a demandé à M. Asquith d'introduire une mesure gouvernementale en faveur du suffrage universel des adultes, y compris des femmes adultes. Le Premier Ministre a répondu que le gouvernement avait promis des facilités pour le projet de loi de conciliation, ce qui allait aussi loin qu'il était prêt à aller en matière de droit de vote des femmes. Mais, a-t-il ajouté, le gouvernement entendait présenter au cours de la prochaine session et faire passer par toutes ses étapes un véritable projet de réforme qui supprimerait les qualifications existantes pour le droit de vote et lui substituerait une seule condition de résidence. Le projet de loi s'appliquerait uniquement aux hommes adultes, mais il serait formulé de manière à permettre un amendement au droit de vote des femmes au cas où la Chambre des communes souhaiterait procéder à cette prolongation et à cet amendement.

Cette annonce de bon augure est venue comme un coup de tonnerre et la trahison du gouvernement à l'égard des femmes a été fermement condamnée. Dit le *Saturday Review* :

> Sans aucune exigence, ni l'ombre d'une exigence, pour plus de voix pour les hommes, et avec — au-delà de toute contestation — une très forte demande de voix pour les femmes, le gouvernement annonce son projet de loi sur le droit de vote pour la virilité et élude soigneusement l'autre question ! Aucun gouvernement n'a sûrement jamais battu celui-ci en ce qui concerne un plan de charcutage nu et avoué.

Le *Daily Mail* a déclaré que « la politique proposée par M. Asquith est absolument indéfendable ». Et l' *Evening Standard et le Globe* ont déclaré : "Nous ne sommes pas amis du suffrage féminin, mais il est difficile d'imaginer quelque chose de plus méprisable que l'attitude adoptée par le gouvernement."

Si le gouvernement espérait tromper quelqu'un en faisant référence malhonnêtement à la possibilité d'un amendement sur le droit de vote des femmes, il était déçu. Dit le *journal du soir* :

> La bombe de M. Asquith fera voler en éclats le projet de loi de conciliation, car il est impossible d'avoir un suffrage masculin pour les hommes et un droit de propriété pour les femmes. Il est vrai que le premier ministre consent à laisser la question du droit de vote des femmes à la Chambre, mais il sait assez bien quelle sera la décision de la Chambre. Le projet de loi de conciliation avait une chance, mais la mesure plus large n'en a aucune.

J'ai cité ces dirigeants de journaux pour vous montrer que notre opinion sur l'action du gouvernement était partagée même par la presse. Le suffrage universel dans un pays où les femmes représentent une majorité d'un million de personnes est peu probable du vivant d'un lecteur de ce volume, et l'offre généreuse du gouvernement d'un éventuel amendement n'était rien de plus qu'une insulte gratuite envers les suffragistes.

Naturellement, la trêve a pris fin brutalement. La WSPU a écrit au Premier ministre pour lui dire que la consternation avait été suscitée par l'annonce du gouvernement et qu'il avait été décidé en conséquence d'envoyer une députation représentant l'Union sociale et politique des femmes pour se rendre auprès de lui-même et du Chancelier de l'Échiquier, le soir du 21 novembre. Le but de la députation était d'exiger que le projet de loi sur le droit de vote des hommes soit abandonné et qu'à sa place soit introduite une mesure gouvernementale accordant des droits de vote égaux aux hommes et aux femmes. Une lettre similaire a été expédiée à M. Lloyd-George.

Six fois auparavant, en cas de crise, la WSPU avait demandé un entretien avec M. Asquith, et à chaque fois elle avait été refusée. Cette fois, le Premier ministre répondit qu'il avait décidé de recevoir le 17 novembre une députation des différentes sociétés de suffrage, "y compris votre propre société, si vous le désirez". Il a été proposé que chaque société nomme quatre représentants comme membres de la députation qui serait reçue par le Premier ministre et le Chancelier de l'Échiquier.

Neuf sociétés de droit de vote ont envoyé des représentants à la réunion, nos propres représentants étant Christabel Pankhurst, Mme Pethick Lawrence, Miss Annie Kenney, Lady Constance Lytton et Miss Elizabeth Robins. Christabel et Mme Lawrence ont parlé au nom de l'Union et n'ont pas hésité à accuser en face les deux ministres d'avoir grossièrement trompé et faussement induit en erreur les femmes. M. Asquith, dans sa réponse à la députation, était mécontent de ces imputations.

Il a tenu son engagement, a-t-il insisté, concernant le projet de loi de conciliation. Il était tout à fait disposé à accorder des facilités au projet de loi, si les femmes préféraient cela à un amendement à son projet de réforme. Il a par ailleurs nié avoir fait de nouvelles annonces. Dès 1908, il avait clairement déclaré que le gouvernement considérait comme un devoir sacré de présenter un projet de loi sur le suffrage masculin avant la fin de la législature. Il est vrai que le gouvernement n'a pas respecté cette obligation contraignante et il est également vrai que jusqu'à présent, rien n'a été dit sur un projet de loi sur le droit de vote des hommes, mais ce n'est pas la faute du gouvernement. La crise du veto du Seigneur avait momentanément déplacé le projet de loi. Il se proposait désormais simplement de tenir sa promesse faite en 1908, ainsi que sa promesse de faciliter le projet de loi de conciliation. Il était prêt à tenir ses deux promesses. Eh bien, il savait que ces promesses étaient incompatibles, que leur réalisation était donc impossible, et Christabel le lui a dit sans détour et sans crainte. "Nous ne sommes pas satisfaits", l'a-t-elle prévenu, et le Premier ministre a déclaré avec acidité : "Je ne m'attendais pas à *vous satisfaire* ".

La réponse de la WSPU a été immédiate et énergique. Menées par Mme Pethick Lawrence, nos femmes sont sorties avec des pierres et des marteaux et ont brisé des centaines de fenêtres du ministère de l'Intérieur, du ministère de la Guerre et des Affaires étrangères, du Conseil de l'éducation, du Bureau du Conseil privé, du Board of Trade, du Trésor, du Somerset. House, le National Liberal Club, plusieurs bureaux de poste, l'Old Banqueting Hall, la London and South Western Bank et une douzaine d'autres bâtiments, dont la résidence de Lord Haldane et de M. John Burns. Deux cent vingt femmes ont été arrêtées et environ 150 d'entre elles ont été envoyées en prison pour des peines variant d'une semaine à deux mois.

Une protestation particulière mérite d'être mentionnée en raison de son caractère prophétique. En décembre, Mlle Emily Wilding Davison a été arrêtée pour avoir tenté de mettre le feu à une boîte aux lettres du bureau de poste de Parliament Street. Au tribunal, Miss Davison a déclaré qu'elle avait agi ainsi pour protester contre la trahison du gouvernement et pour exiger que le droit de vote des femmes soit inclus dans le discours du roi. "La protestation était censée être sérieuse", a-t-elle déclaré, "et c'est pourquoi j'ai adopté une ligne sérieuse. Dans le passé, l'agitation en faveur de la réforme, l'étape suivante après le bris de vitres était l'incendie, afin d'attirer l'attention des citoyens privés sur le fait que que cette question de réforme était leur préoccupation ainsi que celle des femmes.

Mlle Davison a été condamnée à une peine sévère de six mois d'emprisonnement pour son acte.

C'est dans cet état de choses que je reviens de ma tournée américaine. J'ai eu le réconfort de penser que mes camarades emprisonnés bénéficiaient d'un meilleur traitement que celui que les premiers prisonniers avaient connu. Depuis le début de 1910, certaines concessions avaient été accordées et une certaine reconnaissance du caractère politique de nos délits avait été faite. Pendant la brève période où ces maigres concessions à la justice ont été autorisées, la grève de la faim a été abandonnée et la prison a été privée de sa pire horreur : le gavage. Cependant, la situation était déjà assez mauvaise et je voyais qu'elle pourrait facilement empirer. Nous en étions arrivés à un stade où la simple sympathie des parlementaires, si sincère soit-elle, ne servait plus à rien. Rappelant cela à nos membres, dans les premiers discours prononcés après mon retour en Angleterre, je leur ai demandé de se préparer à davantage d'action. Si le droit de vote des femmes n'était pas inclus dans le prochain discours du roi, nous serions obligés de faire en sorte qu'il soit absolument impossible au gouvernement de toucher à la question du droit de vote.

Le discours du roi prononcé lors de la réunion du Parlement en février 1912 faisait allusion à la question du droit de vote en termes très généraux. Des propositions, a-t-on déclaré, seraient présentées pour modifier la loi relative au droit de vote et à l'inscription des électeurs. Cela pourrait être interprété comme signifiant que le gouvernement allait présenter un projet de loi sur le suffrage masculin ou un projet de loi visant à abolir le vote plural, qui avait été suggéré dans certains milieux comme substitut au projet de loi sur le suffrage masculin. Aucune déclaration précise des intentions du gouvernement n'a été faite et toute la question du droit de vote est restée dans un nuage d'incertitude. M. Agg Gardner, membre unioniste du comité de conciliation, a remporté la troisième place au scrutin et a annoncé qu'il devrait réintroduire le projet de loi de conciliation. Cela nous intéressait très légèrement, sachant que ses chances de succès avaient été détruites, car nous en avions fini pour toujours avec le projet de loi de conciliation. Rien de moins qu'une mesure gouvernementale ne satisferait désormais la WSPU, car il avait été clairement démontré que seule une mesure gouvernementale serait autorisée à être adoptée par la Chambre des communes. Avec une foi sublime, ou plutôt avec un manque déplorable de perspicacité politique, la Fédération libérale des femmes et l'Union nationale des sociétés de droit de vote des femmes ont déclaré avoir pleinement confiance dans l'amendement proposé au projet de loi sur le droit de vote des hommes, mais nous savions à quel point cet espoir était vain. Nous avons vu que la seule voie à suivre était de s'opposer résolument à toute mesure de suffrage qui n'incluait pas comme partie intégrante l'égalité de suffrage entre hommes et femmes.

Le 16 février, nous avons organisé une grande réunion de bienvenue à un certain nombre de prisonniers libérés qui avaient purgé deux et trois mois de prison pour la manifestation pour briser les vitres qui avait eu lieu en novembre dernier. Lors de cette réunion, nous avons examiné franchement la situation et convenu d'un plan d'action qui, à notre avis, serait suffisamment fort pour empêcher le gouvernement de faire avancer son projet de loi sur le droit de vote qui menace. J'ai dit à cette occasion :

"Nous ne voulons pas utiliser d'armes inutilement puissantes. Si l'argument de la pierre, cet argument politique officiel de longue date , est suffisant, alors nous n'utiliserons jamais d'argument plus fort. Et c'est l'arme et l'argument. que nous allons utiliser la prochaine fois. Et c'est pourquoi je dis à chaque volontaire participant à notre manifestation : « Soyez prêt à utiliser cet argument. » Je prends en charge la démonstration, et c'est l'argument que je vais utiliser. Je ne vais pas l'utiliser pour une raison sentimentale, je vais l'utiliser parce que c'est le plus simple et le plus facile à comprendre. les femmes vont sur la place du Parlement et sont battues et insultées, et surtout, produisent moins d'effet que lorsque nous jetons des pierres. Nous avons essayé pendant des années patiemment d'insulter et d'agresser les femmes. Ils ont perdu la vie. Nous n'aurions pas dû nous en soucier si cela avait réussi, mais cela n'a pas réussi, et nous avons fait plus de progrès en nous blessant moins en brisant du verre que jamais lorsque nous leur avons permis de briser nos corps.

« Après tout, la vie d'une femme, sa santé, ses membres n'ont-ils pas plus de valeur que des vitres ? Cela ne fait aucun doute, mais le plus important est que le bris de verre ne produit pas plus d'effet sur la vie. Gouvernement ? Si vous menez une bataille, cela devrait dicter votre choix d'armes. Eh bien, cette fois, nous allons essayer si de simples pierres suffisent. Je ne pense pas qu'il soit nécessaire que nous nous armions autant. Les Chinoises l'ont fait, mais il y a des femmes qui sont prêtes à le faire si cela s'avère nécessaire. Dans cette Union, nous ne perdons pas la tête. Nous n'allons que ce que nous sommes obligés d'aller pour gagner, et nous le faisons. "Nous allons de l'avant avec cette prochaine manifestation de protestation avec la pleine conviction que ce plan de campagne, initié par nos amis que nous honorons ce soir, se révélera efficace à la prochaine occasion."

Depuis que le militantisme a pris la forme de destruction de biens, l'opinion publique en général, tant au pays qu'à l'étranger, a exprimé sa curiosité quant au lien logique entre des actes tels que briser des fenêtres, tirer sur des piliers, etc., et le vote. Seule une absence totale de connaissances historiques excuse cette curiosité. Car chaque avancée vers la liberté politique des hommes a été marquée par la violence et la destruction de la propriété. Habituellement, l'avancée a été marquée par la guerre, qu'on appelle glorieuse. Elle a parfois été marquée par des émeutes , jugées moins glorieuses mais pour le moins efficaces. Mon discours, que je viens de citer, frappera probablement le lecteur comme un discours incitant à la violence et à l'action illégale, choses en règle générale et dans des circonstances ordinaires tout à fait inexcusables. Eh bien, j'attirerai l'attention du lecteur sur ce qui fut, à cet égard, une coïncidence assez singulière. A l'heure même où je prononçais ce discours, avertissant mon auditoire de la nécessité politique de la révolte physique, un membre responsable du gouvernement, dans une autre salle, dans une autre ville, disait exactement la même chose à son auditoire. Ce ministre, le très honorable CEH Hobhouse , s'adressant à une grande réunion anti-suffrage dans sa circonscription de Bristol, a déclaré que le mouvement pour le suffrage n'était pas une question politique parce que ses partisans n'avaient pas réussi à prouver que derrière ce mouvement existait une forte demande publique. Il a déclaré que « dans le cas de la revendication du droit de vote, il n'y a pas eu le genre de soulèvement sentimental populaire qui a représenté le château de Nottingham en 1832 ou les grilles de Hyde Park en 1867. Il n'y a pas eu une grande ébullition de sentiment populaire. »

Le "soulèvement sentimental populaire" auquel M. Hobhouse faisait allusion était l'incendie du château du duc anti-suffrage de Newcastle et du château de Colwick , la résidence de campagne d'un autre des dirigeants de l'opposition contre le projet de loi sur le droit de vote. . Les militants de l'époque ne sélectionnaient pas les bâtiments inhabités pour les incendier. Ils ont incendié ces deux demeures historiques au-dessus de la tête de leurs propriétaires. En effet, l'épouse du propriétaire du château de Colwick est décédée des suites du choc et de l'exposition à cette occasion. Aucune arrestation n'a été effectuée, aucun homme n'a été emprisonné. Au contraire, le roi fit appeler le premier ministre et pria les ministres whigs favorables au projet de loi de ne pas démissionner, et laissa entendre que c'était également le souhait des lords qui avaient rejeté le projet de loi. L'Histoire de l'Angleterre de Molesworth dit :

> Ces déclarations étaient impérativement réclamées. Le danger était imminent et les ministres le savaient et firent tout ce qui était en leur pouvoir pour rassurer le peuple et l'assurer que le projet de loi ne serait que retardé et non finalement rejeté.

Pendant un certain temps, le peuple a cru cela, mais bientôt il a perdu patience et, voyant les signes d'une activité renouvelée de la part des antisuffragistes, il est redevenu agressif . Bristol, la ville même dans laquelle M. Hobhouse a prononcé son discours, a été incendiée. Les militants réformateurs ont incendié la nouvelle prison , les péages, le palais épiscopal, les deux côtés de Queen's Square, y compris le Mansion House, la douane, le bureau des accises, de nombreux entrepôts et autres propriétés privées, le tout évalué à plus de 100 000 £. – cinq cent mille dollars. C'est à la suite d'une telle violence, et dans la crainte de nouvelles violences, que le projet de loi de réforme fut adopté en toute hâte par le Parlement et devint loi en juin 1832.

Notre manifestation, si douce en comparaison de l'agitation politique des Anglais, fut annoncée pour le 4 mars, et cette annonce provoqua une grande alarme dans l'opinion publique. Sir William Byles a annoncé qu'il "demanderait au secrétaire d'État chargé du ministère de l'Intérieur si son attention avait été attirée sur un discours prononcé par Mme Pankhurst vendredi soir dernier, incitant ouvertement et catégoriquement ses auditeurs à l'indignation violente et à la destruction de biens". et menacer d'utiliser des armes à feu si les pierres ne s'avéraient pas suffisamment efficaces et quelles mesures il propose de prendre pour protéger la société de cette explosion d'anarchie.

La question fut dûment posée, et le ministre de l'Intérieur répondit que son attention avait été attirée sur le discours, mais qu'il ne serait pas souhaitable, dans l'intérêt public, d'en dire davantage pour le moment.

Quels que soient les préparatifs faits par la police pour empêcher la manifestation, ils ont échoué car, alors que, comme d'habitude, nous étions capables de calculer exactement ce que la police allait faire, ils étaient totalement incapables de calculer ce que nous allions faire. Nous avions prévu une manifestation le 4 mars, et celle-ci nous l'avons annoncée. Nous avions prévu une autre manifestation pour le 1er mars, mais celle-là, nous ne l'avons pas annoncée. Tard dans l'après-midi du vendredi 1er mars, j'ai pris un taxi, accompagné de l'hon. La secrétaire de l'Union, Mme Tuke et un autre de nos membres, au n° 10 Downing Street, la résidence officielle du Premier ministre. Il était exactement cinq heures et demie lorsque nous descendîmes du fiacre et jetâmes quatre pierres à travers les vitres. Comme nous nous y attendions, nous avons été rapidement arrêtés et emmenés au poste de police de Cannon Row. L'heure qui suivit restera longtemps dans les mémoires à Londres. A intervalles de quinze minutes, des relais de femmes volontaires pour la manifestation faisaient leur travail. Le premier bris de verre s'est produit à Haymarket et à Piccadilly et a grandement surpris et alarmé les piétons et la police. Un grand nombre de femmes furent arrêtées et tout le monde crut que cela mettait fin à l'affaire. Mais avant que la population excitée et la première exclamation des commerçants frustrés se soient calmées, avant que la police n'ait atteint le commissariat avec ses prisonniers, les sinistres éclats et éclats de verre ont recommencé, cette fois des deux côtés de Regent Street et du Strand. . Une ruée furieuse de la police et de la population vers la deuxième scène d'action s'en est suivie. Alors que leur attention était occupée par les événements de ce quartier, le troisième relais de femmes commença à briser les vitres d'Oxford Circus et de Bond Street. La manifestation s'est terminée à six heures et demie de la journée par le bris de nombreuses vitres du Strand. Le *Daily Mail* a donné ce compte rendu graphique de la manifestation :

> De tous les côtés des rues bondées et brillamment éclairées retentissaient des éclats de verre. Les gens sursautèrent alors qu'une vitre se brisait à leurs côtés ; tout à coup, il y eut un autre fracas devant eux ; de l'autre côté de la rue ; derrière, partout. Des vendeurs effrayés couraient sur les trottoirs ; la circulation s'est arrêtée ; les policiers sautaient de côté et d'autre ; cinq minutes plus tard, les rues étaient un cortège de groupes excités, chacun entourant une dépanneuse conduite en garde à vue au commissariat le plus proche. Pendant ce temps, le quartier commerçant de Londres était plongé dans un soudain crépuscule. Les volets furent installés à la hâte ; le bruit des rideaux de fer tirés venait de toutes parts. Des gardes de commissionnaires et de commerçants furent rapidement montés, et toute dame non accompagnée en vue, surtout si elle portait un sac à main, devenait un objet de suspicion menaçante.

L'ARGUMENT DE LA VITRE CASSÉE

A l'heure où se déroulait cette manifestation, une conférence se tenait à Scotland Yard pour déterminer ce qu'il fallait faire pour éviter que les vitres ne se brisent le lundi soir suivant. Mais nous n'avions pas annoncé l'heure de notre manifestation du 4 mars. Dans mon discours, j'avais simplement invité les femmes à se rassembler sur la place du Parlement le soir du 4 mars, et elles ont accepté l'invitation. Le *Daily Telegraph a déclaré* :

> Vers six heures, les Chambres du Parlement voisines étaient en état de siège. Dans presque tous les cas, les commerçants ont barricadé leurs locaux, retiré les marchandises des vitrines et se sont préparés au pire. Quelques minutes avant six heures, une force de police considérable, comptant près de trois mille agents, était postée sur la place du Parlement, à Whitehall et dans les rues avoisinantes, et d'importantes réserves étaient rassemblées à Westminster Hall et à Scotland Yard. Vers huit heures et demie, Whitehall était bondé d'un bout à l'autre de la police et du public. Des agents à cheval parcouraient Whitehall pour garder les gens en mouvement. A aucun moment il n'y a eu de signe de danger....

La manifestation avait eu lieu le matin, lorsqu'une centaine de femmes ou plus entraient tranquillement dans Knightsbridge et, marchant seules dans les rues, démolissaient presque toutes les vitres devant lesquelles elles passaient. Prise par surprise, la police en arrêta autant qu'elle put atteindre, mais la plupart des femmes s'enfuirent.

Pour ces deux jours de travail, environ deux cents suffragettes furent conduites dans les différents commissariats de police et, pendant des jours, le long cortège des femmes parcourut les tribunaux. Les magistrats consternés se sont retrouvés face non seulement à d'anciens rebelles, mais aussi à de nombreux nouveaux, parfois des femmes dont les noms, comme celui du Dr Ethel Smyth, la compositrice, étaient célèbres dans toute l'Europe. Ces femmes, lorsqu'elles ont été interpellées, ont fait des déclarations claires et lucides sur leurs positions et leurs motivations, mais les magistrats ne sont pas formés pour examiner les motivations. Ils sont formés pour penser uniquement aux lois et surtout aux lois protégeant la propriété. Leurs oreilles ne sont pas prêtes à écouter des paroles comme celles prononcées par un des prisonniers, qui a déclaré : « Nous avons essayé tous les moyens – cortèges et réunions – qui n'ont servi à rien. Nous avons essayé des manifestations, et maintenant il faut enfin casser des vitres. J'aurais aimé en casser davantage. Je ne suis pas du tout repentant. Nos femmes travaillent dans des conditions bien pires que celles des mineurs en grève. J'ai vu des veuves lutter pour élever leurs enfants. être des soldats. A quoi sert un pays comme le nôtre ? L'Angleterre est absolument en déclin. Vous n'avez qu'un seul point de vue, c'est celui des hommes, et même si les hommes ont fait de leur mieux, ils ne peuvent pas aller loin sans. les femmes et les opinions des femmes. Nous pensons que le tout est dans un désordre trop horrible pour qu'on puisse y penser. »

Les mineurs de charbon se livraient alors à une terrible grève et le gouvernement, au lieu d'arrêter les dirigeants, essayait de parvenir à un accord de paix avec eux. J'ai rappelé ce fait au magistrat et je lui ai dit que ce que les femmes avaient fait n'était qu'une morsure de puce en comparaison de la violence des mineurs. J'ai ajouté : "J'espère que notre manifestation suffira à montrer au Gouvernement que l'agitation des femmes continue. Sinon, si vous m'envoyez en prison, j'irai plus loin pour montrer que les femmes qui doivent contribuer à payer les salaires des Les ministres, ainsi que votre salaire, monsieur, auront leur mot à dire dans l'élaboration des lois auxquelles ils doivent obéir. »

J'ai été condamné à deux mois de prison. D'autres ont été condamnés à des peines allant d'une semaine à deux mois, tandis que ceux accusés d'avoir brisé du verre d'une valeur supérieure à cinq livres ont été renvoyés devant des tribunaux supérieurs. Elles ont été envoyées en prison en détention provisoire, et lorsque le dernier d'entre nous fut derrière les grilles sinistres, non seulement Holloway mais trois autres prisons pour femmes furent taxées pour accueillir autant de détenues supplémentaires.

Ce fut un emprisonnement orageux pour la plupart d'entre nous. Un grand nombre de femmes avaient été condamnées, en plus de leur peine, à des « travaux forcés », ce qui signifiait que les privilèges alors accordés aux suffragettes en tant que délinquantes politiques étaient refusées. Les femmes ont adopté la grève de la faim en guise de protestation, mais comme on m'a laissé entendre que les privilèges seraient rétablis, j'ai conseillé de mettre fin à la grève. Les prévenus ont exigé que je puisse faire de l'exercice avec eux et, sans réponse, ils ont brisé les fenêtres de leurs cellules. Les autres prisonniers du suffrage, entendant le bruit des vitres brisées et le chant de la Marseillaise, brisèrent aussitôt leurs vitres. Il est loin le temps où les suffragettes se soumettaient docilement à la discipline carcérale. Ainsi se passèrent les premiers jours de mon emprisonnement.

CHAPITRE II

Le gouvernement, pris de panique, ne s'est pas contenté de l'emprisonnement des briseurs de vitres. Ils cherchèrent, de manière aveugle et maladroite, à réaliser l'exploit impossible de détruire d'un seul coup tout le mouvement militant. Les gouvernements ont toujours essayé d'écraser les mouvements de réforme, de détruire les idées, de tuer ce qui ne peut pas mourir. Sans tenir compte de l'histoire, qui montre qu'aucun gouvernement n'y est jamais parvenu, ils continuent d'essayer selon la vieille méthode insensée.

Depuis des jours avant les deux manifestations décrites dans le dernier chapitre, notre quartier général de Clement's Inn était sous surveillance constante de la police, et le soir du 5 mars, un inspecteur de police et un grand groupe de détectives sont soudainement descendus sur place, avec des mandats d'arrêt. pour l'arrestation de Christabel Pankhurst et de M. et Mme Pethick Lawrence, qui, avec Mme Tuke et moi-même, avons été accusés de « complot en vue d'inciter certaines personnes à commettre des dommages malveillants à la propriété ». Lorsque les agents sont entrés, ils ont trouvé M. Pethick Lawrence au travail dans son bureau et Mme Pethick Lawrence dans son appartement à l'étage. Ma fille n'était pas dans le bâtiment. Les Lawrence , après avoir effectué de brefs préparatifs, prirent un taxi jusqu'à la gare de Bow Street, où ils passèrent la nuit. La police est restée en possession des bureaux et des détectives ont été envoyés pour retrouver et arrêter Christabel. Mais cette arrestation n'a jamais eu lieu. Christabel Pankhurst a échappé à l'ensemble des détectives et des policiers en uniforme, chasseurs de proies humaines entraînés.

Christabel était rentrée chez elle et, au début, après avoir appris l'arrestation de M. et Mme Pethick Lawrence, avait pris sa propre arrestation pour acquise. Un peu de réflexion lui montra cependant le danger dans lequel se trouverait l'Union si elle était complètement privée de sa direction habituelle, et voyant qu'il était de son devoir d'éviter d'être arrêtée, elle quitta tranquillement la maison. Elle a passé cette nuit chez des amis qui, le lendemain matin, l'ont aidée à prendre les dispositions nécessaires et l'ont accompagnée en toute sécurité loin de Londres. La même nuit, elle arriva à Paris, où elle est restée depuis. Mon soulagement, lorsque j'appris sa fuite, fut très grand, car je savais que quoi qu'il arrive aux Lawrence et à moi-même, le mouvement serait sagement dirigé, et cela malgré le fait que la police restait en pleine possession du quartier général.

Les bureaux de Clement's Inn ont été minutieusement saccagés par la police, dans un effort déterminé pour obtenir des preuves de complot. Ils ont fouillé chaque bureau, dossier et armoire, emportant avec eux deux taxis chargés de livres et de papiers, y compris tous mes papiers privés, des photographies de mes enfants en bas âge et des lettres que mon mari m'avait envoyées il y a longtemps. Je n'ai jamais revu certains d'entre eux.

La police a également terrorisé l'imprimeur de notre hebdomadaire et, bien que le journal soit paru comme d'habitude, environ un tiers de ses colonnes sont restées vierges. Cependant, les gros titres, avec l'espace qui s'ensuivit, un simple papier blanc produisaient un effet des plus dramatiques. "L'histoire enseigne" lit un titre jusqu'à un espace vide, indiquant clairement que le gouvernement n'était pas disposé à faire connaître au public certaines des choses que l'histoire enseigne. "La modération des femmes" suggère que le paragraphe détruit appelait à comparer les bris de vitres des femmes avec la plus grande violence des hommes dans le passé. Le plus éloquent de tous était la page éditoriale, absolument vierge à l'exception du titre « Un défi ! » et le nom au pied de la dernière colonne, Christabel Pankhurst. Quels mots auraient pu inspirer un défi plus fier, une détermination plus implacable ? Christabel était partie, hors des griffes du gouvernement, mais elle restait en pleine possession du terrain. Pendant des semaines, sa recherche s'est poursuivie sans relâche. La police a fouillé chaque gare, chaque train, chaque port maritime. Les polices de toutes les villes du Royaume étaient munies de son portrait. Tous les Sherlock Holmes amateurs d'Angleterre se sont joints à la police pour la retrouver. Elle a été signalée dans une douzaine de villes, dont New York. Mais pendant tout ce temps, elle vivait tranquillement à Paris, en communication quotidienne avec les ouvriers de Londres, qui, quelques jours plus tard, étaient de nouveau à leur tâche. Depuis, ma fille est restée en France.

Pendant ce temps, je me suis retrouvé dans la situation anormale d'un délinquant condamné purgeant une peine de deux mois de prison et d'un prisonnier en détention provisoire attendant d'être accusé d'un délit plus grave. J'étais en très mauvaise santé, ayant été placé dans une cellule de troisième division humide et non chauffée , ce qui a entraîné une crise aiguë de bronchite. J'ai adressé une lettre au ministre de l'Intérieur, lui faisant part de mon état et insistant sur la nécessité d'être libre pour recouvrer ma santé et préparer mon dossier pour le procès. J'ai demandé une libération sous caution, droit évident d'un prévenu, et j'ai proposé, si la libération sous caution était accordée maintenant, de purger le reste de ma peine de deux mois plus tard. Les seules concessions qui m'ont été accordées ont été le transfert dans une meilleure cellule et le droit de voir ma secrétaire et mon notaire, mais uniquement en présence d'une gardienne et d'un membre du personnel de bureau de la prison. Le 14 mars, M. et Mme Pethick Lawrence, Mme Tuke et moi-même avons été convoqués pour une audience préliminaire sous l'accusation d'avoir, le 1er novembre 1911 et à diverses autres dates, "conspiré et combiné ensemble de manière illégale et malveillante pour commettre des dommages". , etc." L'affaire s'est ouverte le

14 mars dans une salle d'audience bondée où j'ai vu de nombreux amis. M. Bodkin, qui a comparu pour l'accusation, a prononcé un très long discours dans lequel il s'est efforcé de prouver que l'Union sociale et politique des femmes était une organisation hautement développée et d'un caractère des plus sinistres. Il produisit de nombreuses preuves documentaires, dont certaines étaient si amusantes que le tribunal fut étouffé par des rires étouffés, et le juge fut obligé de cacher ses sourires derrière sa main. M. Bodkin a cité notre livre de codes à l'aide duquel nous avons pu communiquer des messages privés. Sa voix se transforma en un demi-chuchotement scandalisé lorsqu'il déclara que nous avions présumé inclure les personnes sacrées du gouvernement dans notre code privé. "Nous constatons", a déclaré M. Bodkin d'un ton sinistre, "que les hommes publics au service de Sa Majesté en tant que membres du Cabinet sont répertoriés ici sous des noms de code. Nous constatons que le Cabinet collectivement a son mot de code "Arbres", et les membres individuels du Cabinet sont désignés par le nom, quelquefois d'arbres, mais je suis obligé de dire aussi les mauvaises herbes les plus communes. Ici, une vague de rire s'est interrompue. M. Bodkin fronça lourdement les sourcils et poursuivit : « Il y en a une, dit-il solennellement, qui s'appelle Pansy ; une autre, plus élogieuse, Roses, une autre, Violettes, et ainsi de suite. Chacun des prévenus était désigné par une lettre code. Ainsi Mme Pankhurst a été identifiée par la lettre F ; Mme Pethick Lawrence, D; Miss Christabel Pankhurst, E. Chaque bâtiment public, y compris la Chambre des communes, avait son nom de code. Les possibilités mortelles du code ont été illustrées par un télégramme trouvé dans l'un des dossiers. On y lisait : « Soie, chardon, pensée, canard, laine, EQ. » Traduit à l'aide du livre de codes, le télégramme disait : « Voulez-vous protester contre la réunion publique d'Asquith demain soir, mais ne vous faites pas arrêter à moins que le succès n'en dépende ? . Retournez à Christabel Pankhurst, Clements Inn.

D'autres rires suivirent ces révélations qui, après tout, ne prouvaient rien de plus que les méthodes commerciales employées par la WSPU. Les rires prouvèrent quelque chose de bien plus significatif, car ils indiquaient clairement que l'ancien respect dans lequel les ministres du Cabinet étaient tenus était en train de disparaître. pas plus. Nous avions déchiré le voile sur leurs personnalités sacro-saintes et les avions montrés tels qu'ils étaient, des politiciens méchants et intrigants. Plus grave du point de vue des poursuites fut la preuve apportée par les membres de la police concernant les événements du 1er et du 4 mars. Les policiers qui nous ont arrêtés moi et mes deux compagnons à Downing Street le 1er mars, après que nous ayons brisé les vitres de la maison du Premier ministre, ont témoigné qu'après l'arrestation, nous lui avions remis notre stock de pierres de réserve, et qu'elles étaient toutes semblables, silex lourds. D'autres prisonniers ont été trouvés en possession de pierres similaires, ce qui tend à prouver que ces pierres provenaient toutes d'une seule et même source. D'autres officiers ont témoigné de la manière méthodique avec laquelle les bris de vitres des 1er et 4 mars avaient été effectués, du caractère systématique de leur planification et du comportement militaire des femmes. Le 4 mars, par deux ou trois, ils avaient été vus se rendre au quartier général de Clement's Inn, portant des sacs à main qu'ils déposaient au quartier général, puis se rendre à une réunion au Pavillion Music Hall. La police était présente à la réunion, qui était le rassemblement habituel précédant une manifestation ou une députation. A cinq heures, la séance fut levée et les femmes sortirent comme pour rentrer chez elles. La police a observé que beaucoup d'entre eux, toujours par groupes de deux ou trois, se rendaient au restaurant Gardenia, dans Catherine Street, Strand, un lieu où avaient eu lieu de nombreux petits-déjeuners et thés des Suffragettes. La police estime qu'environ cent cinquante femmes s'y sont rassemblées le 4 mars. Ils sont restés jusqu'à sept heures, puis, sous le regard vigilant de la police, ils sont sortis et se sont dispersés. Quelques minutes plus tard, alors qu'il n'y avait aucune raison de s'attendre à une telle chose, des bruits de vitres brisées en masse se sont fait entendre dans de nombreuses rues. Les autorités policières ont fait grand cas du fait que les femmes qui avaient laissé leurs sacs au quartier général et qui avaient ensuite été arrêtées avaient été libérées sous caution cette nuit-là par M. Pethick Lawrence. La similitude des pierres utilisées ; le rassemblement de tant de femmes dans un même bâtiment, préparées à être arrêtées ; l'attente au restaurant Gardenia ; la dispersion apparente ; la destruction simultanée dans de nombreuses localités de plaques de verre et la libération sous caution de prisonniers par une personne liée au quartier général mentionné montraient certainement un plan soigneusement élaboré. Seul un procès public des accusés pourrait établir si le plan était ou non un complot.

Le deuxième jour de l'audience ministérielle, Mme Tuke , qui était à l'infirmerie de la prison depuis vingt jours et qui devait être assistée au tribunal par une infirmière qualifiée, a été admise en liberté sous caution. M. Pethick Lawrence a vivement plaidé en faveur d'une libération sous caution pour lui et sa femme, soulignant qu'ils étaient en prison en détention provisoire depuis deux semaines et qu'ils avaient droit à une libération sous caution. J'ai également réclamé les privilèges d'un prévenu. Ces deux arguments ont été rejetés par le tribunal, mais quelques jours plus tard, le ministre de l'Intérieur a écrit à mon avocat que le reste de ma peine de deux mois serait remis jusqu'après la piste du complot à Bow Street. M. et Mme Pethick Lawrence avaient déjà été admis en liberté sous caution. L'opinion publique a contraint le ministre de l'Intérieur à faire ces concessions, car on sait qu'il est quasiment impossible de préparer sa défense en prison. Outre les effets terribles de la prison sur le corps et les nerfs, il y a la difficulté de consulter les documents et d'obtenir d'autres données nécessaires à prendre en compte.

Le 4 avril, l'audience ministérielle s'est terminée par l'acquittement de Mme Tuke , dont les activités au sein de la WSPU se sont révélées purement administratives. M. et Mme Pethick Lawrence et moi-même avons été renvoyés en jugement lors de la prochaine session de la Cour pénale centrale, qui débute le 23 avril. En raison de mon état de santé précaire, il a été difficile de convaincre le juge de reporter le procès de deux semaines et ce n'est donc que le 15 mai que le procès a été ouvert.

Le procès d'Old Bailey est une chose que je n'oublierai jamais. La scène est claire devant moi au moment où j'écris, le juge avec une perruque impressionnante et une robe écarlate, dominant la salle d'audience bondée, les avocats à leur table, le jury, et regardant très loin, les visages pâles et anxieux de nos amis qui remplissaient les étroites galeries. .

Par la plus grande ironie du sort, ce juge, Lord Coleridge, était le fils de Sir Charles Coleridge qui, en 1867, comparut avec mon mari, le Dr Pankhurst, dans la célèbre affaire Chorlton v. Lings, et chercha à établir que les femmes sont des personnes et, en tant que telles, ont droit au vote parlementaire. Pour rendre l'ironie encore plus profonde, le procureur général, Sir Rufus Isaacs, qui a comparu comme avocat chargé des poursuites contre les militantes féminines, s'est lui-même rendu coupable de discours remarquables corroborant notre point de vue. Dans un discours prononcé en 1910, à propos de l'abolition du veto des Lords, Sir Rufus déclara que, même si l'agitation contre les privilèges était menée de manière pacifique, l'indignation qui la sous-tendait était très intense. Sir Rufus a déclaré : « Autrefois, lorsque la grande masse du peuple était sans voix, elle devait faire quelque chose de violent pour montrer ce qu'elle ressentait ; aujourd'hui, la balle de l'électeur est son bulletin de vote. Dans la lutte actuelle, tout est paisible et ordonné, contrairement au désordre des autres grandes luttes du passé. » Nous nous sommes demandés si l'homme qui a prononcé ces mots ne pouvait pas ignorer que les femmes sans droit de vote , privées de tout moyen constitutionnel pour faire valoir leurs griefs, étaient également obligées de faire quelque chose de violent pour montrer ce qu'elles ressentaient. Son discours d'ouverture a levé tout doute à ce sujet.

Sir Rufus Isaacs a un visage net, semblable à celui d'un faucon, des yeux profonds et un air quelque peu usé par le monde. Les premiers mots qu'il a prononcés étaient si incroyablement injustes que j'avais du mal à croire que je les avais bien entendus. Il a commencé son discours devant les jurés en leur disant qu'ils ne devaient en aucun cas relier l'acte des accusés à une quelconque agitation politique.

« Je tiens à vous faire comprendre, dit-il, dès le moment où nous commencerons à examiner les faits de cette affaire, que toutes les questions de savoir si une femme a droit au droit de vote parlementaire, si elle devrait avoir le même droit du droit de vote en tant qu'homme, sont des questions qui ne sont en aucun cas impliquées dans le procès de cette question... Par conséquent, je vous demande d'écarter complètement de l'examen des questions qui vous seront soumises tout point de vue que vous pourriez avoir sur c'est sans aucun doute une question politique très importante.

Néanmoins, Sir Rufus a ajouté au cours de ses remarques qu'il craignait qu'il ne soit pas possible d'exclure du déroulement de l'affaire diverses références à des événements politiques et, bien entendu, l'ensemble du procès, du début à la fin, a montré clairement que le L'affaire était ce que M. Tim Healey, l'avocat de Mme Pethick Lawrence, l'appelait, un grand procès d'État.

Poursuivant, le procureur général a décrit la WSPU, qui, selon lui, existait depuis 1907 et avait utilisé ce que l'on appelait des méthodes militantes. En 1911, l'association avait été irritée par le Premier ministre parce qu'il ne voulait pas faire du droit de vote des femmes ce qu'on appelait une question de gouvernement. En novembre 1911, le premier ministre annonça le dépôt d'un projet de loi sur le droit de vote des hommes. A partir de ce moment, les accusés se mirent au travail pour mener une campagne qui n'aurait signifié rien de moins que l'anarchie. Il fallait inciter les femmes à agir ensemble à un moment donné, en des lieux différents, en nombre tel que la police devait être paralysée par le nombre de personnes enfreignant la loi, afin, selon les propres termes de l'accusé, "d'amener le Le gouvernement à genoux."

Après avoir désigné les positions respectives occupées par les quatre accusés au sein de la WSPU, Sir Rufus a ensuite raconté les événements qui ont abouti au bris de vitres d'une valeur d'environ deux mille livres et à l'emprisonnement de plus de deux cents femmes incitées à leurs actes par les conspirateurs sur le banc des accusés. Il ignorait totalement le mobile des actes en question et il traitait toute l'affaire comme si les femmes avaient été des cambrioleurs. Cette déclaration inversée de la question, bien que suffisamment précise quant aux faits, était celle qui aurait pu être donnée par le roi Jean lors de la signature de la Magna Charta.

Un très grand nombre de témoins ont été interrogés, dont un grand nombre étaient des policiers, et leurs témoignages, et notre contre-interrogatoire a révélé le fait surprenant qu'il existe en Angleterre une bande spéciale de police secrète entièrement engagée dans un travail politique. Ces hommes, au nombre de soixante-quinze, forment ce que l'on appelle la branche politique de la police judiciaire. Ils se déplacent déguisés et leur seul devoir est de suivre les suffragettes et autres travailleurs politiques. Ils suivent certains travailleurs politiques de leur domicile à leur lieu de travail, à leurs plaisirs sociaux, dans les salons de thé et les restaurants, voire au théâtre. Ils poursuivent les gens sans méfiance dans les taxis et s'assoient à leurs côtés dans les omnibus.

Surtout, ils notent les discours. En fait, le système est exactement comme le système de la police secrète russe.

M. Pethick Lawrence et moi avons parlé pour notre propre défense , et M. Healey MP a défendu Mme Pethick Lawrence. Je ne peux pas donner nos discours dans leur intégralité, mais j'aimerais en inclure autant que possible pour que la situation dans son ensemble soit claire pour le lecteur.

M. Lawrence a pris la parole le premier à l'ouverture du dossier. Il a commencé par rendre compte du mouvement pour le suffrage et pourquoi il estimait que l'émancipation des femmes lui paraissait une question si grave qu'elle justifiait des mesures énergiques dans sa poursuite. Il a brièvement esquissé l'histoire de l'Union sociale et politique des femmes, depuis le moment où Christabel Pankhurst et Annie Kenney ont été expulsées de la réunion de Sir Edward Grey et emprisonnées pour avoir posé une question politique, jusqu'au torpillage du projet de loi de conciliation. « L'argument que je dois vous présenter, » dit-il, « est que ni la conspiration ni l'incitation ne sont les nôtres ; mais que la conspiration est une conspiration du Cabinet qui est responsable du gouvernement de ce pays ; et que le l'incitation est l'incitation des ministres de la Couronne. » Et il l'a fait de la manière la plus efficace, non seulement en racontant la supercherie et la tromperie honteuses avec lesquelles le gouvernement avait trompé les suffragistes en matière de projets de loi sur le suffrage, mais en reprenant les termes clairs dans lesquels les membres du Cabinet avaient informé les femmes qu'elles le feraient. n'obtiendront jamais le vote tant qu'ils n'auront pas appris à se battre pour l'obtenir comme les hommes l'avaient fait dans le passé.

Quand est venu mon tour de parler, réalisant que l'homme moyen ignore profondément l'histoire du mouvement des femmes — parce que la presse n'a jamais relaté ce mouvement de manière adéquate ou véridique — j'ai raconté au jury, aussi brièvement que possible, l'histoire de les quarante années d'agitation pacifique qui ont précédé mes filles et moi avons décidé que nous consacrerions nos vies à l'œuvre visant à obtenir le vote des femmes et que nous devrions utiliser tous les moyens nécessaires pour obtenir le vote.

« Nous avons fondé l'Union sociale et politique des femmes, dis-je, en 1903. Notre première intention était d'essayer d'influencer le parti politique qui arrivait alors au pouvoir, pour faire de cette question de l'émancipation des femmes sa propre question. et pour le pousser, il a fallu un peu de temps pour nous convaincre — et je n'ai pas besoin de vous fatiguer avec l'histoire de tout ce qui s'est passé — mais il a fallu un peu de temps pour nous convaincre que cela ne servait à rien et que nous ne pouvions pas obtenir les choses ; C'est ainsi qu'en 1905, nous nous sommes rendus compte qu'il y avait un boycott de la presse contre le droit de vote des femmes. Nos discours lors des réunions publiques n'étaient pas publiés, nos lettres aux rédacteurs n'étaient pas publiées, même si nous les implorions. Même les choses concernant le droit de vote des femmes au Parlement n'ont pas été enregistrées. Ils ont déclaré que le sujet n'était pas d'un intérêt public suffisant pour être rapporté dans la presse, et qu'ils n'étaient pas prêts à en parler. Puis en ce qui concerne les hommes politiques en 1905 : nous avons réalisé à quel point les belles phrases sur la démocratie, sur l'égalité humaine, utilisées par les messieurs qui arrivaient alors au pouvoir, étaient obscures. Ils voulaient ignorer les femmes, cela ne faisait aucun doute. Car dans les documents officiels émanant du parti libéral, à la veille des élections de 1905, il y avait des phrases comme celle-ci : « Ce que veut le pays, c'est une simple mesure de droit de vote pour la virilité ». Il n'y avait pas de place pour l'inclusion des femmes. Nous savions parfaitement que s'il devait y avoir une réforme du droit de vote, le parti libéral qui arrivait alors au pouvoir ne signifiait pas Votes pour les femmes, malgré toutes les promesses de ses membres ; Même si la majorité des députés de la Chambre des communes, surtout du côté libéral, s'y étaient engagés, cela ne signifiait pas qu'ils allaient le mettre en pratique. Nous avons donc trouvé un moyen d'attirer leur attention sur cette question.

"Maintenant, j'en viens aux faits concernant le militantisme. Nous avons réalisé que les plans que nous avions en tête impliqueraient de grands sacrifices de notre part, et que cela pourrait nous coûter tout ce que nous avions. Nous étions à cette époque une petite organisation , composée de la plupart des femmes qui travaillent, les épouses et les filles des travailleurs. Et mes filles et moi avons joué un rôle de premier plan, naturellement, parce que nous avions réfléchi et, dans une certaine mesure, parce que notre position sociale était meilleure que la plupart des autres. nos membres, et nous avons ressenti un sentiment de responsabilité.

J'ai décrit les événements qui ont marqué les premiers jours de notre travail, la scène au Free Trade Hall de Manchester, lorsque ma fille et son compagnon ont été arrêtés pour le crime d'avoir posé une question à un homme politique, et j'ai continué :

"Qu'ont-ils fait ensuite ? (Je veux que vous réalisiez qu'aucun pas que nous avons fait n'a été fait avant un acte de répression de la part de notre ennemi, le gouvernement - parce que c'est le gouvernement qui est notre ennemi ; il ce ne sont pas les députés, ce ne sont pas les hommes du pays ; c'est le gouvernement seul qui peut nous donner le vote. C'est le gouvernement seul que nous considérons comme notre ennemi, et c'est toute notre agitation qui est dirigée. faire autant de pression que nécessaire sur ceux qui peuvent traiter nos griefs.) L'étape suivante que les femmes ont franchie a été de poser des questions au cours des réunions, car, comme je vous l'ai dit, ces messieurs ne leur laissaient aucune possibilité de poser des questions. Et puis ont commencé les interjections dont nous avons entendu parler, l'ingérence dans le droit de tenir des réunions publiques, l'ingérence dans le droit à la liberté d'expression, dont nous avons entendu parler, pour lesquelles ces femmes, ces femmes hooliganes, comme elles le sont. ont été appelés – ont été dénoncés. Je vous demande, messieurs, d'imaginer le courage qu'il faut à une femme pour entreprendre ce genre de travail. Quand les hommes viennent interrompre les réunions de femmes, ils viennent en bandes, avec des instruments bruyants, et chantent et crient ensemble, et trépignent du pied. Mais lorsque les femmes se rendent aux réunions des ministres – uniquement pour interrompre les ministres et personne d'autre – elles y vont seules. Et il leur est devenu de plus en plus difficile d'y accéder, car à cause des méthodes employées par les femmes, s'est développé le système d'entrée par ticket et l'exclusion des femmes - ce qui, à l'époque libérale, aurait été considéré comme une chose très honteuse. aux réunions libérales. Mais ce système de tickets se développa et les femmes ne purent donc entrer que très difficilement. Les femmes se sont cachées pendant trente-six heures dans des positions dangereuses, sous les estrades, dans les orgues, partout où elles pouvaient avoir un point d'observation. Ils attendaient affamés dans le froid, parfois sur le toit exposé une nuit d'hiver, juste pour avoir l'occasion de dire au cours d'un discours d'un ministre : « Quand le gouvernement libéral va-t-il mettre ses promesses en pratique ? C'est la forme qu'a prise le militantisme dans son développement ultérieur. »

J'ai passé en revue toute l'affaire de nos députations pacifiques et de la violence avec laquelle elles étaient invariablement accueillies ; de nos arrestations et des procès ridicules devant les tribunaux de police, où la simple preuve des déclarations non étayées des policiers nous a envoyés en prison pour de longues peines ; des mensonges racontés à notre sujet à la Chambre des Communes par des membres responsables du gouvernement - des histoires de femmes griffant et mordant des policiers et utilisant des épingles à chapeau - et j'ai accusé le gouvernement de lancer ces attaques contre des femmes qui étaient impuissantes à se défendre parce qu'elles craignaient les femmes et désiraient écraser l'agitation représentée par notre organisation .

"Maintenant, il a été déclaré devant cette Cour", dis-je, "que ce n'est pas l'Union sociale et politique des femmes qui est devant la Cour, mais que ce sont certains accusés. L'action du gouvernement, Messieurs, est certainement contre le Les accusés qui sont devant vous aujourd'hui, mais aussi contre l'Union sociale et politique des femmes. L'intention est d'écraser cette organisation . Et cette intention a apparemment été formulée après que j'ai été emprisonnée pendant deux mois pour avoir violé une entente. une vitre valant, me dit-on, 2 shillings 3d., le châtiment que j'ai accepté parce que j'étais un leader de ce mouvement, bien que ce soit un châtiment extraordinaire à infliger pour un acte de dommages aussi minime que celui que j'avais commis. c'était comme une punition pour un chef d'une agitation désagréable au gouvernement ; et pendant que j'étais là, ces poursuites ont commencé. Ils pensaient faire table rase de ceux qu'ils considéraient comme les cerveaux politiques du mouvement. de faux amis au sein du Cabinet — des gens qui, par leurs paroles, semblent bien intentionnés envers la cause du droit de vote des femmes. Et ils pensaient que s'ils parvenaient à écarter les dirigeants de l'Union, cela aboutirait à l'ajournement et au règlement sine die de la question dans ce pays. Eh bien, ils n'ont pas réussi leur projet, et même s'ils avaient écarté de leur chemin tous les soi-disant dirigeants de ce mouvement, ils n'auraient pas réussi même alors. Pourquoi n'ont-ils pas mis l'Union sur le banc des accusés ? Nous avons un soi-disant gouvernement démocratique. Cette Union Sociale et Politique des Femmes n'est pas une collection de femmes sauvages hystériques et sans importance, comme on vous l'a suggéré, mais c'est une organisation importante , qui compte parmi ses membres des personnes très importantes. Il est composé de femmes de toutes les classes de la communauté, des femmes qui ont de l'influence dans leurs organisations particulières en tant que travailleuses ; les femmes qui ont de l'influence dans les organisations professionnelles en tant que femmes professionnelles ; les femmes d'importance sociale; des femmes, même de rang royal, comptent parmi les membres de cette organisation , et il ne serait donc pas rentable pour un gouvernement démocratique de traiter avec cette organisation dans son ensemble.

"Ils espéraient qu'en éliminant les personnes qui, selon eux, guidaient la fortune politique de l' organisation , ils briseraient l' organisation . Ils pensaient que s'ils écartaient les membres influents de l' organisation , ils, en tant que membre du Cabinet, , je crois, a-t-il dit, écraserait le mouvement et le mettrait « en fuite ». Eh bien, les gouvernements se sont souvent trompés , messieurs, et j'ose vous suggérer que les gouvernements se trompent encore une fois. Je pense que la réponse au gouvernement a été donnée lors de la réunion d'Albert Hall tenue immédiatement après notre arrestation. sans l'éloquence de Mme Pethick Lawrence, sans les appels de ceux qui ont été appelés les dirigeants de ce mouvement, en très peu de minutes, 10 000 £ ont été souscrites pour la poursuite de ce mouvement.

"Or, un mouvement comme celui-là, soutenu comme celui-là, n'est pas un mouvement sauvage et hystérique. Ce n'est pas un mouvement de gens égarés. C'est un mouvement très sérieux. Les femmes, je le prétends, comme nos membres, et les femmes, j'ose le dire. Je dis que, comme les deux femmes et l'homme qui est aujourd'hui sur le banc des accusés, ils ne sont pas du genre à entreprendre une chose pareille à la légère. Puis-je simplement essayer de vous faire ressentir ce qui a donné à ce mouvement une taille gigantesque. est-ce depuis ses tout petits débuts ? C'est l'un des plus grands mouvements des temps modernes, un mouvement qui non seulement a une influence, peut-être pas encore reconnue , dans ce pays, mais qui influence le mouvement des femmes dans le monde entier. Y a-t-il quelque chose de plus merveilleux dans les temps modernes que ce genre d'explosion spontanée dans tous les pays de ce mouvement féministe ? Même en Chine – et je pense que c'est quelque peu une honte pour les Anglais – même en Chine, les femmes ont gagné le droit de vote, à la suite de une révolution réussie, avec laquelle, j'ose dire, sympathisent les membres du gouvernement de Sa Majesté — une révolution sanglante.

" Encore un mot sur ce point. Lorsque j'étais en prison pour la deuxième fois, pendant trois mois comme criminel de droit commun, pour un délit rien de plus grave que l'émission d'un prospectus, moins incendiaire dans ses termes que certains discours de membres du gouvernement. qui nous poursuivent ici — pendant ce temps-là, grâce aux efforts d'un député, on m'a obtenu la permission d'avoir le quotidien en prison, et la première chose que j'ai lue dans la presse quotidienne a été ceci : que le gouvernement était à ce moment où l'on fêtait les membres du Parti Jeune Révolutionnaire Turc, des messieurs qui avaient envahi l'intimité de la maison du sultan - nous entendions beaucoup parler d'invasion de l'intimité de la résidence de M. Asquith lorsque nous osions sonner à sa porte - des messieurs qui Ils avaient tué et tué, et avaient réussi leur révolution, alors que nous, les femmes, n'avions jamais jeté une pierre – car aucun d'entre nous n'avait été emprisonné pour avoir jeté des pierres, mais simplement pour avoir pris part à cette organisation . tandis que ces meurtriers politiques étaient fêtés par le gouvernement même qui nous avait emprisonnés et félicités pour le succès de leur révolution. Maintenant, je vous le demande, est-il étonnant que les femmes se disent : « Peut-être n'avons-nous pas fait assez. Peut-être est-ce que ces messieurs ne comprennent pas les femmes. Peut-être qu'ils ne réalisent pas les manières des femmes, et parce que nous n'avons pas fait les choses que les hommes ont faites, ils peuvent penser que nous ne sommes pas sérieux.

"Et puis nous en arrivons à cette dernière question, lorsque nous avons des hommes d'État responsables comme M. Hobhouse qui disent qu'il n'y a jamais eu de soulèvement sentimental, aucune expression de sentiment comme celle qui a conduit à l'incendie du château de Nottingham. Pouvez-vous Je me demande donc si nous avons décidé que nous devions nous donner le courage d'en faire plus, et pouvez-vous comprendre pourquoi nous avons cherché, comme le feront les femmes, un moyen qui n'impliquerait pas de perte de vies humaines ni de mutilation d'êtres humains, parce que Les femmes se soucient davantage de la vie humaine que les hommes, et je pense qu'il est tout à fait naturel que nous le fassions, car nous savons ce que coûte la vie. Nous risquons notre vie lorsque des hommes naissent. Maintenant, je tiens à le dire délibérément en tant que leader de ce mouvement. Nous avons essayé de le contenir, nous avons essayé de l'empêcher de dépasser les limites, et je n'ai jamais ressenti une femme plus fière qu'un soir où un agent de police m'a dit, après une de ces manifestations : « J'ai eu ça. S'il y avait eu une manifestation masculine, le sang aurait coulé depuis longtemps. Eh bien, monseigneur, il n'y a eu aucune effusion de sang, sauf de la part des femmes elles-mêmes : ces soi-disant femmes militantes nous ont été victimes de violence, et moi qui me tiens devant vous sur ce banc des accusés, j'ai perdu une chère sœur dans cette affaire. au cours de cette agitation. Elle est décédée trois jours après sa sortie de prison, il y a un peu plus d'un an. Ce sont des choses dont, où que nous soyons, on ne parle pas beaucoup. On ne peut pas garder la gaieté. , nous ne pouvons pas garder le bon esprit, qui signifie le succès, si nous nous attardons trop sur la partie difficile de notre agitation. Mais je dis ceci, messieurs, que quoi que vous pensiez de nous à l'avenir, vous direz ceci. nous, que quoi qu'en disent nos ennemis, nous avons toujours mené un combat honorable et n'avons pris aucun moyen injuste pour vaincre nos adversaires, bien qu'ils n'aient pas toujours été des gens qui ont agi aussi honorablement envers nous.

"Nous n'avons agressé personne ; nous n'avons fait de mal à personne ; et ce n'est qu'au 'Black Friday' - et ce qui s'est passé le 'Black Friday', c'est que nous avons eu un nouveau ministre de l'Intérieur, et il semble y avoir eu de nouveaux ordres. donné à la police, parce que la police à cette occasion a fait preuve d'une sorte de férocité envers les femmes qu'elle n'avait jamais fait auparavant, et les femmes sont venues nous voir et ont dit : « Nous ne pouvons pas supporter cela » - ce n'est qu'à ce moment-là que nous avons J'ai estimé que cette nouvelle forme de répression devait nous obliger à franchir une nouvelle étape. C'est la question du « Black Friday », et je tiens à dire ici et maintenant que tous les efforts ont été déployés après le « Black Friday » pour obtenir une enquête judiciaire publique ouverte sur cette question. les agissements du « Black Friday », quant aux instructions données à la police. Cette enquête a été refusée, mais une enquête informelle a été menée par un homme dont le nom emportera une conviction quant à son statut et à son intégrité morale d'un côté du parti. de grands partis politiques et un homme de rang égal du côté libéral. Ces deux hommes étaient Lord Robert Cecil et M. Ellis Griffith. Ils ont mené une enquête privée, ont entendu des femmes devant eux, ont recueilli leurs témoignages, les ont examinés et, après les avoir entendus, ont déclaré qu'ils croyaient que ce que les femmes leur avaient dit était essentiellement vrai et qu'ils pensaient qu'il y avait de bonnes raisons pour que cette enquête soit menée. être tenu. Cela a été consigné dans un rapport. Pour vous montrer nos difficultés, Lord Robert Cecil, dans un discours au restaurant Criterion, s'est exprimé sur cette question. Il a demandé au gouvernement de procéder à cette enquête, et pas un mot de ce discours n'a été rapporté dans aucun journal du matin. C'est le genre de choses auxquelles nous avons dû faire face, et je suis heureux d'être ici, ne serait-ce que dans le but de faire connaître ces faits, et je défie le procureur général d'ouvrir une enquête sur ces procédures - et non ce genre d'enquête consistant à envoyer leurs inspecteurs à Holloway et d'accepter ce que leur disent les fonctionnaires - mais d'ouvrir une enquête publique, avec un jury, s'il le souhaite, pour traiter de nos griefs contre le gouvernement et les méthodes de cette agitation.

« Je dis que ce ne sont pas les accusés qui ont conspiré, mais le gouvernement qui a conspiré contre nous pour écraser cette agitation ; mais quelle que soit la décision de la question, nous nous contentons de nous conformer au verdict de la postérité. Nous ne sommes pas du genre à des gens qui aiment beaucoup se vanter ; nous ne sommes pas du genre à nous mettre dans cette position à moins d'être convaincus que c'est la seule façon que j'ai essayée — j'ai travaillé toute ma vie sur cette question — j'ai essayé. arguments, j'ai essayé de persuader. J'ai peut-être pris la parole dans un plus grand nombre de réunions publiques que n'importe quelle personne dans ce tribunal, et je n'ai jamais pris la parole dans une seule réunion où l'essentiel de l'opinion de la réunion — pas une réunion restreinte, mais une réunion publique — a été exprimé. , car je n'ai jamais pris la parole dans aucun autre type de réunion - il n'a pas été dit que là où les femmes portent des fardeaux et partagent des responsabilités comme les hommes, elles devraient bénéficier des privilèges dont jouissent les hommes - je suis convaincu que l'opinion publique est avec nous - cela a été le cas. étouffé – volontairement étouffé – de sorte que dans une Cour de justice publique, on est heureux d'être autorisé à parler sur cette question.

Le résumé du procureur général pour l'accusation était en grande partie une défense du Parti libéral et de sa position en ce qui concerne la législation sur le droit de vote des femmes. Par conséquent, M. Tim Healey, dans sa défense de Mme Pethick Lawrence, a bien fait d'insister sur le caractère politique de l'accusation de complot et du procès. Il a dit:

"C'est sans doute une chose très utile, quand on a des opposants politiques, de pouvoir faire appliquer la loi contre eux. Je suis convaincu que ce serait une chose très commode, s'ils avaient le courage de le faire, de faire taire toute l'opposition de Sa Majesté pendant que le gouvernement actuel est au pouvoir – pour enfermer tous les hommes brillants et distingués dans notre forum public et sur nos plates-formes publiques – tous les Carson , FE Smith, Bonar Laws, et ainsi de suite. Ce serait la chose la plus commode de mettre fin à tout cela, tout comme ce serait de mettre fin à l'agitation des femmes sous la forme d'un acte d'accusation. Messieurs les jurés, quelles que soient les paroles prononcées par les opposants mutuels, quelles que soient les instructions adressées, de ne pas le faire. des femmes faibles, mais aux hommes qui se vantent de l'exercice et des armes, ils n'ont eu le courage de poursuivre personne, sauf les femmes, au moyen d' un acte d'accusation. Pourtant, le gouvernement de mon éminent ami a choisi deux dates comme dates cardinales, et ils vous demandent de juger les détenus au barreau et de dire que, sans rime ni raison, en suivant la voie suggérée sans provocation, ces universitaires responsables, bien élevés, instruits, ont soudainement, selon les mots du acte d'accusation, méchamment et avec malice préméditée, s'est engagé dans ces desseins criminels.

"Messieurs les jurés, la première chose que je demanderais à cet égard est la suivante : qu'y a-t-il dans cette revendication formulée par des femmes qui aurait dû provoquer le traitement de la part des ministres de Sa Majesté que ce mouvement, selon a reçu les documents qui sont en preuve devant moi ? Je suppose que l'essence de tout gouvernement est la bonne conduite des affaires, de sorte que ceux qui jouissent d'une position élevée et de grands émoluments ne soient pas des partis contre lesquels l'accusation de provoquer des actes civiques est commise. Il faut provoquer des conflits et des troubles publics. Que constatons-nous ? Nous constatons que, en ce qui concerne le traitement de la revendication qui a toujours été présentée avec humilité, respectabilité, respectueusement, à l'origine, par ceux qui ont reçu des syndicalistes, anti-vaccins, les sœurs de l'épouse décédée et toutes les autres formes de revendications politiques, et qui les ont accueillis humblement et y ont cédé, nous constatons que lorsque ces personnes prônant cette forme particulière de réforme civique demandent une audience, demandent l'admission, demandent même de Si leurs pétitions ont été respectueusement reçues, ils ont rencontré, judiciairement, du moins, un refus catégorique et solennel. C'est le début de cet esprit malheureux qui s'est développé dans l'esprit de personnes comme les accusés, de personnes comme ceux contre qui des preuves ont été présentées, et qui vous a amené à être placé aujourd'hui dans ce box. Et je vous le pose lorsque vous vous demandez si c'est l'incitation de mes clients ou la conduite des ministres qui ont conduit à ces événements - si je ne peux pas vous demander de dire que même une juste répartition des responsabilités ne devrait pas reposer sur des responsables plus responsables. épaules, et si vous devriez faire tout votre possible pour dire que ces personnes seules sur le banc des accusés sont coupables.

En conclusion, M. Healey est revenu sur le caractère politique du procès. "Le gouvernement a entrepris ces poursuites", a-t-il déclaré, "pour isoler pendant une période considérable ses principaux opposants. Il espère que lors des réunions publiques auxquelles il assistera, il n'y aura plus de cris gênants de "Votez pour les femmes". Je ne peux concevoir aucun autre objectif qu'ils pourraient avoir en intentant des poursuites. J'ai exprimé mon regret face à la perte que les commerçants, commerçants et autres ont subie. Je regrette profondément que quiconque puisse causer une perte ou des souffrances à des innocents. Mais je vous demande de dire que la loi a déjà été suffisamment justifiée par le châtiment des auteurs immédiats de l'acte. Que peut-on gagner ?

"J'hésite presque à considérer cela comme une enquête judiciaire. Je le considère comme un acte politique vindicatif. De tous les actes étonnants qui ont jamais été portés devant un tribunal public contre un prisonnier, je ne peux m'empêcher de penser que l'accusation portée contre M. Pethick Lawrence est le plus étonnant. Il s'est aventuré à comparaître devant certains tribunaux de police et a libéré sous caution des femmes qui avaient été arrêtées en tentant , à ce que je comprends, de présenter des pétitions au Parlement ou en ayant recours à la violence. Je ne me plains pas de la manière dont mon. mon éminent ami a mené les poursuites, mais je me plains des méthodes de la police : enquêter sur les domiciles et la situation familiale des prisonniers, obtenir leurs papiers, prendre leur journal, accéder à leur compte bancaire, faire venir leurs banquiers ici pour dire quoi. c'est leur équilibre ; et je dis que dans aucune des poursuites du passé, les méthodes les plus modestes n'ont minimisé un grand procès d'État, car, regardez-le comme vous voulez, vous ne pouvez pas échapper au fait qu'il s'agit d'un grand procès d'État. Ce ne sont pas les femmes qui sont jugées. Ce sont les hommes. C'est le système de gouvernement qui est mis à l'épreuve. C'est cette méthode qui consiste à lancer les dés par cinquante-quatre chefs d'accusation dans un acte d'accusation sans montrer à quoi un élément de preuve est raisonnablement attribuable ; le système est à l'épreuve — un système dans lequel tout acte innocent dans la vie publique est censé être mêlé à une conspiration. »

Le jury a été absent pendant plus d'une heure, ce qui montre qu'il a eu quelques difficultés à se mettre d'accord sur un verdict. Quand ils revinrent, il était évident, à leurs visages tendus, qu'ils étaient en proie à une profonde émotion. La voix du contremaître trembla alors qu'il prononçait le verdict, coupable des accusations portées, et il eut du mal à contrôler son émotion lorsqu'il ajouta : « Votre Seigneurie, nous désirons unanimement exprimer l'espoir que, compte tenu des motifs incontestablement purs qui sous-tendent le l'agitation qui a conduit à ces troubles, vous serez heureux de faire preuve de la plus grande clémence et d'indulgence dans le traitement de cette affaire.

Une salve d'applaudissements a suivi ce plaidoyer. Ensuite, M. Pethick Lawrence s'est levé et a demandé à dire quelques mots avant que la sentence ne soit prononcée. Il a dit qu'il devait être évident, indépendamment de la recommandation du jury, que nous avions été motivés par des motivations politiques et que nous étions en fait des délinquants politiques. Les tribunaux anglais ont décidé que les délinquants politiques étaient différents des délinquants ordinaires, et M. Lawrence a cité le cas d'un sujet suisse dont l'extradition avait été refusée en raison du caractère politique de son délit. La Cour avait alors déclaré que même si le crime était un meurtre commis avec un mobile politique, il s'agissait d'un crime politique. M. Lawrence a également rappelé au juge le cas de feu MWT Stead, reconnu coupable d'un crime, mais qui, en raison du motif inhabituel du crime, a bénéficié d'un traitement de première division et d'une totale liberté pour recevoir sa famille et ses amis. Enfin, le cas du Dr Jameson a été cité. Bien que son raid ait entraîné la mort de vingt et une personnes et en blessant quarante-six autres, le caractère politique de son délit a été pris en compte et il a été fait prisonnier de première division.

C'étaient des hommes qui combattaient dans une guerre d'hommes. Nous, de la WSPU, étions des femmes combattant dans une guerre de femmes. Lord Coleridge ne voyait donc en nous que des défieurs téméraires et criminels de la loi. Lord Coleridge a déclaré : « Vous avez été reconnu coupable d'un crime pour lequel la loi sanctionnerait, si je décidais de l'imposer, une peine de deux ans d'emprisonnement avec travaux forcés . porté à ma connaissance, et vous m'avez demandé tous les trois de vous traiter comme des délits de premier ordre si, au cours de cette affaire, j'avais constaté une contrition ou un désaveu des actes que vous avez commis, ou un espoir que vous ayez commis. J'aurais évité de les répéter à l'avenir, j'aurais été très convaincu par les arguments qui m'ont été avancés.

Aucune contrition n'ayant été exprimée de notre part, la sentence de la Cour a été que nous devions subir l'emprisonnement, en deuxième division, pour une durée de neuf mois, et que nous devions payer les frais de poursuite.

CHAPITRE III

La peine de neuf mois nous a profondément étonnés, surtout au vu de certains événements très récents, notamment le cas de certains marins qui s'étaient mutinés pour attirer l'attention sur quelque chose qu'ils considéraient comme un péril pour eux-mêmes et pour tous les marins. Ils ont été jugés et déclarés techniquement coupables, mais en raison du motif de leur mutinerie, ils ont été libérés sans punition. Peut-être plus proche de notre cas que celui du leader syndical Tom Mann, qui, peu de temps auparavant, avait écrit une brochure appelant les soldats de Sa Majesté à ne pas tirer sur les grévistes lorsque leurs officiers supérieurs leur ordonnaient de le faire. Du point de vue du gouvernement, il s'agissait d'une forme d'incitation beaucoup plus grave que la nôtre, car si on y avait répondu, les autorités auraient été absolument paralysées dans leur capacité à maintenir l'ordre. Par ailleurs, les militaires qui refusent d'obéir aux ordres sont passibles de la peine de mort. Tom Mann a été condamné à six mois de prison, mais cette sentence a été accueillie avec tant de clameurs et de protestations par la presse libérale et les politiciens libéraux que le prisonnier a été libéré au bout de deux mois. Alors, même en route vers la prison, nous nous sommes dit que nos peines ne pouvaient pas tenir. L'opinion publique ne permettrait jamais au gouvernement de nous garder en prison pendant neuf mois, ou en deuxième division pendant une partie quelconque de notre mandat. Nous avons convenu d'attendre sept jours parlementaires avant de commencer une grève de la faim.

C'était une attente bien triste, ces sept jours parlementaires, parce qu'on ne pouvait pas savoir ce qui se passait dehors, ni ce dont on parlait à la Chambre. Nous ne pouvions rien savoir des protestations et des mémoires qui affluaient en notre faveur, de la part des universités d'Oxford et de Cambridge, de membres de sociétés savantes et d'hommes et de femmes distingués de toutes professions, non seulement en Angleterre mais dans tous les pays d'Europe. , des États-Unis et du Canada, et même de l'Inde. Un mémorial international demandant que nous soyons traités comme des prisonniers politiques a été signé par de grands hommes et femmes comme le professeur Paul Milyoukoff , leader des démocrates constitutionnels à la Douma ; Signor Enrico Ferri , de la Chambre des députés italienne ; Edward Bernstein, du Reichstag allemand ; George Brandes , Edward Westermarck, Madame Curie, Ellen Key, Maurice Maeterlinck et bien d'autres. La plus grande indignation a été exprimée à la Chambre, Keir Hardie et M. George Lansbury étant en tête de liste pour exiger une révision drastique de nos peines et notre transfert immédiat en première division. Les pressions furent telles que, quelques jours plus tard, le ministre de l'Intérieur annonça qu'il estimait de son devoir d'examiner sans délai les circonstances de l'affaire. Il a expliqué qu'à aucun moment les prisonniers n'avaient été contraints de porter des vêtements de prison. En fin de compte, c'est-à-dire peu avant l'expiration des sept jours parlementaires, nous avons été tous les trois placés en première division. Mme Pethick Lawrence a reçu la cellule autrefois occupée par le Dr Jameson et j'avais la cellule attenante. M. Pethick Lawrence, à la prison de Brixton , a été hébergé de la même manière. Nous avons tous eu le privilège de meubler nos cellules avec des chaises et des tables confortables, notre propre literie, nos serviettes, etc. Nous recevions des repas de l'extérieur ; nous portions nos propres vêtements et avions les livres, les journaux et le matériel d'écriture dont nous avions besoin. Nous n'avions pas le droit d'écrire, de recevoir des lettres ou de voir nos amis, sauf dans le cadre de la routine habituelle de deux semaines. Nous avions pourtant compris que les prisonniers bénéficiant du droit de vote étaient des politiciens .

Nous l'avions gagné, mais il s'est avéré que ce n'était que pour nous-mêmes. Lorsque nous avons posé la question : « Est-ce que toutes nos femmes sont désormais transférées en première division ? la réponse a été que l'ordre de transfert concernait uniquement M. et Mme Pethick Lawrence et moi-même. Inutile de dire que nous avons immédiatement refusé d'accepter cet avantage injuste, et après avoir épuisé tous les moyens en notre pouvoir pour inciter le ministre de l'Intérieur à rendre aux autres prisonniers suffragettes la même justice que celle que nous avions reçue, nous avons adopté la protestation de la grève de la faim. . La nouvelle s'est répandue rapidement à travers Holloway et, d'une manière mystérieuse, s'est propagée jusqu'à Brixton, à Aylesbury et à Winson Green, et immédiatement tous les autres prisonniers ayant obtenu le droit de vote ont suivi notre exemple. Le gouvernement avait alors plus de quatre-vingts grévistes de la faim aux prises et, comme auparavant, il ne disposait que de l'argument de la force, c'est-à-dire de ce processus dégoûtant et cruel de gavage forcé. Holloway est devenu un lieu d'horreur et de tourment. Des scènes de violence écoeurantes ont eu lieu presque à chaque heure de la journée, alors que les médecins allaient de cellule en cellule pour accomplir leur hideux office. L'un des hommes accomplissait son travail d'une manière si brutale que sa simple vue provoquait des cris d'horreur et d'angoisse. Je n'oublierai jamais de mon vivant les souffrances que j'ai éprouvées les jours où ces cris résonnaient à mes oreilles. Dans sa frénésie de douleur, une femme se jeta du haut de la galerie sur laquelle ouvrait sa cellule. Un grillage huit pieds plus bas a stoppé sa chute dans l'escalier en fer situé en dessous, sinon elle aurait inévitablement dû être tuée. En l'occurrence, elle était terriblement blessée.

La grève de la faim généralisée provoqua un formidable émoi dans toute l'Angleterre et, chaque jour à la Chambre, les ministres étaient harcelés de questions. Le point culminant fut atteint le troisième ou quatrième jour de la grève, lorsqu'une scène houleuse se produisit à la Chambre des Communes.

Le sous-ministre de l'Intérieur, M. Ellis Griffith, avait été interrogé sans pitié sur les conditions dans lesquelles l'alimentation forcée était pratiquée, et aussitôt que cela fut terminé, l'un des membres suffragistes a lancé un appel émouvant au Premier ministre lui-même pour qu'il ordonne le libération de tous les prisonniers. M. Asquith, contraint contre sa volonté de prendre part à la controverse, se leva et déclara qu'il ne lui appartenait pas d'intervenir dans les actions de son collègue, M. McKenna, et il ajouta, à sa manière suave et mensongère : " Je dois souligner qu'il n'y a pas un seul prisonnier qui ne puisse sortir de prison cet après-midi en prenant l'engagement demandé par le ministre de l'Intérieur. C'est-à-dire un engagement à s'abstenir désormais de tout militantisme.

Instantanément, M. George Lansbury se leva d'un bond et s'écria : « Vous savez qu'ils ne peuvent pas ! Il est parfaitement honteux que le Premier ministre d'Angleterre fasse une telle déclaration.

M. Asquith jeta un regard négligent à Lansbury indigné, mais se laissa tomber sur son siège sans daigner répondre. Choqué jusqu'au plus profond de son âme par l'insulte lancée à l'encontre de nos femmes, M. Lansbury s'est avancé vers le banc ministériel et a confronté le Premier ministre en répétant : « C'était une chose honteuse de votre part de dire, Monsieur. Vous êtes méprisable. , vous et vos collègues. Vous vous dites gentlemen, et vous nourrissez et assassinez des femmes de cette manière. Vous devriez être chassés de vos fonctions. Parlez de protestation. C'est la chose la plus honteuse qui soit jamais arrivée dans l'histoire de l'Angleterre. Vous entrerez dans l'histoire en tant qu'hommes qui ont torturé des femmes innocentes. »

À ce moment-là, la Chambre était en ébullition et le député travailliste indigné a dû crier de toute sa voix pour se faire entendre dans le vacarme. L'ordre pompeux de M. Asquith ordonnant à M. Lansbury de quitter la Chambre pour la journée était probablement très peu connu jusqu'à ce qu'il soit publié le lendemain. Quoi qu'il en soit, M. Lansbury a continué sa protestation pendant encore cinq minutes. "Vous assassinez, torturez et rendez les femmes folles", s'écria-t-il, "et ensuite vous leur dites qu'elles peuvent s'en aller. Vous devriez avoir honte de vous-même. Vous parlez de principe, vous parlez de combats en Ulster, vous aussi..." se tournant vers les bancs unionistes : « Vous devriez être chassées de la vie publique. Ces femmes vous montrent ce qu'est un principe. Vous devriez les honorer pour avoir défendu leur féminité. Je vous le dis, Communes d'Angleterre, vous devriez être honte de vous. »

Le Président est finalement venu à la rescousse de M. Asquith et a adjuré M. Lansbury qu'il devait obéir à l'ordre du premier ministre de quitter la Chambre, affirmant qu'une telle conduite désordonnée ferait perdre le respect à la Chambre. "Monsieur," s'exclama M. Lansbury, dans un dernier accès de juste rage, "il l'a déjà perdu."

Cette explosion sans précédent de colère et de mépris contre le gouvernement était la sensation du moment, et on sentait de tous côtés que la libération des prisonniers, ou du moins la cessation du gavage forcé, ce qui revenait au même, serait ordonnée. Chaque jour, les suffragettes marchaient en foule jusqu'à Holloway, chantant une sérénade aux prisonniers et organisant des réunions de protestation devant des foules immenses. La musique et les acclamations, vaguement transmises à nos oreilles tendues, étaient d'une douceur inexprimable. C'est pourtant en écoutant une de ces sérénades que s'est produit le moment le plus affreux de mon emprisonnement. J'étais allongé dans mon lit, très faible à cause de la faim, lorsque j'ai entendu un cri soudain venant de la cellule de Mme Lawrence, puis le bruit d'une lutte prolongée et très violente, et j'ai su qu'ils avaient osé porter leurs affaires brutales jusqu'à nos portes. . Je sautai du lit et, tremblant de faiblesse et de colère, je m'adossai au mur et attendis ce qui pourrait arriver. En quelques instants, ils en avaient fini avec Mme Lawrence et avaient ouvert la porte de ma cellule. Sur le seuil, j'aperçus les médecins, suivis d'un grand groupe de gardiennes. "Mme Pankhurst", commença le médecin. Immédiatement, j'attrapai une lourde cruche d'eau en terre cuite posée sur une table voisine et, avec mes mains qui ne sentaient plus aucune faiblesse, je la balançai la tête haute.

"Si l'un d'entre vous ose faire un pas dans cette cellule, je me défendrai", m'écriai-je. Personne ne bougea ni ne parla pendant quelques secondes, puis le médecin marmonna confusément quelque chose sur le lendemain matin, et ils se retirèrent tous.

J'ai demandé à être admis dans la cellule de Mme Lawrence, où j'ai trouvé mon compagnon dans un état désespéré. C'est une femme forte et très déterminée, et il a fallu la force unie de neuf gardiennes pour la vaincre. Ils s'étaient précipités dans la cellule sans aucun avertissement et l'avaient saisie par surprise, sinon ils n'auraient peut-être pas réussi du tout. Elle résista si violemment que les médecins ne purent appliquer le stéthoscope et eurent de très grandes difficultés à faire descendre le tube. Une fois cette misérable affaire terminée, Mme Lawrence s'évanouit et resta très malade pendant des heures.

C'était la dernière tentative faite pour nourrir de force Mme Lawrence ou moi-même, et deux jours plus tard, nous avons reçu l'ordre de nous libérer pour raisons médicales. Les autres grévistes de la faim ont été relâchés par lots, alors que chaque jour quelques rebelles triomphants approchaient du point où le gouvernement risquait de commettre un véritable meurtre. M. Lawrence, qui a été nourri de force deux fois par jour pendant plus de dix jours, a été libéré dans un état d'effondrement complet le 1er juillet. Quelques jours plus tard, les derniers prisonniers étaient en liberté.

Dès que j'ai été suffisamment rétabli, je suis allé à Paris et j'ai eu la joie de revoir ma fille Christabel, qui, pendant tous les jours de conflits et de misère, avait gardé son anxiété personnelle à l'arrière-plan et avait poursuivi avec détermination son travail de direction. . L'absence de M. et Mme Pethick Lawrence avait fait peser sur ses épaules l'entière responsabilité de la rédaction de notre journal, *Votes for Women* , *mais comme elle s'est invariablement levée pour assumer de nouvelles responsabilités, elle a dirigé le journal avec compétence et discrétion.*

Nous avions beaucoup de choses à dire et à réfléchir, car il était évident que le militantisme, au lieu d'être abandonné, comme le suggéraient constamment les autres sociétés de suffrage , devait continuer avec beaucoup plus de vigueur qu'auparavant. La lutte avait été trop longue. Nous avons dû chercher les moyens de le raccourcir, de l'amener à un point tel que le gouvernement reconnaisse qu'il fallait faire quelque chose. Nous avions déjà démontré que nos forces étaient imprenables. Nous ne pouvions pas être conquis, nous ne pouvions pas être terrifiés, nous ne pouvions même pas être maintenus en prison. Par conséquent, puisque le gouvernement avait perdu d'avance sa guerre, notre tâche consistait simplement à hâter la capitulation.

La situation au Parlement, en ce qui concerne la question du suffrage, était nette et stérile. Le troisième projet de loi de conciliation n'a pas réussi à passer sa deuxième lecture, la majorité contre étant de quatorze.

De nombreux députés libéraux avaient peur de voter en faveur du projet de loi parce que M. Lloyd-George et M. Lewis Harcourt avaient constamment répandu la rumeur selon laquelle son adoption, à ce moment-là, entraînerait la division du Cabinet. Les membres nationalistes irlandais étaient devenus hostiles au projet de loi parce que leur chef, M. Redmond, était un anti-suffragiste et avait refusé d'inclure une clause sur le droit de vote des femmes dans le projet de loi sur l'autonomie. Nos anciens amis, les travaillistes , étaient si apathiques, ou si inquiets à propos de certaines de leurs propres mesures, que la plupart d'entre eux sont restés à l'écart de la Chambre le jour où le projet de loi a atteint sa deuxième lecture. Il a donc été perdu, et les militants ont été blâmés pour sa perte ! En juin, le gouvernement a annoncé que le projet de loi de M. Asquith sur le droit de vote des hommes serait bientôt présenté, et très peu de temps après, le projet de loi a été présenté. Il a simplifié le mécanisme d'enregistrement, réduit la période de résidence à six mois et supprimé les conditions de propriété, le vote plural et la représentation universitaire. En un mot, il accordait le droit de vote parlementaire à tout homme de plus de vingt et un ans et le refusait à toutes les femmes. Jamais dans l'histoire du mouvement pour le droit de vote un tel affront n'avait été fait aux femmes, et jamais dans l'histoire de l'Angleterre un tel coup n'avait été porté contre les libertés des femmes. Il est vrai que le Premier ministre s'était engagé à présenter un projet de loi susceptible d'être amendé pour inclure le droit de vote des femmes et à permettre que tout amendement ayant passé la deuxième lecture fasse partie du projet de loi. Mais nous n'avions aucune confiance dans un amendement, ni dans aucun projet de loi qui n'était pas dès le départ une mesure officielle du gouvernement. M. Asquith avait rompu tous les engagements qu'il avait jamais pris envers les femmes, et ce nouvel engagement ne nous impressionnait pas du tout. Eh bien, nous savions qu'il l'avait donné uniquement pour couvrir sa trahison en torpillant le projet de loi de conciliation et dans l'espoir d'apaiser les suffragistes, peut-être en obtenant une autre trêve au militantisme.

Si ce dernier espoir était son espoir, il fut gravement déçu. Des signes apparaissaient constamment indiquant que les femmes ne se contenteraient plus du militantisme symbolique qu'implique le bris de vitres. Par exemple, des traces ont été trouvées dans le bureau du ministre de l'Intérieur à Whitehall d'une tentative d'incendie criminel. Des traces similaires ont été trouvées sur le pas de la porte d'un autre ministre. Si le gouvernement avait donné suite à ces avertissements, en accordant le droit de vote aux femmes, tous les actes de militantisme graves survenus depuis auraient été évités. Mais comme le cœur du Pharaon, le cœur du Gouvernement se durcit et les actes militants se succédèrent rapidement . En juillet, la WSPU a publié un manifeste exposant nos intentions à cet égard. Le manifeste se lisait en partie comme suit :

"Les dirigeants de l'Union sociale et politique des femmes ont si souvent averti le gouvernement que si le droit de vote n'était pas accordé aux femmes en réponse au léger militantisme du passé, un esprit de révolte plus féroce se réveillerait, qu'il serait impossible de contrôler. Le gouvernement a aveuglément ignoré cet avertissement et récolte désormais les fruits de sa folie anti-étatique. »

Celui-ci a été publié immédiatement après une visite effectuée par M. Asquith à Dublin. L'événement avait été prévu pour être une grande manifestation populaire en l'honneur du sponsor du Home Rule, mais les Suffragettes en ont fait le fiasco le plus lamentable imaginable. Depuis l'heure de la tentative de départ secret de M. Asquith de Londres jusqu'à son retour, il a vécu et s'est déplacé dans une crainte momentanée des suffragettes. Chaque fois qu'il montait ou descendait d'un wagon ou d'un bateau à vapeur, il se trouvait confronté à des femmes. Chaque fois qu'il se levait pour parler, il était interrompu par des femmes. Chaque apparition publique qu'il faisait était transformée en émeute par les femmes. Alors qu'il quittait Dublin, une femme a jeté une hachette dans son automobile, sans toutefois lui faire de mal. En guise de dernière protestation contre son accueil par les Irlandais, le Théâtre Royal a été incendié par deux femmes. Le théâtre était pratiquement vide à ce moment-là, la représentation étant terminée, et les dégâts causés étaient relativement minimes, mais les deux femmes principalement concernées, Mme Leigh et Miss Evans, furent condamnées à des peines barbares de cinq ans de prison chacune. Ce furent les premières femmes condamnées aux travaux forcés dans l'histoire de notre mouvement. Bien entendu, ils n'ont pas purgé leur peine. En entrant dans la prison de Mountjoy, ils ont présenté leur demande habituelle de traitement de première division, et celle-ci ayant été refusée, ils ont immédiatement entamé une grève de la faim. Un certain nombre de suffragettes irlandaises se trouvaient à Mountjoy à ce moment-là pour protester contre l'exclusion des femmes du Home Rule Bill. Elles étaient en première division et presque à la veille de leur libération, mais leur esprit militant est tel que ces femmes ont entamé une grève de la faim solidaire. Ils ont été libérés, mais le gouvernement a interdit la libération de Mme Leigh et de Mlle Evans, c'est-à-dire qu'il a ordonné aux autorités de retenir les femmes aussi longtemps que possible, par alimentation forcée, pour les maintenir en vie. Après une lutte qui, par sa férocité et sa cruauté, est presque sans précédent dans nos annales, les deux femmes se sont battues pour s'en sortir.

UNE SUFFRAGETTE LANCE UN SAC DE FARINE SUR M. ASQUITH À CHESTER

Tout au long de cet été, le militantisme monta et descendit dans tout le Royaume. Une série d'attaques contre des terrains de golf a été instituée, non pas dans un esprit de méfait gratuit, mais dans le but direct et très pratique de rappeler au public anglais ennuyeux et satisfait de lui-même que lorsque les libertés des femmes anglaises leur étaient volées ce n'était pas le moment de penser au sport. Les femmes choisissaient des country clubs où d'éminents politiciens libéraux avaient l'habitude de prendre leurs plaisirs du week-end, et avec des acides elles brûlaient de grandes parcelles de gazon, rendant les greens de golf inutiles pour le moment. Dans certains cas, ils ont brûlé les mots Votes pour les femmes et ont toujours laissé derrière eux des rappels que les femmes luttaient pour leur liberté. Un jour, alors que la Cour se trouvait au château de Balmoral en Écosse, les suffragettes ont envahi les terrains de golf royaux et, à l'aube du dimanche matin, tous les drapeaux de marquage ont été remplacés par des drapeaux de la WSPU portant des inscriptions telles que « Votes pour les femmes signifie la paix pour Ministres », « L'alimentation forcée doit être arrêtée », etc. Les terrains de golf étaient fréquemment visités par les suffragettes afin d'interroger les ministres récréatifs. Deux femmes ont suivi le premier ministre à Inverness, où il jouait au golf avec M. McKenna. En s'approchant des hommes, une suffragette s'est exclamée : « M. Asquith, vous devez arrêter de nourrir de force... » Elle n'est pas allée plus loin, car M. Asquith, pâlissant de rage - peut-être - s'est retiré derrière le ministre de l'Intérieur, qui, oubliant complètement ses manières, s'est emparé de lui. la Suffragette, criant qu'il allait la jeter dans la mare. "Alors nous vous emmènerons avec nous", rétorquèrent les deux hommes, après quoi une bagarre très vive s'ensuivit et les femmes ne furent pas jetées dans l'étang.

Cette activité du green de golf a vraiment suscité plus d'hostilité à notre encontre que tous les bris de vitres. Les journaux publiés nous appellent à ne pas interférer avec un jeu qui aide les politiciens fatigués à penser clairement, mais notre réponse à cela a été que cela n'a pas eu un tel effet sur le Premier ministre ou M. Lloyd-George. Nous avions entrepris de gâter leur sport et celui d'une grande classe d'hommes aisés, afin qu'ils soient obligés de penser clairement aux femmes et à leur ferme détermination d'obtenir justice.

J'ai fait mon retour au travail actif à l'automne en prenant la parole lors d'une grande réunion de la WSPU, tenue à l'Albert Hall. Lors de cette réunion, j'ai dû annoncer que les six années d'association de M. et Mme Pethick Lawrence avec la WSPU avaient pris fin.

Puisque les dissensions personnelles n'ont jamais été évoquées au sein de la WSPU, et qu'il n'a jamais été permis d'arrêter le mouvement ou d'interférer pendant une heure avec son progrès, je n'en dirai pas ici plus sur ces dissensions importantes que je ne l'ai dit lors de notre première grande réunion à Albert Hall après les vacances, le 17 octobre. Ce jour-là, un nouveau journal fut vendu dans les rues. Il s'appelait *Les Suffragettes*, il était édité par Christabel Pankhurst et devait désormais être l'organe officiel de l'Union. Tant dans ce nouveau journal que dans *Votes for Women*, l'annonce suivante est apparue :

GRAVE DÉCLARATION DES DIRIGEANTS

> Lors de la première réunion des dirigeants après les vacances forcées, Mme Pankhurst et Miss Christabel Pankhurst ont exposé une nouvelle politique militante que M. et Mme Pethick Lawrence se sont retrouvés totalement incapables d'approuver.

Mme Pankhurst et Mlle Christabel Pankhurst ont indiqué qu'ils n'étaient pas prêts à modifier leurs intentions et ont recommandé que M. et Mme Pethick Lawrence reprennent le contrôle du journal *Votes for Women* et quittent l'Union sociale et politique des femmes.

Plutôt que de provoquer un schisme dans les rangs de l'Union, M. et Mme Pethick Lawrence ont consenti à suivre cette voie.

Ceci a été signé par tous les quatre. Ce soir-là, lors de la réunion, j'expliquai en outre aux membres que, aussi difficiles que soient incontestablement les séparations d'anciens amis et camarades, nous devons nous rappeler que nous combattions dans une armée et que l'unité de but et l'unité de politique sont absolument nécessaires, car sans eux, l'armée est désespérément affaiblie. "Il vaut mieux", dis-je, "que ceux qui ne peuvent pas s'entendre, ne peuvent pas être d'accord sur la politique, se libèrent, se séparent et soient libres de poursuivre leur politique comme ils la voient à leur manière. libérés de ceux avec qui ils ne peuvent plus être d'accord. »

Poursuivant, j'ai dit : « Je n'accorde aucune place en termes d'appréciation et de gratitude à M. et Mme Pethick Lawrence pour les services incalculables qu'ils ont rendus au mouvement militant pour le droit de vote des femmes, et je crois fermement que le mouvement des femmes sera renforcé par leur être libres d'œuvrer pour le droit de vote des femmes à l'avenir comme bon leur semble, tandis que nous, de l'Union sociale et politique des femmes, poursuivrons l'agitation militante pour le droit de vote des femmes initiée par ma fille, moi-même et une poignée de femmes il y a plus de six ans.

J'ai ensuite passé en revue la situation dans laquelle se trouvait désormais la WSPU et j'ai exposé la nouvelle politique militante qu'il avait décidée. Cette politique, au départ, constituait une opposition implacable, non seulement au parti au pouvoir, le Parti libéral, mais à tous les partis de la coalition. J'ai rappelé aux femmes que le gouvernement qui nous avait trompées et trahies et qui complotait maintenant pour rendre doublement difficile notre progression vers la citoyenneté, a été maintenu au pouvoir grâce à la coalition de trois partis. Il y avait le Parti libéral, théoriquement le parti au pouvoir, mais ils ne pourraient pas vivre un autre jour sans la coalition des partis nationaliste et travailliste . Nous devrions donc dire, non seulement au Parti libéral mais aussi au Parti nationaliste et au Parti travailliste : « Tant que vous maintiendrez au pouvoir un gouvernement anti-suffrage, vous êtes complices de leur culpabilité, et désormais nous vous offrons la même chose. opposition que nous donnons au peuple que vous maintenez au pouvoir avec votre soutien. » J'ai ajouté : « Nous avons demandé au Parti travailliste de faire son devoir selon son propre programme et de s'opposer au gouvernement sur chaque question jusqu'à ce que le gouvernement rende justice aux femmes. Apparemment, ils ne sont pas disposés à le faire. ils nous disent que d'autres choses sont plus importantes que la liberté des femmes, que la liberté des travailleuses. Nous disons : « Alors, messieurs, nous devons vous enseigner la valeur de vos propres principes, et jusqu'à ce que vous soyez prêts à les défendre. droit des femmes de décider de leur vie et des lois sous lesquelles elles doivent vivre, vous, avec M. Asquith et compagnie, êtes également responsables de tout ce qui est arrivé et arrive aux femmes dans cette lutte pour l'émancipation.'"

Décrivant plus en détail notre nouvelle et plus forte politique d'agression, j'ai déclaré : « Il y a beaucoup de critiques, mesdames et messieurs, à l'encontre de ce mouvement. Il me semble toujours que lorsque les membres anti-suffrage du gouvernement critiquent le militantisme des femmes, Cela ressemble beaucoup à des bêtes de proie reprochant aux animaux plus doux qui se retournent dans une résistance désespérée lorsqu'ils sont sur le point de mourir. Critique de messieurs qui n'hésitent pas à ordonner aux armées de tuer et de massacrer leurs adversaires, qui n'hésitent pas à encourager les foules du parti à attaquer. des femmes sans défense dans les réunions publiques – leurs critiques ne sonnent guère vraies. Ensuite, je reçois des lettres de personnes qui me disent qu'elles sont d'ardentes suffragistes mais qui disent qu'elles n'aiment pas les récents développements du mouvement militant et me implorent d'exhorter les membres. ne pas être imprudent avec la vie humaine. Mesdames et Messieurs, la seule insouciance dont les militants suffragistes ont fait preuve à l'égard de la vie humaine concerne leur propre vie et non celle des autres, et je dis ici et maintenant que cela n'a jamais été le cas et jamais. La politique de l'Union sociale et politique des femmes sera de mettre imprudemment en danger la vie humaine. Nous laissons cela à l'ennemi. Nous laissons cela aux hommes dans leur guerre. Ce n'est pas la méthode des femmes. Non, même du point de vue de la politique publique, un militantisme affectant la sécurité de la vie humaine serait déplacé. *Il y a quelque chose dont les gouvernements se soucient bien plus que la vie humaine, c'est la sécurité de la propriété, et c'est donc par la propriété que nous frapperons l'ennemi.* Désormais, les femmes qui seront d'accord avec moi diront : « Nous méconnaissons vos lois, messieurs, nous plaçons la liberté, la dignité et le bien-être des femmes au-dessus de toutes ces considérations, et nous continuerons cette guerre, comme nous l'avons fait dans le passé. » ; et quel sacrifice de propriété ou quel préjudice causé à la propriété ne sera pas de notre faute. Ce sera la faute de ce gouvernement qui reconnaît la justesse de nos revendications, mais refuse de les concéder sans la preuve, comme ils nous l'ont dit, donnée aux gouvernements du passé, que ceux qui ont demandé la liberté étaient sérieux dans leurs revendications. !"

J'ai appelé les femmes présentes à la réunion à me rejoindre dans ce nouveau militantisme, et je leur ai rappelé une fois de plus que les femmes qui combattaient dans l'armée des suffragettes avaient une grande mission, la plus grande mission que le monde ait jamais connue : la libération d'une personne. la moitié de la race humaine et, grâce à cette liberté, le salut de l'autre moitié. Je leur ai dit : « Militez chacun à votre manière. Ceux d'entre vous qui peuvent exprimer leur militantisme en allant à la Chambre des communes et en refusant de la quitter sans satisfaction, comme nous l'avons fait au début, faites-le. qui peuvent exprimer leur militantisme en affrontant les foules du parti lors des réunions des ministres du Cabinet, lorsque vous leur rappelez leur fausseté des principes – faites-le. Ceux d'entre vous qui peuvent exprimer leur militantisme en nous rejoignant dans notre politique d'élections partielles anti-gouvernementales – faites-le. Ceux d'entre vous qui peuvent briser les fenêtres, brisez-les, ceux d'entre vous qui peuvent encore attaquer l'idole secrète de la propriété, afin de faire comprendre au gouvernement que la propriété est aussi gravement menacée par le suffrage des femmes qu'elle l'était par les chartistes d'autrefois. — faites-le. Et mon dernier mot est au gouvernement : j'incite cette réunion à la rébellion. Je dis au gouvernement : vous n'avez pas osé prendre les dirigeants de l'Ulster pour leur incitation à la rébellion. Prenez-moi si vous l'osez. vous oseriez vous dire ceci : aussi longtemps que ceux qui ont incité à la rébellion armée et à la destruction de vies humaines en Ulster seront en liberté, vous ne me garderez pas en prison. Tant que les hommes rebelles – et les électeurs – seront en liberté, nous ne resterons pas en prison, en première division ou pas de première division. »

Je demande à mes lecteurs, dont certains seront sans doute choqués et mécontents de ces paroles que j'ai si franchement formulées, de se mettre à la place de ces femmes qui, pendant des années, ont consacré entièrement et sans relâche leur vie à l'œuvre de garantir la liberté politique des femmes ; qui avait converti une si grande proportion de l'électorat que, si la Chambre des communes avait été un corps libre, nous aurions conquis cette liberté des années auparavant ; qui ont vu leur liberté leur être retirée par trahison et abus de pouvoir. Je vous demande de considérer que nous avons utilisé, dans notre agitation, uniquement des moyens pacifiques jusqu'à ce que nous comprenions clairement que les moyens pacifiques ne servaient absolument à rien, puis pendant des années nous n'avons utilisé que le militantisme le plus doux, jusqu'à ce que nous soyons nargués par les ministres du Cabinet, et on nous a dit que nous n'obtiendrons jamais le vote tant que nous n'aurons pas employé la même violence que celle utilisée par les hommes dans leur agitation pour le suffrage. Après cela, nous avons eu recours à un militantisme plus fort, mais même cela, comparé au militantisme des hommes dans les conflits du travail , ne pouvait en aucun cas être considéré comme violent. À toutes ces étapes de notre agitation, nous avions été punis avec la plus grande sévérité, envoyés en prison comme des criminels de droit commun et, ces dernières années, torturés comme aucun criminel n'a été torturé depuis un siècle dans les pays civilisés du monde. Et pendant toutes ces années, nous avons assisté à des grèves désastreuses qui ont causé des souffrances et des morts, sans parler de l'énorme gaspillage économique, et nous n'avons jamais vu un seul dirigeant de grève puni comme nous l'avons été. Nous, qui avions été condamnés à neuf mois de prison pour avoir incité des femmes à une légère rébellion, avions vu un dirigeant syndical qui avait fait de son mieux pour inciter une armée à la mutinerie, libéré de prison en deux mois par le gouvernement. Et maintenant nous en étions arrivés au point où nous voyions la guerre civile menacée, où nous lisions chaque jour dans les journaux des rapports de discours mille fois plus incendiaires que tout ce que nous avions jamais dit. Nous avons entendu des membres éminents du Parlement déclarer ouvertement que si le projet de loi sur l'autonomie était adopté, l'Ulster se battrait, et l'Ulster aurait raison. Aucun de ces hommes n'a été arrêté. Au lieu de cela, ils ont été applaudis. Lord Selborne , l'un de nos critiques les plus sévères, se référant au fait que les Ulsteriens s'entraînaient sous les armes, a déclaré publiquement : « La méthode que les habitants d'Ulster adoptent pour montrer la profondeur de leurs convictions et l'intensité de leurs sentiments impressionnera l'imagination. de tout le pays." Mais Lord Selborne n'a pas été arrêté. Les officiers mutins qui ont démissionné de leurs commissions lorsqu'ils ont reçu l'ordre de se présenter au travail contre les hommes d'Ulster qui se préparaient en réalité à la guerre civile ne l'étaient pas non plus.

Qu'est-ce que tout cela signifie? Pourquoi le militantisme sanglant des hommes est-il applaudi et le militantisme symbolique des femmes puni par une cellule de prison et l'horreur du gavage ? Cela signifie simplement que le double standard des hommes en matière de morale sexuelle, selon lequel les victimes de leur convoitise sont considérées comme des parias, tandis que les hommes eux-mêmes échappent à toute censure sociale, s'applique réellement à la morale dans tous les domaines de la vie. Les hommes établissent le code moral et ils s'attendent à ce que les femmes l'acceptent. Ils ont décidé qu'il était tout à fait juste et approprié que les hommes se battent pour leurs libertés et leurs droits, mais qu'il n'était pas juste et approprié que les femmes se battent pour les leurs. [3]

Ils ont décidé que le fait que les hommes restent silencieux pendant que des dirigeants tyranniques leur imposent des liens d'esclavage est lâche et déshonorant , mais que le fait que les femmes fassent la même chose n'est pas lâche et déshonorant , mais simplement respectable. Eh bien, les Suffragettes rejettent absolument ce double standard moral. S'il est juste que les hommes se battent pour leur liberté, et Dieu sait à quoi ressemblerait la race humaine aujourd'hui si les hommes ne s'étaient pas battus depuis le début des temps pour leur liberté, alors il est juste que les femmes se battent pour leur liberté. et la liberté des enfants qu'ils portent. C'est sur cette déclaration de foi que les militantes d'Angleterre fondent leur cause.

NOTE DE BAS DE PAGE:

[3] Il ne fait aucun doute qu'une grande partie de l'animosité dirigée contre nous par le gouvernement en 1913 et 1914 était due à l'amertume sexuelle attisée par une série d'articles écrits par Christabel Pankhurst et publiés dans *The Suffragette* . Ces articles, un exposé courageux et faisant autorité sur les méfaits de l'immoralité sexuelle et leurs effets dévastateurs sur des épouses et des enfants innocents, ont depuis été publiés dans un livre intitulé « Le Grand Fléau et comment y mettre fin », publié par David Nutt, New York. Oxford Street, Londres WC

CHAPITRE IV

J'avais appelé les femmes à se joindre à moi pour faire grève contre le gouvernement sur la seule chose qui préoccupe vraiment les gouvernements – la propriété – et la réponse a été immédiate. En quelques jours, les journaux racontèrent l'histoire de l'attaque menée contre des boîtes aux lettres à Londres, Liverpool, Birmingham, Bristol et dans une demi-douzaine d'autres villes. Dans certains cas, les cartons, ouverts par les facteurs, prenaient mystérieusement feu ; dans d'autres, les lettres ont été détruites par des produits chimiques corrosifs ; dans d'autres encore, les adresses étaient rendues illisibles par des fluides noirs. Au total, on estime que plus de 5 000 lettres ont été complètement détruites et que plusieurs milliers d'autres ont été retardées dans leur transit.

C'est avec un profond sentiment de gravité que ces protestations contre l'incendie de lettres ont été entreprises, mais nous avons estimé que quelque chose de radical devait être fait afin de détruire l'apathie des hommes d'Angleterre qui voient avec indifférence la souffrance des femmes opprimées par des lois injustes. . Comme nous l'avons souligné, les lettres, aussi précieuses soient-elles, le sont moins que les corps et les âmes humaines. Ce fait fut universellement reconnu lors du naufrage du *Titanic* . Les lettres et les objets de valeur disparurent à jamais, mais leur perte fut oubliée par la perte bien plus terrible d'une multitude de vies humaines. Ainsi, afin d'attirer l'attention sur des crimes encore plus graves contre les êtres humains, nos incendies de lettres se sont poursuivis.

Les délinquants n'ont été appréhendés que dans quelques cas, et l'une des rares femmes arrêtées était une infirme impuissante, une femme qui ne pouvait se déplacer que dans un fauteuil roulant. Elle a été condamnée à huit mois de prison en première division et, résolument en grève de la faim, a été gavée de force avec une brutalité inhabituelle, le médecin de la prison lui cassant délibérément une dent pour lui insérer un bâillon. Malgré ses handicaps et sa faiblesse, la jeune fille infirme a continué sa grève de la faim et sa résistance aux règles de la prison et a dû être libérée peu de temps après. Les peines excessives des autres destructeurs de casemates se sont soldées par des peines très courtes en raison de la résistance des prisonniers, qui ont tous adopté la grève de la faim.

Après avoir montré au gouvernement que nous étions très sérieux lorsque nous avons déclaré que nous adopterions la guérilla et que nous ne resterions pas en prison, nous avons annoncé une trêve afin que le gouvernement puisse avoir pleinement l'occasion de tenir sa promesse en ce qui concerne un amendement sur le droit de vote des femmes au projet de loi sur la franchise. Nous ne pensions pas un seul instant que M. Asquith tiendrait volontiers parole. Nous savions qu'il le briserait s'il le pouvait, mais il y avait de fortes chances que cela ne lui soit pas possible. Cependant, la principale raison pour laquelle nous avons déclaré la trêve était que nous pensions que le Premier ministre trouverait un moyen de se soustraire à sa promesse, et nous étions déterminés à ce que la faute soit imputée, non pas au militantisme, mais au véritable traître. Nous avons passé en revue l'historique des projets de loi sur le suffrage passés : en 1908, le projet de loi avait passé sa deuxième lecture à une majorité de 179 voix ; puis M. Asquith avait refusé de permettre que cela continue ; en 1910, le projet de loi de conciliation passa sa deuxième lecture à une majorité de 110 voix, et encore une fois M. Asquith bloqua son progrès, s'engageant que si le projet de loi était réintroduit en 1911, sous une forme le rendant susceptible d'être librement amendé, il serait pleinement approuvé. facilités pour devenir loi; ces conditions furent remplies en 1911, et nous avons vu comment le projet de loi, après avoir reçu la majorité accrue de 167 voix, fut torpillé par l'introduction d'un projet de loi gouvernemental sur le suffrage masculin. Cette fois, M. Asquith s'était engagé à ce que le projet de loi soit formulé de telle sorte qu'un amendement sur le droit de vote des femmes puisse y être ajouté, et il a en outre promis que si un tel amendement était adopté en deuxième lecture, il lui permettrait de devenir partie intégrante du projet de loi. le projet de loi. La manière exacte dont le gouvernement parviendrait à se soustraire à sa promesse était une question de spéculation passionnée.

Toutes sortes de rumeurs circulaient, certaines faisant allusion à la démission du Premier ministre, d'autres suggérant la possibilité d'élections générales, d'autres encore que le projet de loi amendé entraînerait un référendum forcé sur le droit de vote des femmes. Il a également été dit que l'intention du gouvernement était de retarder l'adoption du projet de loi tellement longtemps qu'une fois adopté par la Chambre, il serait exclu du bénéfice des lois du Parlement, selon lesquelles un projet de loi dont l'adoption est retardée au-delà de la date limite deux premières années de la vie d'un Parlement, n'a aucune chance d'être examiné par les Lords. Pour devenir une loi sans l'approbation de la Chambre des Lords, un projet de loi doit être adopté trois fois par la Chambre des communes. La perspective d'un projet de loi sur le droit de vote des femmes était pratiquement nulle.

aucune de ces rumeurs et, en fait, la seule déclaration positive qu'il a faite au sujet du projet de loi sur la franchise était qu'il considérait qu'il était hautement improbable que la Chambre adopte un amendement sur le droit de vote des femmes. Afin de décourager le sentiment de suffrage féminin à la Chambre, M. Lloyd-George et M. Lewis Harcourt se sont de nouveau occupés à répandre des prophéties pessimistes sur une scission du Cabinet au cas où un amendement serait adopté. Aucune autre menace, ils le savaient bien, ne terroriserait autant les timides libéraux d'arrière-ban qui, en plus de leur loyauté aveugle envers leur parti, craignaient de perdre leur siège aux élections générales qui suivraient une telle scission. Plutôt que de risquer leur travail politique, ils auraient sacrifié n'importe quel principe. Bien sûr, l'idée d'une scission du Cabinet n'était que pure buncombe, et elle a trompé peu de membres. Mais il établissait très clairement une chose, à savoir que la promesse de M. Asquith selon laquelle la Chambre devrait être laissée absolument libre de décider de la question du suffrage et que le Cabinet était prêt à se plier à la décision de la Chambre n'était jamais censée se réaliser. .

Le projet de loi sur la franchise , tel quel , dans sa formulation même, niait spécifiquement le droit de vote de toute femme. Sir Edward Gray a proposé un amendement supprimant du projet de loi le mot « homme », laissant ainsi la place à un amendement sur le droit de vote des femmes. Deux de ces amendements ont été proposés, l'un prévoyant le suffrage adulte pour les hommes et les femmes, et l'autre accordant le suffrage total aux femmes et aux épouses des chefs de famille. Ce dernier a repoussé l'âge de vote des femmes à vingt-cinq ans, au lieu de vingt et un ans pour les hommes. Le 24 janvier 1913, le débat sur le premier des amendements fut ouvert. Un jour et demi a été réservé à l'examen de l'amendement de sir Edward Grey qui, s'il était adopté, laisserait la voie libre à l'examen des deux autres, auxquels un tiers de jour est alloué à chacun.

Nous avions organisé de grandes réunions chaque jour pendant les débats, et la veille de leur ouverture, nous envoyâmes une délégation de travailleuses, dirigée par Mme Drummond et Miss Annie Kenney, pour interviewer M. Lloyd-George et Sir Edward Grey. Nous avions demandé à M. Asquith de recevoir la députation, mais, comme d'habitude, il refusa. La députation était composée des deux dirigeants, de quatre ouvriers de filature de coton du Lancashire, de quatre ouvriers des métiers en sueur de Londres, de deux filles à sourcils, de deux enseignants, de deux infirmières qualifiées, d'un vendeur, d'une blanchisseuse, d'un ouvrier en bottes et chaussures et d'un domestique. ouvrier, vingt en tout, le nombre exact précisé par M. Lloyd-George. Quelques centaines de travailleuses escortèrent la députation jusqu'à la résidence officielle du Chancelier de l'Échiquier et attendirent anxieusement dans la rue le résultat de l'audience.

Le résultat fut évidemment stérile. M. Lloyd-George a réitéré avec désinvolture sa confiance dans la « grande opportunité » offerte par le projet de loi sur le droit de vote, et Sir Edward Grey, rappelant aux femmes les divergences de vues des membres du Cabinet sur la question du suffrage, leur a assuré que leur meilleur La chance de succès résidait dans un amendement au projet de loi actuel. Les femmes ont parlé avec la plus grande franchise aux deux ministres et les ont vivement interrogés sur l'intégrité de l'engagement du Premier ministre d'accepter les amendements, s'ils étaient adoptés. La politique anglaise était tombée à un tel degré d'infamie qu'il était possible aux femmes de remettre ouvertement en question la parole donnée au ministre en chef du roi ! Mme Drummond, qui n'a peur d'aucun être humain, a invité en termes simples le glissant M. Lloyd-George à effacer son propre caractère de l'opprobre. Dans les derniers mots de son discours, elle lui a clairement exposé l'affaire en disant : « Maintenant, M. Lloyd-George, vous avez obstinément respecté vos pensions de vieillesse et la loi sur les assurances, vous les avez garanties, et ce que vous avez obtenu. Si vous avez fait ces mesures, vous pouvez le faire aussi pour les femmes."

La Chambre se réunit l'après-midi suivant pour débattre de l'amendement permissif de Sir Edward Grey, mais à peine la discussion fut-elle ouverte qu'une véritable bombe fut lancée sur la situation. M. Bonar Law s'est levé et a demandé une décision sur la constitutionnalité de l'amendement au projet de loi tel que formulé concernant le droit de vote des femmes. Le Président, qui, en plus de présider la Chambre, en est le parlementaire officiel, a répondu qu'à son avis, un tel amendement ferait une énorme différence dans le projet de loi et qu'il serait obligé, à un stade ultérieur des débats, d'examiner attentivement si, s'il était adopté, un amendement sur le droit de vote des femmes ne modifierait pas le projet de loi de manière si importante qu'il devrait être retiré. Malgré cette sinistre déclaration, la Chambre a continué à débattre de l'amendement Gray, qui a été soutenu avec brio par Lord Hugh Cecil, Sir John Rolleston et d'autres.

Pendant le week-end férié, deux conseils de Cabinet ont eu lieu et, lorsque la Chambre s'est réunie lundi, le Premier ministre a demandé au Président de prendre sa décision. Le président a déclaré qu'à son avis, l'adoption de l'un quelconque des amendements sur le droit de vote des femmes modifierait la portée du projet de loi sur le droit de vote au point de créer pratiquement un nouveau projet de loi, car la mesure, telle qu'elle était formulée, n'avait pas pour objet l'objectif principal était d'accorder le droit de vote à une classe jusqu'alors exclue. Si cela avait été ainsi formulé, un amendement sur le droit de vote des femmes aurait été tout à fait approprié. Mais l'objectif principal du projet de loi était de modifier les conditions d'inscription au vote parlementaire. Cela augmenterait l'électorat masculin, mais seulement en tant que résultat indirect de la modification des qualifications. De l'avis du Président, un amendement au projet de loi supprimant la barrière sexuelle des lois électorales n'était pas approprié.

Le Premier ministre a ensuite annoncé les intentions du Cabinet, qui étaient de retirer le projet de loi sur la franchise et de s'abstenir de présenter, au cours de cette session, un projet de loi à vote plural. M. Asquith a admis doucement que son engagement concernant le droit de vote des femmes avait été rendu incapable de se réaliser, et il a déclaré qu'il se sentait contraint de donner un nouvel engagement pour le remplacer. Il n'y en avait que deux qui pouvaient être donnés. La première était que le gouvernement devait présenter un projet de loi visant à accorder le droit de vote aux femmes, ce qu'il ne ferait pas. La seconde était que le gouvernement accepte d'accorder toutes facilités quant au délai, au cours de la prochaine session du Parlement, à un projet de loi d'initiative parlementaire, rédigé de manière à pouvoir être librement amendé. C'est la voie que le gouvernement a décidé d'adopter. M. Asquith a eu l'audace de dire en conclusion qu'il pensait que la Chambre reconnaîtrait qu'il s'est efforcé et a réussi à donner effet, tant dans la lettre que dans l'esprit, à tous les engagements que le gouvernement a pris.

Deux députés seulement, M. Henderson et M. Keir Hardie, ont eu le courage de se lever sur le parquet de la Chambre et de dénoncer la trahison du gouvernement, car elle était incontestablement une trahison. M. Asquith s'était engagé sur son honneur sacré à présenter un projet de loi susceptible d'être amendé pour inclure le droit de vote des femmes, et il avait rédigé un projet de loi qui ne pouvait pas être ainsi amendé. Qu'il ait agi délibérément, avec la simple intention de trahir les femmes, ou que l'ignorance des règles parlementaires ait été à l'origine de l'échec du projet de loi n'avait aucune importance. Il n'est pas nécessaire que le projet de loi ait été rédigé dans l'ignorance. La source de sagesse représentée par le Président aurait pu être consultée au moment où le projet de loi était en cours d'élaboration tout aussi facilement qu'au moment où il en était au stade du débat. Notre journal disait dans un éditorial, représentant et exprimant parfaitement le point de vue de notre député : "Ou bien le gouvernement ignore tellement la procédure parlementaire qu'il est inapte à occuper un quelconque poste de responsabilité, ou bien ce sont des canailles de la pire espèce."

J'ai tendance à penser que le verdict de la postérité penchera vers la conclusion ultérieure. Si M. Asquith avait été un homme d'honneur, il aurait restructuré le projet de loi sur la franchise de manière à ce qu'il puisse inclure un amendement au droit de vote, ou bien il aurait réparé sa prodigieuse erreur - si c'était une erreur - en introduisant une mesure gouvernementale pour le droit de vote des femmes. Il n'a fait ni l'un ni l'autre, mais a réglé la question en promettant des facilités pour un projet de loi d'initiative parlementaire dont il savait, et dont tout le monde savait, qu'il ne pourrait pas être adopté.

Il n'y avait aucune chance pour un projet de loi d'initiative parlementaire, même avec des facilités, pour plusieurs raisons, mais principalement parce que le torpillage du projet de loi de conciliation avait complètement détruit l'esprit de conciliation dans lequel les conservateurs, les libéraux et les radicaux à la Chambre des communes, et les femmes militantes et non militantes de tout le Royaume ont mis de côté leurs divergences d'opinions et sont convenues de se réunir sur une mesure de compromis. Lorsque le deuxième projet de loi de conciliation, de 1911, était en discussion, Lord Lytton avait déclaré : « Si ce projet de loi n'est pas adopté, le mouvement pour le droit de vote des femmes ne sera pas arrêté, mais l'esprit de conciliation dont ce projet de loi est l'expression sera détruit, et il y aura une guerre dans tout le pays, faisant rage, déchirement, conflits féroces et amers, même si personne ne le veut.

Les paroles de Lord Lytton étaient prophétiques. À cette dernière supercherie éhontée de la part du gouvernement, le pays s'enflamma d'une colère amère. Toutes les sociétés de droit de vote se sont unies pour demander qu'une mesure gouvernementale en faveur du droit de vote des femmes soit introduite sans délai. La vaine promesse de facilités pour un projet de loi d'initiative parlementaire fut rejetée avec mépris et mépris. Le comité exécutif des femmes libérales s'est réuni et de gros efforts ont été déployés pour adopter une résolution menaçant le retrait de l'ensemble de la fédération du travail de parti, mais cela a échoué et l'exécutif a simplement adopté une faible résolution de regret.

La Fédération libérale des femmes comptait à l'époque près de 200 000 membres, et si l'exécutif avait adopté une résolution ferme, refusant de travailler davantage pour le parti jusqu'à ce qu'une mesure gouvernementale soit introduite, le gouvernement aurait été obligé de céder. Ils n'auraient pas pu affronter le pays sans le soutien des femmes. Mais ces femmes, pour la plupart, étaient les épouses d'hommes au service rémunéré du Parti libéral. Beaucoup d'entre elles étaient les épouses de députés libéraux. Ils n'avaient ni le courage, ni l'intelligence, ni la perspicacité pour déclarer la guerre en tant que corps au gouvernement. Un grand nombre de femmes, ainsi que de nombreux hommes, ont démissionné du Parti libéral, mais les défections n'ont pas été suffisamment graves pour affecter le gouvernement.

Les militants ont déclaré et ont immédiatement mené une guerre implacable. Nous avons annoncé que soit nous devions adopter une mesure gouvernementale, soit une scission du Cabinet – ces hommes du Cabinet se disant suffragettes sortant – ou bien nous reprendrions l'épée, pour ne jamais la lâcher jusqu'à ce que l'émancipation des femmes d'Angleterre soit obtenue. gagné.

C'est à cette époque, en février 1913, il y a moins de deux ans au moment où j'écris ces mots, que le militantisme, tel qu'il est maintenant généralement compris par le public, a commencé – le militantisme dans le sens d'une guérilla continue et destructrice contre le gouvernement à travers atteinte à la propriété privée. Certaines propriétés avaient été détruites auparavant, mais les attaques étaient sporadiques et étaient censées avoir le caractère d'un avertissement sur ce qui pourrait devenir une politique établie. Maintenant, nous avons effectivement allumé le flambeau, et nous l'avons fait avec la conviction absolue qu'aucune autre voie ne s'offrait à nous. Nous avions essayé toutes les autres mesures, comme je suis sûr de l'avoir démontré à mes lecteurs, et nos années de travail, de souffrance et de sacrifice nous avaient appris que le gouvernement ne céderait pas au droit et à la justice, ce que la majorité des membres de la Chambre des Communes a admis que c'était juste et juste, mais que le gouvernement, comme le font invariablement les autres gouvernements, céderait à l'opportunisme. Notre tâche était maintenant de montrer au gouvernement qu'il était opportun de céder aux justes revendications des femmes. Pour ce faire, nous avons dû rendre l'Angleterre et tous les départements de la vie anglaise peu sûrs et dangereux. Nous avons dû faire de la loi anglaise un échec et les tribunaux ont transformé les théâtres de comédie en farces ; nous avons dû discréditer le gouvernement et le Parlement aux yeux du monde ; nous avons dû gâcher les sports anglais, nuire aux affaires, détruire des biens de valeur, démoraliser le monde de la société, faire honte aux églises, bouleverser toute la conduite ordonnée de la vie...

Autrement dit, nous devions faire autant de guérilla que le peuple anglais le tolérait. Lorsqu'ils en sont arrivés au point de dire au gouvernement : « Arrêtez cela, de la seule manière possible pour l'arrêter, en donnant aux femmes d'Angleterre une représentation », alors nous devrions éteindre notre flambeau.

Les Américains, plus que tout le monde, devraient comprendre la logique de notre raisonnement. Il est un morceau du discours américain, apprécié des écoliers, qui a souvent été cité dans les tribunes militantes. Dans un discours désormais classé parmi les classiques de la langue anglaise, votre grand homme d'État, Patrick Henry, a résumé les causes qui ont conduit à la Révolution américaine. Il dit : « Nous avons adressé des pétitions, nous avons protesté, nous avons supplié, nous nous sommes prosternés au pied du trône, et tout cela a été en vain. Nous devons nous battre, je le répète, monsieur, nous devons nous battre.

Patrick Henry, rappelez-vous, préconisait le meurtre des gens, ainsi que la destruction de la propriété privée, comme moyen approprié de garantir la liberté politique des hommes. Les Suffragettes ne l'ont pas fait et ne le feront jamais. En fait, l'esprit militant du militantisme est un respect profond et constant pour la vie humaine. Au cours de la dernière période de notre agitation, j'ai été appelé à discuter de notre politique avec de nombreux hommes éminents, hommes politiques, hommes de lettres, avocats, scientifiques, membres du clergé. L'un de ces derniers, un haut dignitaire de l'Église d'Angleterre, m'a dit que, même s'il était un suffragiste convaincu, il lui était impossible de justifier nos actes mal, afin que le bien puisse s'ensuivre. Je lui ai dit : « Nous n'avons pas tort, nous avons raison en utilisant des méthodes révolutionnaires contre la propriété privée. Notre travail consiste à restaurer ainsi les vraies valeurs, à souligner la valeur des droits de l'homme contre les droits de propriété. conscient, monsieur, que la propriété a pris une valeur aux yeux des hommes, et aux yeux de la loi, qu'elle ne doit jamais prétendre être placée au-dessus de toutes les valeurs humaines, la vie, la santé et le bonheur, et même la vertu. Des femmes et des enfants – c'est-à-dire la race elle-même – sont impitoyablement sacrifiés au dieu de la propriété chaque jour dans le monde. »

Mon révérend ami était d'accord sur ce point et j'ai dit : « Si nous, les femmes, avons tort de détruire la propriété privée afin que les valeurs humaines puissent être restaurées, alors je dis, en toute révérence, que le fondateur du christianisme avait tort de détruire la propriété privée. propriété, comme il l'a fait lorsqu'il a chassé les changeurs d'argent du Temple et lorsqu'il a chassé les porcs Gaderene dans la mer.

C'est absolument dans cet esprit que nos femmes partaient à la guerre. Au cours du premier mois de la guérilla, d'énormes quantités de biens ont été endommagés et détruits. Le 31 janvier, plusieurs putting greens ont été brûlés à l'acide ; les 7 et 8 février, les fils télégraphiques et téléphoniques furent coupés en plusieurs endroits et pendant quelques heures toutes les communications entre Londres et Glasgow furent suspendues ; quelques jours plus tard, les vitres de plusieurs des clubs les plus chics de Londres furent brisées, les maisons d'orchidées de Kew furent détruites et de nombreuses fleurs précieuses détruites par le froid. La salle des bijoux de la Tour de Londres a été envahie et une vitrine brisée. La résidence de SAR le Prince Christian et le Lambeth Palace, siège de l'archevêque de Cantorbéry, ont été visités et leurs vitres ont été brisées. La buvette de Regents Park a été entièrement incendiée le 12 février et le 18 février, une maison de campagne en construction à Walton-on-the-Hill pour M. Lloyd-George a été partiellement détruite, une bombe ayant explosé dans le tôt le matin avant l'arrivée des ouvriers. Une épingle à chapeau et une épingle à cheveux ramassées près de la maison, couplées au fait que l'on avait pris soin de ne mettre aucune vie en danger, ont amené la police à croire que l'acte avait été commis par des femmes ennemies de M. Lloyd-George. Quatre jours plus tard, j'ai été arrêté et traduit devant le tribunal de police d'Epsom, où j'ai été accusé d'avoir « conseillé et recruté » les personnes qui ont causé les dégâts. Admis en liberté sous caution pour la nuit, j'ai comparu le lendemain matin devant le tribunal, où l'affaire a été entièrement examinée. Mes discours ont été lus, un discours prononcé lors d'une réunion tenue le 22 janvier, au cours de laquelle j'ai appelé à des volontaires pour agir avec moi dans un engagement particulier ; et une autre, faite le lendemain de l'explosion, dans laquelle j'acceptais publiquement la responsabilité de tous les actes militants commis dans le passé, et même de ce qui avait été fait à Walton. À l'issue de l'audience, j'ai été renvoyé en jugement aux assises de mai à Guildford. La libération sous caution serait autorisée, a-t-on déclaré, si j'acceptais de prendre l'engagement habituel de m'abstenir de tout militantisme ou incitation au militantisme.

J'ai demandé que l'affaire soit jugée rapidement aux assises alors en cours. J'étais tout à fait disposé, dis-je, à prendre un engagement pour une courte période, pour une semaine, voire deux semaines, mais je ne pourrais pas le faire pour une période beaucoup plus longue, compte tenu du fait qu'une nouvelle session du Parlement commençait en mars, et était extrêmement préoccupé par les intérêts des femmes. La demande a été refusée et on m'a ordonné d'être emmené à Holloway. J'ai prévenu le magistrat que je devais immédiatement entamer une grève de la faim et je lui ai dit que si je survivais jusqu'à l'été, ce serait une femme mourante qui serait jugée.

En arrivant à Holloway, j'ai réalisé mon intention, mais au bout de vingt-quatre heures j'ai appris que les autorités avaient arrangé que mon procès aurait lieu le 1er avril, au lieu de fin juin, et au Central Criminal Court de Londres, à la place. de la Cour de Guildford. J'ai alors pris les engagements requis et j'ai été immédiatement libéré sous caution.

CHAPITRE V

Lorsque je suis entré à Old Bailey en ce mémorable mercredi 2 avril 1913 pour être jugé pour incitation à commettre un crime, le tribunal était rempli de femmes. Une grande foule de femmes qui n'ont pas pu obtenir les billets nécessaires sont restées dans les rues pendant des heures en attendant la nouvelle du procès. Un grand nombre de détectives de Scotland Yard et un nombre encore plus important de policiers en uniforme étaient en service à l'intérieur et à l'extérieur du tribunal. Je ne comprenais pas pourquoi on jugeait nécessaire de disposer d'un tel régiment de police, car je n'avais pas encore réalisé l'état de terreur dans lequel le mouvement militant, dans son nouveau développement, avait plongé les autorités.

M. Bodkin et M. Travers Humphreys ont semblé poursuivre au nom de la Couronne, et j'ai mené ma propre cause, en consultation avec mon avocat, M. Marshall. Le juge, le juge Lush, ayant pris place, je suis entré dans le box des accusés et j'ai écouté la lecture de l'acte d'accusation. J'ai plaidé « non coupable », non pas parce que je souhaitais me soustraire à la responsabilité de l'explosion – j'avais déjà assumé cette responsabilité – mais parce que l'acte d'accusation m'accusait d'avoir incité méchamment et malicieusement les femmes au crime. Ce que j'avais fait n'était pas mauvais dans son but, mais tout au contraire. Je ne pouvais donc pas sincèrement plaider coupable. Le procès s'étant ouvert, le juge m'a demandé courtoisement si je souhaitais m'asseoir. Je l'ai remercié et lui ai demandé si je pouvais aussi avoir une petite table sur laquelle déposer mes papiers. Sur ordre du juge, une table m'a été apportée.

M. Bodkin a ouvert le dossier en expliquant le "Malicious Damages to Property Act" de 1861, en vertu duquel j'étais accusé, et après avoir décrit l'explosion qui avait endommagé la maison Lloyd-George à Walton, il a déclaré que j'étais accusé d'être dans le liaison avec un complice avant le fait. Il n'a pas été suggéré, a-t-il dit, que j'étais présent lorsque le crime a été commis, mais il a été accusé que j'avais déplacé et incité, conseillé et recruté des femmes dont les noms étaient inconnus pour commettre ce crime. Il appartiendrait au jury de décider, après la présentation des preuves, si les faits n'indiquaient pas le plus clairement que les femmes, probablement au nombre de deux, qui ont commis le crime étaient membres de l'Union sociale et politique des femmes, qui avait son bureau à Kingsway à Londres, et dont le défendeur était le chef, l'esprit émouvant et le leader reconnu .

L'explosion de la maison de M. Lloyd-George a ensuite été décrite en détail. Selon M. Bodkin, il ressort clairement des déclarations malveillantes faites contre lui par le prisonnier que les dommages étaient destinés à être un acte contre M. Lloyd-George. Il a produit une lettre privée que j'avais écrite à un ami dans laquelle j'avais défendu le militantisme et lui disais que non seulement c'était devenu un devoir, mais que, dans les circonstances, c'était aussi devenu une nécessité politique. M. Bodkin a déclaré :

"Une lettre de ce genre prouve très clairement plusieurs choses. Elle montre qu'elle est la leader. Elle montre son influence sur les membres émotifs de cette organisation . Elle montre que selon elle, le militantisme peut être retenu pendant un temps et se déchaîner sur société à une autre époque. Et cela montre en outre que toute personne ou toute femme qui veut s'adonner au militantisme, qui n'est qu'une expression pittoresque pour commettre des crimes contre la société, doit communiquer avec elle, et avec elle seule, de bouche à oreille ou. par lettre. C'est la proclamation qui a été envoyée aux membres de cette organisation . Le langage clair de cette lettre est : « Si nous n'obtenons pas ce que nous voulons, le gouvernement et ses membres seront responsables, ainsi que le gouvernement et le gouvernement. le public sera incité à nous donner ce que nous voulons.

De nombreux extraits de mes discours prononcés en janvier et février ont été lus, ainsi que le discours final prononcé juste avant mon arrestation à Chelsea. Mais avant de les lire, j'ai dit :

"Je désire maintenant faire objection aux procès-verbaux de police sur mes discours. Ils m'ont été fournis, et le seul rapport que j'accepte est celui du journaliste de Cardiff qui est l'un des témoins. Il a fourni un rapport assez précis. de ce que j'ai dit dans cette ville. Je n'accepte pas les rapports de police. Ils sont tout à fait inexacts, ignorants et agrammaticaux, et ils donnent une impression absolument fausse de ce que j'ai dit à bien des égards.

Des témoins ont ensuite été interrogés ; le charretier qui a entendu et signalé l'explosion ; le contremaître responsable de la maison endommagée, qui a indiqué le coût des dommages et décrit les explosifs, etc., trouvés sur les lieux ; plusieurs policiers qui ont raconté avoir trouvé des épingles à cheveux et des golosh en caoutchouc dans la maison, etc. Absolument rien n'a été révélé qui tendrait à montrer que les suffragettes aient quelque chose à voir avec cette affaire. Le juge l'a noté car il a dit à M. Bodkin :

"Je ne sais pas vraiment comment vous présentez cette affaire. Il y a deux façons de voir les choses. Demandez-vous seulement au jury de dire que l'accusé a spécifiquement conseillé la perpétration de ce crime, ou dites-vous également cela en la regardant." " Les discours que vous lisez - en supposant que vous prouviez qu'ils ont été prononcés - que le langage utilisé étant une incitation générale à endommager la propriété, quiconque aurait répondu à cette invitation et perpétré cet outrage serait incité par elle à le faire ?"

M. Bodkin a répondu que cette dernière hypothèse était correcte.

"Je dis que les discours sont généralement une incitation à toutes sortes d'actes de violence contre la propriété, et qu'ils présentent des preuves d'attaques contre la propriété et contre un individu particulier, et qu'il y a des preuves dans les discours qui ont été lus, et qui seront prouvé, des aveux de Mme Pankhurst d'avoir été liée à l'outrage particulier d'une manière qui fait d'elle en droit une complice avant le fait.

"Mais vous ne limitez pas l'affaire à cette dernière façon de le présenter ?"

"Non", a répondu M. Bodkin.

"Même si le jury est convaincu", a déclaré le juge, "que Mme Pankhurst n'était pas directement liée à cet attentat en le conseillant, vous demandez quand même au jury de dire qu'en conseillant, comme vous le dites dans ses discours, le destruction de biens, en particulier ceux appartenant à un homme en particulier, quiconque aurait agi en conséquence et commis cet outrage aurait été incité par elle à le faire ?"

"Oui mon Seigneur."

"Je pense, Mme Pankhurst, que vous comprenez maintenant la façon dont c'est présenté ?" demanda le juge.

"Je comprends très bien, monseigneur," répondis-je.

Les débats ont repris le lendemain et l'audition des témoins à charge s'est poursuivie. À la fin de l'interrogatoire, le juge m'a demandé si je souhaitais appeler des témoins. J'ai répondu:

"Je ne désire pas témoigner ni appeler des témoins, mais je désire m'adresser à Votre Seigneurie."

J'ai commencé par m'opposer à certaines des choses que M. Bodkin avait dites dans son discours et qui me concernaient personnellement. Il m'avait dit - ou du moins ses paroles laissaient entendre - que j'étais une femme qui se promenait dans son automobile, incitant d'autres femmes à commettre des actes qui entraînent l'emprisonnement et de grandes souffrances, tandis que moi, me livrant peut-être à une curieuse forme de plaisir. , j'étais protégé, ou je me croyais protégé, de conséquences graves. J'ai dit que M. Bodkin savait parfaitement que je partageais tous les dangers auxquels les autres femmes étaient confrontées, que j'avais été en prison trois fois, que j'avais purgé la totalité de deux de mes peines et que j'avais été traitée comme un criminel ordinaire - fouillée, mise en prison. des vêtements, manger des plats de prison, être mises à l'isolement et se conformer à toutes les règles abominables imposées aux femmes qui commettent des crimes en Angleterre. Je pensais que je me le devais, d'autant plus que les mêmes suggestions – concernant le luxe dans lequel je vivais, soutenues par les membres de la WSPU – avaient été faites, non seulement par M. Bodkin au tribunal, mais par des membres de la WSPU. Le gouvernement à la Chambre des communes—Je pensais que je me devais de dire que je ne possédais pas d'automobile et que je n'en avais jamais possédé. La voiture dans laquelle je roulais occasionnellement appartenait à l' organisation et était utilisée pour un travail de propagande générale. Dans cette voiture et dans les voitures appartenant à des amis, j'avais fait mon travail de conférencière au sein du mouvement Woman Suffrage. Il était également faux, ai-je dit, que certains d'entre nous gagnaient entre 1 000 et 1 500 livres sterling par an grâce au mouvement pour le suffrage, comme cela avait été prétendu lors des débats à la Chambre au cours desquels les membres du Parlement essayaient de décider comment pour écraser le militantisme. Aucune femme de notre organisation ne gagnait un tel revenu, ou quelque chose de similaire. Moi-même, j'avais sacrifié une partie considérable de mes revenus parce que j'avais dû en abandonner une partie très importante afin d'être libre de faire ce que je pensais être mon devoir dans le mouvement.

S'adressant à ma défense , j'ai dit à la Cour que la situation était très grave lorsqu'un grand nombre de personnes respectables et naturellement respectueuses de la loi, des personnes menant une vie honnête, en sont venues à mépriser la loi et ont sérieusement pris une décision. qu'ils avaient raison d'enfreindre la loi.

« Tout bon gouvernement, dis-je, repose sur l'acceptation de la loi, sur le respect de la loi, et je vous le dis sérieusement, milord et messieurs les jurés, que les femmes intelligentes, les femmes instruites, Les femmes honnêtes ont cessé depuis de nombreuses années de respecter les lois de ce pays. C'est un fait absolu, et quand on regarde les lois de ce pays telles qu'elles affectent les femmes, il n'y a pas lieu de s'étonner.

J'ai longuement passé en revue ces lois, lois qui permettaient au juge de m'envoyer, s'il était reconnu coupable, à quatorze ans de prison, alors que la peine maximale pour les délits les plus révoltants contre les petites filles n'était que de deux ans. emprisonnement. Les lois sur l'héritage, les lois sur le divorce, les lois sur la tutelle des enfants, toutes si scandaleusement injustes envers les femmes, je les ai brièvement esquissées, et j'ai dit que non seulement ces lois et d'autres, mais l'administration des lois était si loin d'être à la hauteur. l'adéquation, les femmes ont estimé qu'elles devaient être autorisées à partager le travail de nettoyage de l'ensemble de la situation. J'ai essayé ici de raconter certaines choses affreuses que j'avais apprises en tant qu'épouse d'avocat, des choses sur certains hommes haut placés chargés de l'administration de la justice, d'un juge d'assises où de nombreux crimes horribles contre les femmes ont été jugés, ce juge lui-même ayant été retrouvé mort un matin dans une maison close, mais la Cour ne m'a pas permis d'entrer dans les personnalités, comme il disait, à propos de « personnes distinguées », et m'a dit que la seule question posée au jury était de savoir si j'étais ou non coupable des accusations portées. Je dois parler de ce sujet et d'aucun autre.

Après un dur combat pour pouvoir expliquer au jury les raisons pour lesquelles les femmes avaient perdu le respect de la loi et se battaient tant pour devenir elles-mêmes législatrices, j'ai terminé mon discours en disant :

"Plus d'un millier de femmes sont allées en prison au cours de cette agitation, ont subi leur emprisonnement, sont sorties de prison blessées dans leur santé, affaiblies de corps, mais pas d'esprit. Je viens subir mon procès au chevet de une de mes filles, qui est sortie de la prison de Holloway, y a été envoyée pour deux mois de travaux forcés pour avoir participé avec quatre autres personnes au bris d'une petite vitre. Elle a été frappée de faim en prison. Elle s'est soumise pendant plus de cinq ans. des semaines à l'horrible épreuve de l'alimentation forcée, et elle est sortie de prison après avoir perdu près de deux pierres de poids. Elle est si faible qu'elle ne peut pas sortir de son lit. Et je vous le dis, messieurs, c'est le genre de personne. du châtiment que vous m'infligez ou à toute autre femme qui pourrait être amenée devant vous, je vous demande si vous êtes prêt à envoyer un nombre incalculable de femmes en prison - je vous parle en tant que représentant d'autres dans la même situation - si vous l'êtes. je suis prêt à continuer à faire ce genre de choses indéfiniment, parce que c'est ce qui va arriver. Cela ne fait absolument aucun doute. Je pense que vous en avez vu suffisamment, même dans le cas présent, pour vous convaincre que nous ne sommes pas des femmes chasseuses de notoriété. Nous pourrions l'obtenir, Dieu sait, à bien moindre coût si nous le recherchions. Nous sommes des femmes, à tort ou à raison, convaincues que c'est la seule façon de conquérir le pouvoir et de modifier ce qui est pour nous des conditions intolérables, absolument intolérables. L'autre jour, un ecclésiastique de Londres a déclaré que c'était 60 pour cent. des femmes mariées de sa paroisse étaient les soutiens de famille, subvenant aux besoins de leur mari ainsi que de leurs enfants. Quand vous pensez aux salaires que gagnent les femmes, quand vous pensez à ce que cela signifie pour l'avenir des enfants de ce pays, je vous demande de prendre cette question très, très au sérieux. Ce matin seulement, j'ai reçu des informations qui pourraient être étayées par des déclarations sous serment, selon lesquelles il existe dans ce pays, dans notre ville même de Londres, un trafic réglementé, non seulement de femmes majeures, mais de petits enfants. ; qu'ils sont achetés, qu'ils sont piégés et qu'ils sont formés pour administrer les plaisirs vicieux de personnes qui devraient mieux connaître leur position de vie.

"Eh bien, ce sont ces choses qui ont fait de nous des femmes déterminées à aller de l'avant, déterminées à tout affronter, déterminées à aller jusqu'au bout, que cela nous coûte ce qu'il peut. Et si vous me condamnez, messieurs, si vous déclarez-moi coupable, je vous le dis très honnêtement et très franchement, que la peine soit longue ou courte, je ne m'y soumettrai pas, dès que je quitterai ce tribunal, si je le suis. envoyé en prison, soit aux travaux forcés, soit à une peine d'emprisonnement plus légère, parce que je ne suis pas suffisamment versé dans la loi pour savoir ce que Sa Seigneurie peut décider, mais quelle que soit ma sentence, dès que je quitterai ce tribunal, je le ferai tout à fait délibérément ; refuser de manger – je rejoindrai les femmes qui sont déjà en grève de la faim à Holloway. Je sortirai de prison, morte ou vivante, le plus tôt possible et je sortirai de nouveau dès que je serai en bonne forme physique. je reviendrai dans ce combat. La vie nous est très chère. Je ne cherche pas, comme l'a dit le ministre de l'Intérieur, à me suicider. Je ne veux pas me suicider. Je veux voir les femmes de ce pays émancipées et je veux vivre jusqu'à ce que cela soit fait. Tels sont les sentiments qui nous animent. Nous nous offrons en sacrifice, tout comme vos ancêtres l'ont fait dans le passé, pour cette cause, et je vous demanderais à tous de vous poser cette question : Avez-vous le droit, en tant qu'êtres humains, de condamner à mort un autre être humain ? ... parce que c'est à cela que cela revient ? Saurez-vous jeter la première pierre ? Avez-vous le droit de juger les femmes ?

"Vous n'avez pas le droit, selon la justice humaine, ni le droit selon la constitution de ce pays, si elle est correctement interprétée, de me juger, parce que vous n'êtes pas mes pairs. Vous savez, chacun d'entre vous, que je ne devrais pas rester ici. , que je n'enfreindrais pas une seule loi, si j'avais les droits que vous possédez, si j'avais part à l'élection de ceux qui font les lois auxquelles je dois obéir, si j'avais voix au chapitre dans le contrôle des impôts auxquels je suis appelé ; payez, je ne devrais pas rester ici. Et je vous dis que c'est une situation très grave, je vous le dis, monseigneur, que c'est une situation très grave que des femmes qui mènent une vie honnête, des femmes qui se sont dévouées de la meilleure façon possible. de leurs années au bien public, que les femmes qui s'efforcent de réparer certaines des terribles erreurs commises par les hommes au sein du gouvernement du pays, car après tout, en dernier ressort, les hommes sont responsables de l'état actuel de la situation. affaires... Je vous fais remarquer que c'est une situation très grave. Vous n'avez pas l'habitude de traiter avec des gens comme moi dans l'exercice ordinaire de vos fonctions ; mais vous êtes appelés à traiter avec des gens qui enfreignent la loi pour des motifs égoïstes. J'enfreins la loi sans motif égoïste. Je n'ai aucune fin personnelle à servir, pas plus qu'aucune des autres femmes qui ont comparu devant ce tribunal au cours des dernières semaines, comme des moutons à l'abattoir. Aucune de ces femmes, si les femmes étaient libres, ne violerait la loi. Ce sont des femmes qui croient sérieusement que le chemin difficile qu'elles empruntent est le seul chemin vers leur émancipation. Ils croient sérieusement que le bien-être de l'humanité exige ce sacrifice ; ils croient que les horribles maux qui ravagent notre civilisation ne seront jamais éliminés tant que les femmes n'auront pas obtenu le droit de vote. Ils savent que la source même de la vie est en train d'être empoisonnée ; ils savent que des maisons sont détruites ; qu'à cause d'une mauvaise éducation, à cause d'un niveau inégal de moralité, même les mères et les enfants sont détruits par l'une des maladies les plus viles et les plus horribles qui ravagent l'humanité.

"Il n'y a qu'une seule manière de mettre un terme à cette agitation ; il n'y a qu'une seule manière de briser cette agitation. Ce n'est pas en nous déportant, ce n'est pas en nous enfermant en prison ; c'est en nous rendant justice. Et je vous demande donc, messieurs, dans mon cas, de rendre un verdict, non seulement sur mon cas, mais sur l'ensemble de cette agitation. Je vous demande de me déclarer non coupable d'incitation malveillante à une violation de la loi.

"Ce sont mes derniers mots. Mon incitation n'est pas malveillante. Si j'avais le pouvoir de gérer ces choses, je serais dans une obéissance absolue à la loi. Je dirais aux femmes : 'Vous disposez d'un moyen constitutionnel d'obtenir réparation pour vos griefs ; utilisez vos votes, convainquez vos concitoyens du bien-fondé de vos revendications. C'est le moyen d'obtenir justice. Je ne suis pas coupable d'incitation malveillante et je vous appelle, pour le bien-être du pays, pour le bien-être de la race, à rendre un verdict de non-culpabilité dans cette affaire que vous êtes appelé à juger."

Après avoir récapitulé l'accusation, le juge, en résumé, dit :

"Il n'est guère nécessaire pour moi de vous dire que les sujets évoqués par l'accusée dans son discours sur la provocation des lois du pays et l'injustice faite aux femmes parce qu'elles n'ont pas le droit de vote comme les hommes, ont cela n'a aucune incidence sur la question que vous devez trancher.

"Le motif qui lui vient à l'esprit, ou à l'esprit de ceux qui ont effectivement mis la poudre à canon là, ne permettrait aucune défense contre cet acte d'accusation. Je suis sûr que vous traiterez cette affaire sur la base des preuves, et la preuve seule, sans se soucier de savoir si vous pensez que la loi est juste ou injuste. Cela n'a rien à voir avec l'affaire, je pense que vous n'aurez probablement aucun doute sur le fait que cette accusée, si elle a fait ces choses accusées. elle, n'est pas motivée par le motif égoïste ordinaire qui pousse la plupart des criminels qui sont ici sur le banc des accusés à commettre les crimes qu'ils commettent. Elle n'en est pas moins coupable si elle a commis les actes qui lui sont reprochés, même si elle le croit. que grâce à cela, la condition de la société sera modifiée. »

Le jury se retira et, peu après l'ouverture de la séance de l'après-midi, ils se présentèrent et, en réponse à la question habituelle posée par le greffier des mises en accusation, ils déclarèrent qu'ils s'étaient mis d'accord sur un verdict. Le greffier dit :

"Déclarez-vous Mme Pankhurst coupable ou non coupable ?"

"Coupable", a déclaré le contremaître, "avec une forte recommandation de miséricorde".

J'ai parlé une fois de plus au juge.

"Le jury m'a déclaré coupable, avec une forte recommandation de grâce, et je ne vois pas, puisque le mobile n'est pas pris en compte dans les lois humaines, qu'ils pourraient faire autrement après votre résumé. Mais puisque le mobile n'est pas pris en compte dans les lois humaines, et puisque moi, dont les motivations ne sont pas des motivations ordinaires, je suis sur le point d'être condamné par vous au châtiment qui est accordé aux personnes dont les motivations sont des motivations égoïstes, je n'ai que ceci à dire : s'il était impossible qu'un autre le verdict doit être trouvé ; s'il est de votre devoir de me condamner, comme ce sera le cas actuellement, alors je tiens à vous dire, en tant que simple citoyen, et au jury en tant que simple citoyen, que moi, debout ici, j'ai été reconnu coupable par Conformément aux lois de mon pays, je vous dis qu'il est de votre devoir, en tant que simples citoyens, de faire tout ce que vous pouvez pour mettre fin à cet état de choses intolérable. Et je veux vous dire *quoi que ce soit . la sentence que vous me prononcez, je ferai tout ce qui est humainement possible pour mettre fin à cette sentence dans les plus brefs délais. Je n'ai aucun sentiment de culpabilité. Je sens que j'ai fait mon devoir. Je me considère comme un prisonnier de guerre. Je n'ai aucune obligation morale de me conformer ou d'accepter de quelque manière que ce soit la sentence qui m'est imposée.* Je prendrai le remède désespéré que d'autres femmes ont pris. Il est évident pour vous que la lutte sera inégale, mais je la mènerai – je la mènerai tant qu'il me restera une once de force en moi, ou de la vie.

"Je me battrai, je me battrai, je me battrai, dès mon entrée en prison pour lutter contre toute attente ; je résisterai aux médecins s'ils tentent de me nourrir. J'ai été condamné en mai dernier par ce tribunal à neuf mois de prison. ... Je suis resté en prison six semaines. Il y a des gens qui se sont moqués de l'épreuve des grèves de la faim et du gavage, c'est que, et les médecins peuvent me le confirmer, j'ai été libéré parce que si j'y étais resté longtemps. plus longtemps, j'aurais été une femme morte.

"Je sais ce que c'est parce que je l'ai vécu. Ma propre fille [4] vient tout juste de le quitter. Il y a des femmes là-bas qui font encore face à cette épreuve, deux fois par jour. Pensez-y, mon seigneur, deux fois par jour. ce combat est vécu. Deux fois par jour une femme faible résistant à une force écrasante, se bat et se bat tant qu'il lui reste de la force ; se bat contre les femmes et même contre les hommes, résistant avec sa langue, avec ses dents, à cette épreuve d'hier soir. La Chambre des communes a discuté d'une alternative, ou plutôt d'une punition supplémentaire. N'est-il pas étrange, monseigneur, que les lois qui ont suffi à restreindre les hommes tout au long de l'histoire de ce pays ne suffisent pas maintenant à restreindre les femmes, les femmes honnêtes. , honorables femmes ?

"Eh bien, mon seigneur, je veux que vous vous en rendiez compte . Je ne me plains pas de ma punition, je l'ai invitée. J'ai délibérément enfreint la loi, pas de manière hystérique ou émotionnelle, mais dans un but sérieux, parce que je pense honnêtement que c'est la bonne chose. Maintenant, je mets la responsabilité de ce qui va suivre sur vous, monseigneur, en tant que simple citoyen, et sur les messieurs du jury, en tant que simples citoyens, et sur tous les hommes de cette cour. avec vos pouvoirs politiques, allez-vous faire pour mettre fin à cette situation intolérable ?

" *Aux femmes que j'ai représentées, aux femmes qui, en réponse à mon incitation, ont fait face à ces terribles conséquences, ont enfreint les lois, je veux leur dire que je ne vais pas les décevoir, mais que je vais y faire face comme elles le font. y faire face, aller jusqu'au bout, et je sais qu'ils poursuivront le combat, que je vive ou que je meurs.*

" *Ce mouvement se poursuivra encore et encore jusqu'à ce que nous ayons les droits des citoyens dans ce pays, comme les femmes l'ont dans nos colonies, comme elles l'auront dans tout le monde civilisé avant la fin de cette guerre des femmes.*

"C'est tout ce que j'ai à dire."

Le juge Lush, en prononçant la sentence, a déclaré : « Il est de mon devoir, Mme Emmeline Pankhurst, et c'est un devoir très pénible, de prononcer ce qui, à mon avis, est une peine appropriée et adéquate pour le crime dont vous J'ai été condamné à juste titre, compte tenu de la forte recommandation de grâce du jury. Je reconnais tout à fait , comme je l'ai déjà dit, que les motifs qui vous ont poussé à commettre ce crime ne sont pas les motifs égoïstes qui motivent la plupart des personnes. qui se trouvent à votre place, mais bien que vous fermiez les yeux sur cela, je ne peux m'empêcher de vous faire remarquer que le crime pour lequel vous avez été reconnu coupable est non seulement un crime très grave, mais, malgré vos motivations, il l'est, en fait, c'est méchant car cela conduit non seulement à la destruction des biens de personnes qui ne vous ont fait aucun tort, mais en plus, malgré vos calculs, cela peut exposer d'autres personnes au danger d'être mutilées ou même tuées. [...] C'est méchant parce que vous incitez, et avez attiré, d'autres personnes – des jeunes femmes, peut-être – à se livrer à de tels crimes, peut-être à leur propre ruine ; et c'est méchant, parce que vous ne pouvez pas vous empêcher d'en être conscient si seulement vous voulez penser.

"Vous donnez l'exemple à d'autres personnes qui peuvent avoir d'autres griefs qu'elles souhaitent légitimement voir régler en vous lançant dans un projet similaire au vôtre et en essayant d' atteindre leur objectif en attaquant les biens, sinon la vie, d'autres personnes. . Je sais, malheureusement – du moins, j'en suis sûr – que vous ne ferez pas attention à ce que je dis. Je vous supplie seulement de penser à ces choses.

"J'ai pensé à eux," intervins-je.

"Réfléchissez, ne serait-ce qu'une petite heure, sans passion," continua la majesté de la loi, "je peux seulement dire que, même si la sentence que je vais prononcer doit être sévère, elle doit être adéquate au crime dont vous avez été reconnu coupable, si seulement vous réalisiez le mal que vous faites et l'erreur que vous commettez, si vous voyiez l'erreur que vous avez commise et si vous entrepreniez d'amender les choses en utilisant votre influence dans la bonne direction, je serais le premier de faire tous mes efforts pour obtenir un allégement de la peine que je m'apprête à prononcer.

"Je ne peux pas, et je ne veux pas considérer votre crime comme un crime simplement insignifiant. Ce n'est pas le cas. C'est un crime des plus graves et, quoi que vous puissiez en penser, c'est un crime méchant. J'ai tenu compte de la recommandation de Le jury. Vous avez vous-même indiqué la peine maximale que le législateur estime mériter pour ce délit particulier. La peine la plus faible que je puisse vous infliger est une peine de trois ans de travaux forcés.

Dès que la sentence fut prononcée, le silence intense qui avait régné tout au long du procès fut rompu et un véritable tumulte éclata parmi les spectateurs. Au début, ce n'était qu'un murmure confus et colérique de « Honte ! "Honte!" Les murmures se transformèrent rapidement en cris forts et indignés, puis de la galerie et de la cour s'éleva un grand chœur poussé avec la plus grande intensité et passion. "Honte!" "Honte!" Les femmes se levèrent d' un bond et, dans de nombreux cas, se levèrent sur leurs sièges en criant "Honte !" "Honte!" alors que j'étais conduit hors du quai sous la direction de deux gardiennes. "Faites flotter le drapeau !" » a crié une voix de femme, et la réponse est venue en chœur : « Nous le ferons ! "Bravo!" « Bravo pour Mme Pankhurst ! C'est la dernière fois que j'ai entendu parler de la manifestation dans la salle d'audience.

Par la suite, j'ai appris que le bruit et la confusion duraient encore plusieurs minutes, le juge et la police étant tout à fait impuissants à obtenir l'ordre. Puis les femmes défilèrent en chantant la Marseillaise des Femmes...

"Marchez, marchez,

Face à l'aube,

L'aube de la liberté."

Le juge jeté après leur retraite constitue une terrible menace de prison pour toute femme qui oserait répéter une telle scène. Menace de prison... aux suffragettes ! Le chant des femmes ne faisait que s'enfler encore plus fort et les couloirs d'Old Bailey résonnaient de leurs cris. Certes, ce vénérable bâtiment n'avait jamais été témoin d'une telle scène dans son histoire mouvementée. La grande foule de détectives et de policiers qui étaient en service semblait en réalité paralysée par l'audace de la protestation, car ils ne tentaient pas d'intervenir.

À trois heures, alors que je quittais le tribunal par une entrée latérale de Newgate Street, je trouvai une foule de femmes qui attendaient pour m'acclamer. Avec les deux gardiennes, je suis monté dans un véhicule à quatre roues et j'ai été conduit à Holloway pour commencer ma grève de la faim. Des dizaines de femmes les ont suivis dans les taxis, et quand je suis arrivé aux portes de la prison, il y a eu une autre protestation d'acclamations pour la cause et de huées pour la loi. Au milieu de toute cette intense excitation, j'ai franchi les portes sinistres et j'ai pénétré dans le crépuscule de la prison, devenue aujourd'hui un champ de bataille.

NOTE DE BAS DE PAGE:

[4] Sylvia Pankhurst, qui a été nourrie de force pendant cinq semaines, alors qu'elle purgeait une peine initiale de deux mois pour avoir brisé une vitre.

CHAPITRE VI

La prison était en effet pour nous un champ de bataille depuis le moment où nous avions solennellement décidé que, par principe, nous ne nous soumettrions pas aux règles qui obligeaient les simples délinquants à contrevenir à la loi. Mais lorsque je suis entré à Holloway ce jour d'avril 1913, c'était en toute connaissance de cause que j'avais devant moi une lutte bien plus longue que toutes celles auxquelles les militants suffragistes avaient été confrontés jusqu'à présent. J'ai décrit la grève de la faim, cette arme terrible avec laquelle nous avions brisé à plusieurs reprises les barreaux de nos prisons. Le gouvernement, à bout de nerfs pour faire face aux grévistes de la faim et pour surmonter une situation qui avait jeté un discrédit si scandaleux sur les lois anglaises, avait eu recours à une mesure, sûrement la plus sauvagement conçue jamais présentée devant un Parlement moderne. .

En mars de la même année, alors que j'attendais mon procès pour complot en vue de détruire la maison de campagne de M. Lloyd-George, un projet de loi a été présenté à la Chambre des communes par le ministre de l'Intérieur, M. Reginald McKenna, un projet de loi qui avait pour son objectif avoué est de mettre un terme à la grève de la faim. Cette mesure, désormais universellement connue sous le nom de « Loi du chat et de la souris », prévoyait que lorsqu'une prisonnière gréviste de la faim (la loi était franchement admise ne s'appliquer qu'aux prisonniers ayant le droit de vote) était certifiée par les médecins de la prison comme étant en danger de mort, elle pourrait être libérée moyennant une sorte de congé, afin de retrouver suffisamment de forces pour purger le reste de sa peine. Libérée, elle était toujours prisonnière, la prisonnière, ou la patiente, ou la victime, comme vous pouvez choisir de l'appeler, sous surveillance policière constante. Selon les termes du projet de loi, la prisonnière était libérée pour un nombre de jours déterminé, à l'expiration duquel elle était censée retourner en prison pour son propre compte. Selon la loi :

> "La période de libération temporaire peut, si le secrétaire d'État le juge opportun, être prolongée sur présentation de la prisonnière selon laquelle son état de santé la rend inapte à retourner en prison. Si une telle représentation est faite, la prisonnière doit se soumettre, si nécessaire, pour un examen médical par le médecin de la prison mentionnée ci-dessus ou par un autre médecin agréé nommé par le secrétaire d'État.
>
> La détenue devra notifier au commissaire de police de la Métropole le lieu de résidence où elle se rend lors de sa libération. Elle ne peut changer de résidence sans donner

un préavis écrit d'un jour franc au commissaire, précisant la
résidence vers laquelle elle se rend et elle ne peut s'absenter
temporairement de sa résidence pendant plus de douze
heures sans donner un préavis de même nature, etc.

L'idée de militants suffragistes respectant une loi de cet ordre est presque humoristique, et pourtant le sourire meurt devant la pitié qu'on éprouve pour le ministre dont l'aveu d'échec s'incarne à ce point. Il s'agissait là d'un puissant gouvernement, faiblement résolu à ne pas accorder justice aux femmes, sachant qu'il ne pouvait pas forcer la soumission des femmes, et il était donc prêt à faire des compromis avec une loi de classe absolument contraire à tous ses principes avoués. A déclaré M. McKenna, plaidant en Chambre pour l'avancement de son odieuse mesure : "À l'heure actuelle, je ne peux pas faire subir à ces prisonniers leurs peines sans risque sérieux de mort et je veux avoir le pouvoir de me permettre de contraindre un prisonnier à subir la sentence, et je veux ce pouvoir dans tous les cas où le prisonnier adopte le système de la grève de la faim. À l'heure actuelle, même si j'ai le pouvoir de libération, je ne peux pas libérer un prisonnier sans grâce et je dois le libérer. pour de bon. Je veux avoir le pouvoir de libérer un prisonnier sans grâce, avec la peine maintenue... Je veux faire respecter la loi, et je veux, si je le peux, la faire respecter sans alimentation forcée et sans subir la loi. risque de la vie de quelqu'un d' autre.

Interrogé par plusieurs députés, M. McKenna a admis que le projet de loi "Le chat et la souris", s'il était adopté, ne supprimerait pas inévitablement le gavage, mais il a promis que ce processus haineux et dégoûtant ne serait utilisé que lorsque "absolument nécessaire". Nous verrons plus tard combien cette représentation était hypocrite.

Le Parlement, qui n'avait jamais eu le temps d'envisager, au-delà de ses premières étapes, une mesure relative au droit de vote des femmes, a adopté la loi du chat et de la souris par les deux chambres en quelques jours. C'était déjà une loi lorsque je suis entré à Holloway le 3 avril 1913, et j'ai le regret de déclarer que de nombreux membres du Parti travailliste , engagés à soutenir le droit de vote des femmes, ont contribué à en faire une loi.

Bien entendu, la loi a été, dès son origine, traitée par les suffragettes avec le plus grand mépris. Nous n'avions pas la moindre intention d'aider M. McKenna à faire exécuter des peines injustes contre les soldats de l'armée de la liberté, et lorsque les portes de la prison se sont fermées derrière moi, j'ai adopté la grève de la faim exactement comme si j'espérais qu'elle s'avérerait, comme autrefois, un moyen de gagner ma liberté.

Cette lutte n'est pas agréable à retenir. Tous les moyens possibles furent utilisés pour briser ma résolution. La nourriture la plus délicate et la plus tentante était placée dans ma cellule. Toutes sortes d'arguments ont été opposés à moi – la futilité de résister à la loi du chat et de la souris, la méchanceté de risquer le suicide – je n'essaierai pas de consigner tous les arguments. Ils tombèrent contre un mur vide de conscience, car mes pensées étaient toutes très éloignées de Holloway et de tous ses tourments. Je savais, ce que j'ai appris par la suite , que mon emprisonnement était suivi de la plus grande explosion révolutionnaire dont l'Angleterre ait été témoin depuis 1832. D'un bout à l'autre de l'île, les phares de la révolution des femmes brillaient nuit et jour. . De nombreuses maisons de campagne, toutes inoccupées, ont été incendiées, la grande tribune de l'hippodrome d'Ayr a été entièrement incendiée, une bombe a explosé à la gare d'Oxted , à Londres, faisant exploser les murs et les fenêtres, des wagons de chemin de fer vides ont explosé, la vitre de treize tableaux célèbres de la Manchester Art Gallery ont été brisés à coups de marteau – ce ne sont que des exemples aléatoires de l'éclatement général de la guérilla secrète menée par des femmes dont les libertés avaient été barricadées par le gouvernement libéral de l'Angleterre libre. La seule réponse du gouvernement fut la fermeture du British Museum, de la National Gallery, du château de Windsor et d'autres centres touristiques. Quant au résultat sur le peuple anglais, c'est exactement ce que nous avions prévu. Le public a été plongé dans un état d'émotion, d'insécurité et d'attente effrayée. Ils ne se montraient pas encore prêts à exiger du gouvernement qu'il mette fin à ces attentats de la seule manière possible : en accordant le droit de vote aux femmes. Je savais qu'il en serait ainsi. Allongé dans ma cellule solitaire à Holloway, rongé par la douleur, opprimé par une faiblesse croissante, déprimé par la lourde responsabilité d'événements inconnus, j'étais tristement conscient que nous n'étions qu'approchant d'un objectif lointain. La fin, bien que certaine, était encore lointaine. Patience, et encore plus de patience, foi et encore plus de foi, eh bien, nous avions déjà fait appel à l'aide de ces âmes et il était certain qu'elles ne nous feraient pas défaut dans cette plus grande crise de toutes.

Ainsi se passèrent dans une grande angoisse d'esprit et de corps neuf jours terribles, chacun plus long et plus misérable que le précédent. Vers la fin, j'étais heureusement à moitié inconscient de mon environnement. Une curieuse indifférence s'empara de mon esprit surmené, et c'est presque sans émotion que j'appris, le matin du dixième jour, que je devais être libéré temporairement pour recouvrer ma santé. Le gouverneur est venu dans ma cellule et m'a lu ma licence , qui m'ordonnait de retourner à Holloway dans quinze jours, et en attendant d'observer toutes les conditions obséquieuses pour informer la police de mes déplacements. Avec la force que mes mains conservaient, j'ai déchiré le document en bandes et je l'ai laissé tomber sur le sol de la cellule. "Je n'ai aucune intention", dis-je, "d'obéir à cette loi infâme. Vous me libérez en sachant parfaitement que je ne retournerai jamais volontairement dans aucune de vos prisons."

Ils m'ont renvoyé, assis bien droit dans un taxi, sans se soucier du fait que j'étais dans un état de faiblesse dangereux, ayant perdu deux pierres de poids et souffrant sérieusement d'irrégularités du fonctionnement cardiaque. En quittant la prison, j'ai remarqué avec reconnaissance des groupes de nos femmes se tenant courageusement devant les portes, comme si elles enduraient une longue veillée. En fait, des relais de femmes avaient piqueté sur place nuit et jour pendant toute la durée de mon emprisonnement . Les premiers piquets ont été arrêtés, mais comme d'autres arrivaient constamment pour prendre leur place, la police a fini par céder et a permis aux femmes de défiler devant la prison en portant le drapeau.

À la maison de retraite où j'ai été transporté, j'ai appris qu'Annie Kenney, Mme Drummond et notre fidèle ami, M. George Lansbury, [5] avaient été arrêtés pendant mon emprisonnement et que tous trois avaient entamé une grève de la faim. J'ai également appris par moi-même à quel point le gouvernement s'efforçait désespérément de faire de sa loi du chat et de la souris – le dernier combat de sa campagne perdue – un succès. Sans égard aux dépenses supplémentaires imposées aux malheureux contribuables du pays, le gouvernement a employé une force de police supplémentaire importante spécialement à cette fin. Alors que j'étais au lit, assisté par toutes les ressources médicales pour retrouver la vie et la santé, ces policiers spéciaux, familièrement appelés « Chats », gardaient la maison de retraite comme s'il s'agissait d'un château assiégé. Dans la rue, sous mes fenêtres, deux détectives et un agent montaient la garde nuit et jour. Dans une maison perpendiculaire à mon refuge, trois autres détectives surveillaient constamment. Dans les ruelles à l'arrière de la maison se trouvaient d'autres détectives, et patrouillant diligemment la route, comme dans l'attente d'un régiment de sauvetage, deux taxis, chacun avec son quota de détectives, gardaient les autoroutes.

Tout cela a rendu la reprise lente et difficile. Mais le pire était à venir. Le 30 avril, alors que je commençais à me ressaisir, arriva la nouvelle que la police avait fait irruption dans notre quartier général de Kingsway et avait arrêté toute la force officielle. Miss Barrett, rédactrice adjointe de *The Suffragette* ; Miss Lennox, la sous-rédactrice en chef ; Miss Lake, chef d'entreprise ; Miss Kerr, directrice du bureau, et Mme Sanders, secrétaire financière du syndicat, ont été arrêtées, même si aucune d'entre elles n'avait jamais participé à une action militante. MEG Clayton, un chimiste, a également été arrêté, accusé d'avoir fourni à la WSPU des matières explosives. Les bureaux furent minutieusement fouillés et, comme une fois auparavant, dépouillés de tous livres et papiers. Pendant que cela se faisait, un autre groupe de policiers, armé d'un mandat spécial, se rendit à l'imprimerie où était publié notre journal, *Les Suffragettes* . L'imprimeur, M. Drew, a été placé en état d'arrestation et le matériel du journal, qui devait paraître le lendemain, a été saisi. Vers une heure de l'après-midi, l'usine entière et le siège du syndicat étaient aux mains de la police et, selon toute apparence, le mouvement militant – du moins temporairement – fut complètement stoppé. Dans mon état de semi-prostration, il me parut préférable de laisser tomber le numéro de la semaine du journal, mais après y avoir réfléchi, je décidai que même l'apparence d'une capitulation ne devait pas être envisagée. Il n'est pas nécessaire de dire ici comment nous y sommes parvenus, mais nous l'avons effectivement fait, du jour au lendemain, avec pratiquement aucun matériel, à l'exception de l'article principal de Christabel, et avec des aides appelées à la hâte, nous avons sorti le journal comme d'habitude et côte à côte avec les journaux du matin qui portaient En première page des histoires sur la suppression de l'orgue des Suffragettes, nos vendeurs de papier ont vendu *Les Suffragettes* . La première page portait, au lieu du dessin habituel, le seul mot en caractères gras :

"RAIDÉ"

l'histoire complète de la perquisition policière et des arrestations étant relatée dans les autres pages. Notre quartier général, je dois le dire en passant, est resté fermé moins de quarante-huit heures. Nous sommes tellement organisés que l'arrestation de dirigeants ne nous paralyse pas sérieusement. Tout le monde a une doublure, et lorsqu'un leader abandonne, son remplaçant est immédiatement prêt à prendre sa place.

Dans cette situation d'urgence, est apparue comme organisatrice en chef à la place de Miss Kenney, Miss Grace Roe, l'une des jeunes suffragettes dont moi, en tant qu'appartenant à l'ancienne génération, je suis si fier. Confrontée à des difficultés aussi grandes que pouvait les présenter le gouvernement, Miss Roe se montra aussitôt à la hauteur de la situation et possédait le don d'une loyauté sans faille alliée à un jugement fort et rapide des choses et des gens. Mme Dacre Fox l'a aidée , qui nous a tous surpris par son incroyable capacité à agir en tant que rédactrice adjointe des *Suffragettes* , à gérer une foule d'affaires au bureau et à présider nos réunions hebdomadaires. Un autre membre de l'Union qui s'est imposé au front au moment de cette crise était Mme Mansel .

Au bout de deux jours, le bureau était ouvert et fonctionnait comme d'habitude, aucun signe extérieur ne témoignant de la douleur et de l'indignation ressenties à l'égard de nos camarades emprisonnés. La plupart d'entre eux ont refusé la libération sous caution et ont immédiatement frappé la faim et se sont présentés au tribunal pour leur procès trois jours plus tard dans un état pitoyable. Mme Drummond était si manifestement malade et avait besoin de soins médicaux qu'elle a obtenu son congé et a été opérée très peu de temps après. M. Drew, l'imprimeur, a été contraint de signer un engagement de ne plus publier le journal. Les autres ont été condamnés à des peines allant de six à dix-huit mois. M. Clayton a été condamné à vingt et un mois et, après une résistance désespérée, au cours de laquelle il a été nourri de force à plusieurs reprises, il s'est échappé de prison. Les autres, suivant le même exemple, se sont frayés un chemin vers la liberté et ont depuis été poursuivis à intervalles réguliers et arrêtés de nouveau en vertu de la loi sur le chat et la souris.

Après ma libération, le 12 avril, je suis resté dans la maison de retraite jusqu'à ce que je sois partiellement rétabli, puis, sous les yeux de la police, je me suis rendu à Woking , la maison de campagne de mon amie, le Dr Ethel Smyth. Cette maison, comme la maison de retraite, était gardée par une petite armée de policiers. Je n'allais jamais à la fenêtre, je ne prenais jamais l'air du jardin sans avoir conscience des yeux qui me regardaient. La situation est devenue intolérable et j'ai décidé d'y mettre fin. Le 26 mai, il y a eu une grande réunion au Pavillon de Londres et j'ai annoncé que j'y assisterais. Soutenu par le Dr Flora Murray, le Dr Ethel Smyth et ma dévouée infirmière Pine, je suis descendu les escaliers pour être confronté à la porte par un détective qui m'a demandé où j'allais. J'étais dans un état de faiblesse, bien plus faible que je ne l'avais imaginé, et en refusant à un homme le droit de contester mes mouvements, j'épuisai le reste de mes forces et tombai évanoui dans les bras de mes amis. Dès que j'ai récupéré, je suis monté dans l'automobile. Le détective a immédiatement pris place à côté de moi et a dit au chauffeur de se rendre à la gare de Bow Street. Le chauffeur a répondu qu'il recevait ses ordres uniquement de Mme Pankhurst, sur quoi le détective a appelé un taxi et, me plaçant en état d'arrestation, m'a emmené à Bow Street.

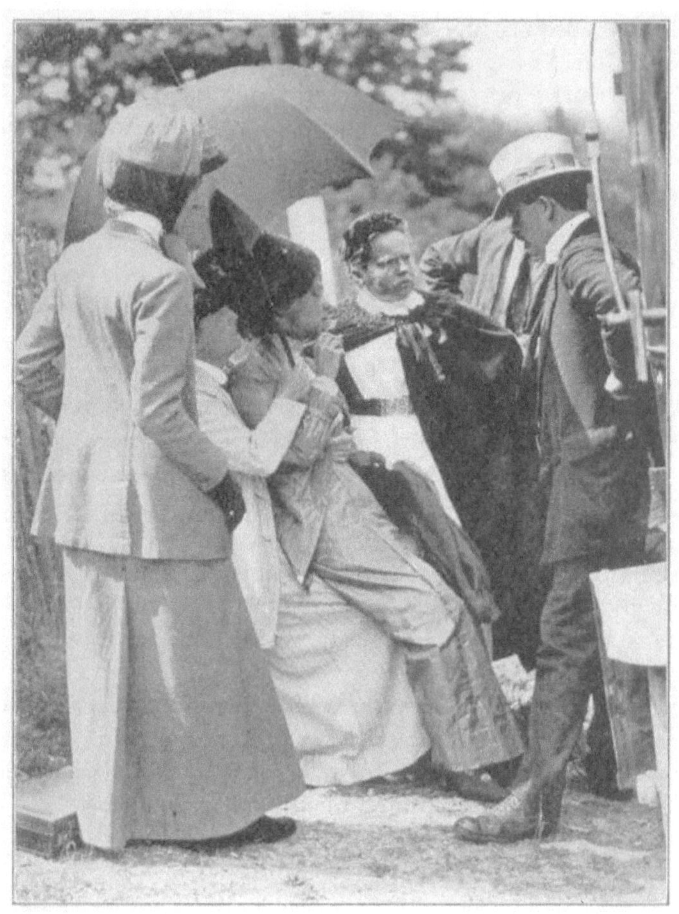

RÉ-ARRESTATION DE MME. PANKHURST À WOKING

26 mai 1913

En vertu de la loi sur le chat et la souris, une prisonnière en liberté conditionnelle peut ainsi être arrêtée sans la formalité d'un mandat, et le temps qu'elle a passé en liberté pour recouvrer sa santé ne compte pas non plus dans sa peine de prison. Le magistrat de Bow Street était donc tout à fait dans son droit légal lorsqu'il ordonna mon retour à Holloway. Je croyais néanmoins de mon devoir de lui faire remarquer l'inhumanité de son acte. Je lui ai dit : « J'ai été libéré de Holloway à cause de ma santé. Depuis lors, j'ai été traité exactement comme si j'étais en prison. Il est devenu absolument impossible pour quiconque de recouvrer la santé dans de telles conditions, et ce matin, je décidé de protester contre un état de choses sans précédent dans un pays civilisé . »

Le magistrat répondit formellement : « Vous comprenez très bien quelle est la situation. Vous avez été arrêté sur la base de ce mandat et il ne me reste plus qu'à rendre un arrêté vous recommandant la prison.

"Je pense", dis-je, "que vous devriez le faire avec un sens total de responsabilité. Si je suis emmené à Holloway en vertu de votre mandat, je reprendrai la protestation que j'ai formulée auparavant et qui a conduit à ma libération, et je continuerai indéfiniment. jusqu'à ma mort, ou jusqu'à ce que le gouvernement décide, puisqu'il a pris sur lui de vous employer, ainsi que d'autres personnes, pour administrer les lois, qu'il doit reconnaître les femmes comme citoyennes et leur donner un certain contrôle sur les lois de ce pays.

Cette fois, c'était une grève de la faim de cinq jours, parce que l'extrême faiblesse de mon état ne me permettait pas de supporter une grève de la faim plus longue. J'ai été libéré le 30 mai avec un permis de sept jours et, à moitié vivant, j'ai de nouveau été transporté vers une maison de retraite. Moins d'une semaine plus tard, alors que j'étais encore cloué au lit, un événement terrible s'est produit, un événement qui aurait dû faire prendre conscience à l'opinion publique britannique de la gravité de la situation précipitée par le gouvernement. Emily Wilding Davison, associée au mouvement militant depuis 1906, a donné sa vie pour la cause des femmes en se jetant sur le chemin de ce qui, après la propriété, tient le plus à cœur aux yeux des Anglais : le sport. Miss Davison se rendit aux courses à Epsom, et brisant les barrières qui séparaient les vastes foules de l'hippodrome, se précipita sur le chemin des chevaux au galop et attrapa la bride du cheval du roi, qui conduisait tous les autres. Le cheval est tombé, projetant son jockey et écrasant Miss Davison d'une manière si choquante qu'elle a été transportée hors du parcours dans un état mourant. Tout a été fait pour lui sauver la vie. Le grand chirurgien, M. Mansell Moullin , mit tout de côté et se consacra à son cas, mais bien qu'il opérait avec beaucoup d'habileté , les blessures qu'elle avait subies étaient si effroyables qu'elle mourut quatre jours plus tard sans avoir une seule fois repris connaissance. Des membres de l'Union étaient à ses côtés lorsqu'elle rendit son dernier soupir, le 8 juin, et le 14 juin, ils lui donnèrent de grandes funérailles publiques à Londres. Des foules envahissaient les rues tandis que le véhicule funéraire, suivi de milliers de femmes, se dirigeait lentement et tristement vers l'église Saint-Georges de Bloomsbury, où se tenaient les services commémoratifs.

Emily Wilding Davison était un personnage presque inévitablement développé par une lutte comme la nôtre. Elle était titulaire d'un BA de l'Université de Londres et avait obtenu les honneurs de première classe à Oxford en langue et littérature anglaises. Pourtant la cause des femmes fit tellement appel à sa raison et à ses sympathies qu'elle mit de côté tout attrait intellectuel et social et se consacra inlassablement et sans crainte à l'œuvre de l'Union. Elle a subi de nombreux emprisonnements, a été nourrie de force et a été traitée de la manière la plus brutale. Un jour, alors qu'elle avait barricadé sa cellule contre les médecins de la prison, un tuyau d'arrosage a été tourné vers elle depuis la fenêtre et elle a été trempée et presque noyée dans l'eau glacée pendant que les ouvriers défonçaient la porte de sa cellule. Miss Davison, après cette expérience, exprima à plusieurs de ses amis la profonde conviction qu'aujourd'hui, comme à une époque dite non civilisée , la conscience du peuple ne s'éveillerait qu'au sacrifice d'une vie humaine. Un jour, en prison, elle tenta de se suicider en se jetant tête baissée du haut d'une des galeries supérieures, mais elle ne réussit qu'à subir de cruelles blessures. Depuis lors, elle s'est accrochée à sa conviction qu'une grande tragédie, la destruction délibérée d'une vie humaine, mettrait fin à l'intolérable torture infligée aux femmes. Et c'est ainsi qu'elle se jeta sur le cheval du roi, à la vue du roi et de la reine et d'une grande multitude de sujets de Leurs Majestés, offrant sa vie comme une pétition au roi, priant pour la libération des femmes souffrantes dans toute l'Angleterre et le monde. Personne ne peut douter que cette prière puisse rester à jamais sans réponse, car elle l'a portée directement au trône du Roi de tous les mondes.

La mort de Miss Davison fut pour moi un grand choc et un très grand chagrin aussi, et bien que je fusse à peine capable de quitter mon lit, je résolus de tout risquer pour assister à ses funérailles. Cependant, cela ne devait pas être le cas, car alors que je quittais la maison, je fus de nouveau arrêté par des détectives qui m'attendaient. Une fois de plus, la farce consistant à essayer de me faire purger une peine de trois ans a été entreprise. Mais maintenant les femmes militantes avaient découvert une arme nouvelle et plus terrible avec laquelle défier les lois injustes de l'Angleterre, et cette arme - la soif - je me retournai contre mes geôliers avec un tel effet qu'ils furent forcés dans les trois jours de me libérer.

La grève de la faim que j'ai décrite comme une épreuve épouvantable, mais c'est une expérience bénigne comparée à la grève de la soif, qui est du début à la fin une torture simple et totale. La grève de la faim réduit le poids d'un prisonnier très rapidement, mais la grève de la soif réduit le poids d'une manière si alarmante que les médecins de la prison ont d'abord été plongés dans une panique totale. Plus tard, ils se sont quelque peu endurcis, mais même maintenant, ils considèrent la soif avec terreur. Je ne suis pas sûr de pouvoir transmettre au lecteur l'effet de journées passées sans qu'une seule goutte d'eau ne soit introduite dans le système. Le corps ne supporte pas la perte d'humidité. Il crie de toutes ses forces en signe de protestation. Les muscles s'atrophient, la peau devient ratatinée et flasque, l'apparence du visage se modifie horriblement, tous ces symptômes extérieurs étant éloquents de la souffrance aiguë de l'être physique tout entier. Bien entendu, toutes les fonctions naturelles sont suspendues et les poisons incapables de sortir du corps sont retenus et absorbés. Le corps devient froid et hivernal, il y a des maux de tête et des nausées constants, et parfois de la fièvre. La bouche et la langue deviennent enduites et enflées, la gorge s'épaissit et la voix se réduit à un murmure filant .

Quand, à la fin du troisième jour de ma première soif, j'ai été renvoyé chez moi, j'étais dans un état de jaunisse dont je ne me suis jamais complètement remis. J'ai été si gravement touché que les autorités pénitentiaires n'ont fait aucune tentative pour m'arrêter pendant près d'un mois après ma libération. Le 13 juillet, je me suis senti une fois de plus assez fort pour protester contre l'odieux Cat and Mouse Act et, avec Miss Annie Kenney, qui était également en liberté « pour raisons médicales », je me suis rendu à une réunion au Pavillon de Londres . À la fin de la réunion, au cours de laquelle le permis de prison de Miss Kenney a été vendu aux enchères pour 12 £, nous avons tenté pour la première fois l'évasion ouverte que nous avons si souvent effectuée depuis. Miss Kenney, depuis l'estrade, a annoncé que nous devions ouvertement quitter la salle, et elle s'est immédiatement dirigée tranquillement vers le public. La police s'est précipitée en grand nombre et, après un combat désespéré, a réussi à la capturer. D'autres détectives et policiers se sont précipités vers la porte latérale du couloir pour m'intercepter, mais je les ai déçus en sortant par la porte d'entrée et en m'enfuyant vers la maison d'un ami en taxi.

La police m'a rapidement retrouvé jusqu'à la maison de mon amie, la scientifique distinguée, Mme Hertha. Ayrton , et l'endroit devint aussitôt une forteresse assiégée. Jour et nuit, la maison était encerclée, non seulement par la police, mais aussi par des foules de sympathisantes . Le samedi qui a suivi ma comparution au Pavillon, nous avons donné à la police un peu d'excitation d'un genre qu'elle n'apprécie pas. Un taxi arriva jusqu'à la porte de Mme Ayrton , et plusieurs membres bien connus de l'Union descendirent et se précipitèrent à l'intérieur. Aussitôt le bruit se répandit qu'une tentative de sauvetage était en cours, et la police contourna résolument le taxi. Bientôt une femme voilée apparut sur le seuil, entourée de suffragettes qui, lorsque la dame voilée tenta de monter dans le fiacre, résistèrent de toutes leurs forces aux efforts de la police pour mettre la main sur elle. Le cri montait de toutes parts : « Ils arrêtent Mme Pankhurst ! Il s'ensuivit quelque chose qui ressemblait à une bagarre libre, occupant toute l'attention des policiers qui ne se trouvaient pas à proximité immédiate du taxi. Les hommes qui entouraient ce véhicule à bascule ont réussi à arracher la silhouette voilée des bras des autres femmes et à s'entasser dans le taxi, ils ont ordonné au chauffeur de rouler à toute vitesse jusqu'à Bow Street. Cependant, avant qu'ils n'atteignent leur destination, la dame voilée a levé son voile – hélas, ce n'était pas Mme Pankhurst, qui à ce moment-là s'éloignait à toute vitesse dans un autre taxi dans une toute autre direction.

Notre ruse a rendu furieux la police, qui a décidé de m'arrêter dès ma première apparition publique, qui a eu lieu au Pavillon , le lundi suivant l'épisode que je viens de raconter. Quand j'ai atteint le Pavillon, je l'ai trouvé littéralement encerclé par des centaines de policiers. J'ai réussi à passer le cordon extérieur, mais Scotland Yard avait ses meilleurs hommes à l'intérieur du hall et je n'étais pas autorisé à atteindre la plate-forme. Entouré d'hommes en civil, matraque au poing, je n'ai pas pu m'échapper, mais j'ai crié aux femmes qu'on m'emmenait, et elles se sont précipitées si vaillamment à notre secours que les policiers ont eu les mains occupées pendant près d'une demi-heure avant de pouvoir intervenir. m'a fait monter dans un taxi à destination de Holloway. Six femmes ont été arrêtées ce jour-là et bien plus de six policiers ont été temporairement frappés d'incapacité de travail.

À ce moment-là, j'avais décidé que non seulement je résisterais à rester en prison, mais que je résisterais autant que je le pourrais à aller en prison. Par conséquent, lorsque nous sommes arrivés à Holloway, j'ai refusé de descendre du taxi, déclarant à mes ravisseurs que je n'accepterais plus le lent assassinat judiciaire auquel le gouvernement soumettait les femmes. J'ai été extrait et transporté dans une cellule de l'infirmerie des condamnés de la prison . Les gardiennes qui étaient de garde me parlèrent avec une certaine gentillesse, me suggérant que, comme j'étais très apparemment épuisé et malade, je ferais bien de me déshabiller et d'aller me coucher. "Non", répondis-je, "je ne me coucherai pas une seule fois pendant que je suis retenu ici. Je suis fatigué de ce jeu brutal et j'ai l'intention d'y mettre fin."

Sans me déshabiller, je m'allonge sur le côté extérieur du lit. Plus tard dans la soirée, le médecin de la prison m'a rendu visite, mais j'ai refusé d'être examiné. Le matin, il revint, accompagné du gouverneur et du chef de garde. Comme je n'avais pris ni nourriture ni eau depuis la veille, mon aspect était tellement altéré que le médecin en était visiblement perturbé. Il m'a supplié, « comme une petite concession », de lui permettre de prendre mon pouls, mais j'ai secoué la tête et ils m'ont laissé tranquille pour la journée. Cette nuit-là, j'étais si malade que j'étais inquiet de mon propre état, mais je ne savais rien d'autre à faire que d'attendre. Mercredi matin, le gouverneur est revenu et m'a demandé avec un air d'insouciance s'il était vrai que je refusais à la fois de la nourriture et de l'eau. « C'est vrai », ai-je dit, et il a répondu brutalement : « Vous êtes très bon marché à garder. Puis, comme si la chose n'était pas une farce ridicule, il m'a annoncé que j'étais condamné à trois jours de réclusion, avec privation de tous privilèges, après quoi il a quitté ma cellule.

Deux fois ce jour-là, le médecin m'a rendu visite, mais je ne lui ai pas permis de me toucher. Plus tard est venu un médecin du ministère de l'Intérieur, auquel je m'étais plaint, comme je m'étais plaint au gouverneur et au médecin de la prison, des douleurs que je souffrais encore du traitement brutal que j'avais reçu au Pavillon . Les deux médecins ont insisté pour que je les autorise à m'examiner, mais j'ai dit : « Vous ne m'examinerez pas parce que votre intention n'est pas de m'aider en tant que patient, mais simplement de savoir combien de temps il sera encore possible de me soigner. gardez-moi en vie en prison. Je ne suis pas prêt à vous aider, vous ou le gouvernement, de quelque manière que ce soit. Je ne suis pas prêt à vous dégager de toute responsabilité dans cette affaire. J'ai ajouté qu'il devait être évident que j'étais très malade et inapte à être incarcéré. Ils ont hésité un moment ou deux, puis m'ont quitté.

Mercredi soir a été un long cauchemar de souffrance, et jeudi matin, j'ai dû présenter une apparence presque momifiée. D'après les visages du gouverneur et du médecin lorsqu'ils sont entrés dans ma cellule et m'ont regardé, j'ai pensé qu'ils allaient immédiatement arranger ma libération. Mais les heures passèrent et aucun ordre de libération ne fut reçu. J'ai décidé que je devais forcer ma libération, je me suis levé du lit où j'étais allongé et j'ai commencé à tituber de long en large dans la cellule. Quand toutes mes forces m'ont manqué et que je n'ai plus pu garder mes pieds, je me suis allongé sur le sol en pierre, et là, à quatre heures de l'après-midi, ils m'ont trouvé, haletant et à moitié inconscient. Et puis ils m'ont renvoyé. Cette fois, j'étais dans un état très affaibli et j'ai dû être traité avec des solutions salines pour me sauver la vie. J'avais cependant le sentiment d'avoir brisé les murs de ma prison, au moins pour un temps, et cela s'est avéré. C'est le 24 juillet que j'ai été libéré. Quelques jours plus tard, j'ai été transporté dans un fauteuil d'invalide jusqu'à la plate-forme du pavillon de Londres . Je ne pouvais pas parler, mais j'étais là, comme je l'avais promis. Ma licence , que j'avais alors cessé de déchirer parce qu'elle avait une valeur aux enchères, a été vendue à un Américain pour la somme de cent livres. En partant, j'avais dit au gouverneur que j'avais l'intention de vendre la licence et de dépenser l'argent à des fins militantes, mais je ne m'attendais pas à réunir une somme aussi splendide que cent livres. Je me souviendrai toujours de la générosité de cet ami américain inconnu.

Un grand congrès médical se tenait à Londres au cours de l'été 1913 et, le 11 août, nous organisâmes une grande réunion à Kingsway Hall, à laquelle assistèrent des centaines de médecins invités. J'ai pris la parole lors de cette réunion, au cours de laquelle une résolution retentissante contre le gavage forcé a été adoptée, et j'ai été autorisé à rentrer chez moi sans interférence de la police. C'était en fait la deuxième fois au cours de ce mois que je parlais en public sans être inquiété. La présence de tant de médecins distingués à Londres a peut-être suggéré aux autorités qu'il valait mieux me laisser tranquille pour le moment. Quoi qu'il en soit, je restai seul et, à la fin du mois, je me rendis publiquement à Paris pour voir ma fille Christabel et planifier avec elle la campagne de l'automne prochain. J'avais besoin de repos après les luttes des cinq derniers mois, au cours desquels j'avais purgé ma peine de trois ans de prison, soit pas tout à fait trois semaines.

[5] Peu avant cela, M. Lansbury avait démissionné de son siège au Parlement et s'était adressé à ses électeurs sur la question du droit de vote des femmes. Les partis libéral et conservateur s'étaient unis contre lui, de sorte qu'un candidat unioniste fut élu à sa place. M. Lloyd-George s'est publiquement réjoui du résultat de cette élection, affirmant que M. Marsh, le candidat conservateur, avait été son homme. Le Parti travailliste , au Parlement comme ailleurs, a accepté docilement cette chicane libérale sans protester.

CHAPITRE VII

Les deux mois de l'été 1913 que je passai avec ma fille à Paris furent presque les derniers jours de paix et de repos dont je suis destiné à jouir depuis. J'ai passé des jours, ou quelques heures, à la préparation initiale de ce volume, parce qu'il me semblait que j'avais un devoir à accomplir en donnant au monde ma propre description claire des événements qui ont conduit à la libération des femmes. révolution en Angleterre. D'autres histoires du mouvement militant seront sans doute écrites ; dans les temps à venir où, dans tous les pays constitutionnels du monde, le vote des femmes sera aussi universellement accepté que le vote des hommes le sont aujourd'hui ; où les hommes et les femmes occupent le monde de l'industrie sur un pied d'égalité, en tant que collaborateurs plutôt qu'en concurrents acharnés ; Quand, en un mot, toutes les discriminations effroyables et criminelles qui existent aujourd'hui entre les sexes seront abolies, comme elles doivent l'être un jour, l'historien pourra s'asseoir tranquillement et rendre pleinement justice à l'étrange histoire de la façon dont les femmes d'Angleterre ont pris les armes contre le gouvernement aveugle et obstiné de l'Angleterre et se sont frayées un chemin vers la liberté politique. J'aimerais vivre assez longtemps pour lire une telle histoire, calmement réfléchie, soigneusement analysée , consciencieusement exposée. Ce sera un livre meilleur à lire que celui-ci, écrit pour ainsi dire dans un camp entre les batailles. Mais peut-être que celui-ci, préparé à la hâte, donnera au lecteur de l'avenir une impression plus claire de l'intensité et du désespoir du conflit, et aussi quelque chose du courage et de la force de combat insoupçonnés des femmes qui, ayant ont appris la joie du combat, perdent tout sentiment de peur et continuent leur lutte jusqu'aux portes de la mort et au-delà, sans jamais broncher à aucune étape du chemin.

Chaque étape depuis cette réunion d'octobre 1912, au cours de laquelle nous avons définitivement déclaré la guerre à la paix de l'Angleterre, a été semée de dangers et de difficultés, souvent inattendus et non déclarés. En octobre 1913, j'ai navigué sur le paquebot français *La Provence* pour ma troisième visite aux États-Unis. Mon intention a été publiée dans la presse publique d'Angleterre, de France et d'Amérique. Aucune tentative de dissimulation de mon intention n'a été faite et, en fait, mon départ a été assisté par deux hommes de Scotland Yard. Certains indices étaient parvenus à mes oreilles selon lesquels les agents d'immigration du port de New York tenteraient de m'exclure en tant qu'étranger indésirable, mais j'accordais peu de crédit à ces rapports. Des amis américains m'écrivirent et envoyèrent des messages d'encouragement, et je passai donc mon temps à bord assez paisiblement, travaillant une partie du temps, me reposant également contre la fatigue qui accompagne toujours une tournée de conférences.

**MME. PANKHURST ET CHRISTABEL DANS LE JARDIN DE LA
MAISON DE CHRISTABEL À PARIS**

Nous sommes arrivés au port de New York le 26 octobre et là, à mon grand étonnement, les autorités de l'immigration m'ont informé que j'avais reçu l'ordre d'aller à Ellis Island pour comparaître devant une commission d'enquête spéciale. Les agents qui ont exécuté l'ordre de détention l'ont fait en toute courtoisie, même avec un certain air de réticence. Ils ont permis à ma compagne de voyage américaine, Mme Rheta Childe Dorr, de m'accompagner sur l'île, mais personne, pas même l'avocat envoyé par Mme OHP Belmont pour me défendre, n'a été autorisé à me présenter devant la commission d'enquête spéciale. J'ai marché devant ces trois hommes tout seul, comme bien des femmes pauvres, sans amis, sans aucune de mes ressources, ont dû se présenter. Dès mon entrée dans la pièce, je savais que des moyens extraordinaires avaient été employés contre moi, car sur le bureau derrière lequel était assis le Conseil, j'ai vu un *dossier complet* de mon cas dans des documents juridiques anglais. Ces documents peuvent avoir été fournis par Scotland Yard ou par le gouvernement. Je ne peux pas le dire, bien sûr. Ils ont suffi à convaincre la commission d'enquête spéciale que j'étais pour le moins une personne douteuse, et j'ai été informé que je devrais être détenu jusqu'à ce que les autorités supérieures de Washington examinent mon cas. Tout a été fait pour mon confort, les chambres du commissaire à l'immigration étant remises à moi et à mon compagnon. Les mêmes hommes qui m'ont déclaré coupable d'injures morales – ce dont aucun jury britannique ne m'a encore accusé – se sont démenés de diverses manières pour rendre ma détention agréable. J'ai été escorté dans toute l'île et dans les quartiers assignés aux immigrants détenus, dont le droit d'atterrir aux États-Unis est en question. Les salles à manger immenses, les cuisines impeccables et la carte admirablement variée m'intéressaient et m'impressionnaient. Rien de tel n'existe dans aucune institution anglaise.

Je suis resté à Ellis Island deux jours et demi, suffisamment longtemps pour que le commissaire à l'immigration de Washington puisse présenter mon cas au président qui a immédiatement ordonné ma libération. Celui qui était responsable de ma détention a complètement négligé la valeur publicitaire de l'incident. Ma tournée de conférences en fut beaucoup plus réussie et je m'embarquai pour l'Angleterre fin novembre avec une très généreuse contribution américaine à notre trésor de guerre, contribution, hélas, que je n'étais pas autorisé à apporter en personne.

La nuit précédant l'arrivée du paquebot White Star *Majestic* à Plymouth, un message sans fil du quartier général m'a informé que le gouvernement avait décidé de m'arrêter à mon arrivée. L'arrestation a eu lieu, dans des conditions très dramatiques, le lendemain peu avant midi. Le paquebot vint jeter l'ancre dans l'avant -port , et nous vîmes aussitôt que la baie, habituellement si animée de navires de passage, avait été vidée de toute embarcation. Au loin, l'annexe, qui en d'autres occasions avait toujours rencontré le paquebot, reposait à l'ancre entre deux énormes navires de guerre gris. Pendant un moment ou deux, la scène s'est arrêtée, les passagers se pressant vers les bastingages avec une curiosité muette pour voir ce qui allait se passer ensuite. Soudain, un doris de pêcheur, propulsé par un moteur, s'est précipité à travers le port , directement sous le nez des sinistres navires de guerre. Deux femmes, trempées d'embruns, se sont levées dans le bateau, et alors qu'il passait rapidement devant notre bateau à vapeur, les femmes m'ont appelé : « Les chats sont là, Mme Pankhurst ! Ils sont proches de vous... » Leurs voix s'éloignaient dans la brume et nous n'entendions plus rien. Au bout d'une minute ou deux, un mousse effrayé est apparu sur le pont et m'a remis un message du commissaire de bord me demandant de descendre à son bureau. J'ai répondu que je ne ferais certainement rien de tel, puis la police a envahi le pont et j'ai appris pour la cinquième fois que j'étais arrêté en vertu de la loi sur le chat et la souris. Ils avaient envoyé cinq hommes de Scotland Yard, deux hommes de Plymouth et une gardienne de Holloway, un nombre suffisant, il sera permis, pour prendre une femme d'un navire ancré à deux milles au large.

Suite à ma ferme résolution de ne contribuer en aucune manière à l'application de la loi infâme, j'ai refusé d'accompagner les hommes, qui m'ont alors récupéré et m'ont transporté jusqu'au poste de police qui attendait. Nous avons remonté quelques kilomètres la côte des Cornouailles, la police refusant absolument de me dire où elle me conduisait, et avons finalement débarqué à Bull Point, un débarcadère gouvernemental fermé au grand public . Ici, une automobile m'attendait et, accompagné de mon garde du corps de Scotland Yard et de Holloway, j'ai traversé Dartmoor jusqu'à Exeter, où j'ai subi un emprisonnement non insupportable et une grève de la faim de quatre jours. Tout le monde, depuis le gouverneur de la prison jusqu'aux gardiennes, étaient ouvertement sympathiques et gentils, et un responsable confidentiel m'a dit qu'ils m'avaient gardé uniquement parce qu'ils avaient reçu l'ordre de le faire jusqu'après la grande réunion à l'Empress Theatre, Earls Court, Londres, qui avait été aménagé comme une maison de bienvenue pour moi. La réunion a eu lieu le dimanche soir qui a suivi mon arrestation, et la grosse somme de 15 000 £ a été versée dans les caisses du militantisme. Cela comprenait les 4 500 £ collectés lors de ma tournée américaine.

Plusieurs jours après ma libération d'Exeter, je me suis rendu ouvertement à Paris pour conférer avec ma fille sur des questions liées à la campagne sur le point de s'ouvrir, et je suis revenu assister à une réunion de la WSPU la veille de l'expiration de ma licence. Néanmoins, le wagon-bateau dans lequel je voyageais avec mon médecin et mon infirmière a été envahi à Douvres par deux détectives qui m'ont dit de me considérer en état d'arrestation. Nous étions en train de préparer du thé lorsque les hommes sont entrés, mais nous l'avons immédiatement jeté par la fenêtre, car une grève de la faim commençait toujours au moment de l'arrestation. Nous n'avons jamais fait de compromis, mais avons résisté dès le premier instant à l'attaque.

La raison de cette arrestation injustifiée à Douvres était la crainte de la police de la garde du corps des femmes, organisée à ce moment-là dans le but exprès de résister aux tentatives visant à m'arrêter. Nous avons eu de nombreux témoignages sur le fait que la police, ainsi que le gouvernement, avaient peur de risquer de rencontrer des femmes qui n'avaient pas peur de se battre. Nous l'avons certainement eu à cette occasion, car sachant que le garde du corps attendait à la gare Victoria, les autorités avaient coupé toutes les approches du quai d'arrivée et l'endroit était gardé par des bataillons de police. Aucun passager n'était autorisé à descendre d'une voiture avant d'avoir traversé le quai d'arrivée entre une double file de policiers et de détectives et jeté dans une automobile de quarante chevaux, gardée à l'intérieur par deux hommes en civil et un gardien, et à l'extérieur par un gardien. trois autres policiers. Autour de cette automobile se trouvaient douze taxis remplis d'hommes en civil, quatre par véhicule, et trois gardant l'extérieur, sans compter le chauffeur, qui était également au service de la police. Des détectives à moto étaient de garde à différents endroits, prêts à suivre tout taxi de sauvetage.

Arrivé à Holloway, j'ai été de nouveau soulevé de la voiture et emmené dans la salle de réception et déposé sur le sol dans un état de grand épuisement. Lorsque le médecin est entré et m'a dit sèchement de me lever, j'ai été obligé de lui dire que je ne pouvais pas me lever. J'ai catégoriquement refusé d'être examiné, disant que j'étais résolu à faire assumer au gouvernement l'entière responsabilité de mon état. « Je refuse d'être examiné par vous ou par n'importe quel médecin de la prison », ai-je déclaré, « et je le fais pour protester contre ma condamnation et contre ma présence ici. reconnaître un médecin de prison comme un médecin au sens propre du terme. J'ai retiré mon consentement à être régi par les règles de la prison ; Je refuse de reconnaître l'autorité d'un quelconque responsable pénitentiaire et j'empêche donc le gouvernement d'exécuter la peine qu'il m'a infligée.

Des gardiennes ont été convoquées, j'ai été placée dans un fauteuil d'invalide et j'ai donc monté trois étages et placée dans une cellule non chauffée avec un sol en béton. Refusant de quitter la chaise, j'ai été soulevé et placé sur le lit, où je suis resté allongé toute la nuit sans enlever mon manteau ni desserrer mes vêtements. C'était un samedi que l'arrestation avait eu lieu et je suis resté en prison jusqu'au mercredi matin suivant. Pendant tout ce temps, aucune nourriture ni eau ne sortait de mes lèvres, et j'ajoutais à cela la grève du sommeil, ce qui signifie que, autant qu'il était humainement possible, je refusais tout sommeil et tout repos. Pendant deux nuits, je me suis assis ou allongé sur le sol en béton, refusant résolument les propositions souvent répétées d'examen médical. "Vous n'êtes pas médecin", dis-je à l'homme. "Vous êtes un bourreau du gouvernement et tout ce que vous voulez, c'est vous assurer que je ne suis pas tout à fait prêt à mourir." Le médecin, un nouvel homme depuis mon dernier emprisonnement, rougit et parut extrêmement mécontent. "Je suppose que tu penses ça," marmonna-t-il.

Le mardi matin, le gouverneur est venu me voir, et sans doute j'avais alors une assez mauvaise apparence. C'est du moins ce que j'ai compris à l'expression alarmée de la gardienne qui l'accompagnait. J'ai fait au gouverneur une simple annonce que j'étais prêt à quitter la prison et que j'avais l'intention de le faire très bientôt, mort ou vivant. Je lui ai dit qu'à partir de ce moment, je ne devrais même plus me reposer sur le sol en béton, mais que je devrais marcher dans ma cellule jusqu'à ma libération ou jusqu'à ce que je meure d'épuisement. Toute la journée, je restai fidèle à cette résolution, arpentant l'étroite cellule, trébuchant et tombant plusieurs fois, jusqu'à ce que le médecin vienne le soir pour m'annoncer qu'on m'avait ordonné de me libérer le lendemain matin. Puis j'ai desserré ma robe et je me suis allongé, complètement épuisé, et je suis tombé presque instantanément dans un sommeil semblable à celui de la mort. Le lendemain matin, une ambulance motorisée m'a emmené au siège de Kingsway où une chambre d'hôpital avait été aménagée pour mon accueil. Les deux emprisonnements en moins de dix jours avaient mis à rude épreuve mes forces, et le froid de la cellule de Holloway avait provoqué une névralgie douloureuse. Il fallut plusieurs jours avant que je recouvre ne serait-ce qu'une dîme de ma santé habituelle.

Ces deux arrestations ont eu pour résultat exactement ce que le gouvernement aurait dû prévoir : une grande explosion d'un nouveau militantisme. Dès que la nouvelle s'est répandue que j'avais été emmené à Plymouth, un énorme incendie s'est déclaré dans les parcs à bois de Richmond Walk, à Devenport , et un acre et demi de bois, à côté d'une foire aux plaisirs et d'un chemin de fer panoramique adjacent, à la valeur des milliers de livres ont été détruites. Personne n'a jamais découvert la cause de l'incendie, le plus grand jamais survenu dans le quartier , mais à l'une des grilles se trouvait un exemplaire des *Suffragettes* et à une autre grille deux cartes, sur l'une desquelles était écrit un message au gouvernement. : "Comment osez-vous arrêter Mme Pankhurst et permettre à Sir Edward Carson et M. Bonar Law de se libérer ?" La deuxième carte portait les mots : « Notre réponse à la torture de Mme Pankhurst et à sa lâche arrestation à Plymouth.

Outre cet incendie, qui fit rage depuis minuit jusqu'à l'aube, une grande maison inoccupée à Bristol fut détruite par le feu ; une belle résidence en Écosse, également inoccupée, fut gravement endommagée par un incendie ; L'église Sainte-Anne, dans la banlieue de Liverpool, a été en partie détruite ; et de nombreux piliers à Londres, Édimbourg, Derby et dans d'autres villes ont été incendiés. Dans les églises de tout le Royaume, nos femmes ont semé la consternation en interpolant dans les services des prières prononcées avec révérence pour les prisonniers qui souffraient pour le bien de leur conscience. Le lecteur a sans aucun doute entendu parler de ces interruptions, et si c'est le cas, il a entendu parler de bagarres, de cris de femmes, d'intrusions dans le caractère sacré des services religieux et de création d'émeutes dans la Maison de Dieu. Je pense que le lecteur devrait savoir exactement ce qui se passe lorsque des militants, qui sont généralement des femmes religieuses, interrompent les services religieux. Le dimanche où j'étais à Holloway, après mon arrestation à Douvres, certaines femmes assistant au service de l'après-midi à l'abbaye de Westminster, scandaient en concert la prière suivante : « Dieu sauve Emmeline Pankhurst, aide-nous de ton amour et de ta force à la garder, épargne ceux qui souffrent pour la conscience. Écoute-nous quand nous te prions. A peine avaient-ils fini cette prière que des vergers se précipitèrent sur eux et les chassèrent avec une grande violence de l'abbaye. Un homme agenouillé, qui se trouvait à proximité d'une des femmes, a oublié ses intercessions chrétiennes assez longtemps pour la frapper au visage avec ses poings avant l'arrivée des vergers.

Des scènes similaires ont eu lieu dans des églises et des cathédrales à travers l'Angleterre et l'Écosse, et dans de nombreux cas, les femmes ont été traitées de la manière la plus barbare par les vergers et les membres des congrégations. Dans d'autres cas, les femmes non seulement n'ont pas été inquiétées, mais ont également été autorisées à terminer leurs prières dans un silence profond et compatissant. Certains ecclésiastiques ont même eu le courage d'ajouter un amen respectueux à ces prières pour les femmes en prison, et il est arrivé que des ecclésiastiques aient volontairement offert des prières pour nous. Cependant, l'Église dans son ensemble n'a sans aucun doute pas respecté son obligation d'exiger justice pour les femmes et de protester contre la torture du gavage forcé. Au cours de l'année qui vient de se terminer, nous avons envoyé de nombreuses députations aux autorités ecclésiales, aux évêques, les uns après les autres après avoir reçu de cette manière. Certains évêques, y compris l'archevêque réactionnaire de Cantorbéry, refusèrent d'accorder l'entretien souhaité, et lorsque cela se produisit, la réponse de la députation fut de s'asseoir sur le seuil de la résidence épiscopale jusqu'à ce que la capitulation suive - comme elle le fit invariablement.

Comme Holloway Gaol se trouve dans son diocèse, l'évêque de Londres a reçu la visite de la WSPU et il a été demandé que l'évêque lui-même soit témoin du gavage forcé afin de se rendre compte de l'horreur de la procédure. Il a effectivement rendu visite à deux des femmes torturées, mais il ne les a pas vues nourries de force et, à sa sortie, il a rendu public le récit de son entretien avec elles, qui était en fait la version des faits du gouvernement. La WSPU s'est naturellement indignée, tandis que tous les amis du gouvernement ont salué l'évêque comme un partisan de la politique de torture. Seuls ceux qui ont enduré la douleur et l'agonie, sans parler de l'humiliation morale du gavage forcé, peuvent se rendre compte de la profondeur de l'iniquité que le gouvernement a manœuvré pour blanchir l'évêque de Londres. Il est peut-être vrai, comme l'évêque s'est réconforté en le disant, que les victimes du gavage forcé ont souffert davantage parce qu'elles ont lutté pendant le processus. Mais, comme l'écrivait Mary Richardson dans les *Suffragettes*, s'attendre à ce qu'une victime ne se débatte pas revenait à lui dire qu'elle souffrirait moins si elle ne sautait pas sur une cendre dans l'œil. "Le principe", déclara Miss Richardson, "est le même. On lutte parce que la douleur est atroce, et les nerfs des yeux, des oreilles et du visage sont tellement torturés qu'il serait impossible de ne pas résister jusqu'au bout. On lutte, aussi, pour une autre raison — une raison morale —, car le gavage est une agression immorale aussi bien que physique douloureuse, et rester passif face à cela donnerait à quelqu'un le sentiment du péché de concurrence ; ; la résistance est donc inévitable.

Je pense qu'il convient ici d'expliquer également la politique dans laquelle nous nous sommes engagés en 1914, consistant à porter notre cause directement devant le roi. Le lecteur a peut-être entendu parler des « insultes » des Suffragettes envers le roi George et la reine Mary, et il est juste qu'il entende un compte rendu direct de la manière dont ces « insultes » sont offertes. Plusieurs tentatives isolées avaient été faites pour présenter des pétitions au roi, une fois alors qu'il se rendait à Westminster pour ouvrir le Parlement, et encore une fois lors d'une visite à Bristol. Cette dernière fois, la femme qui tentait de présenter la pétition fut agressée par un des écuyers du roi, qui la frappa du plat de son épée.

Nous avons finalement opté pour la politique de pétition directe auprès du roi parce que nous avions été contraints d'abandonner tout espoir de succès auprès de ses ministres. Trompés et trahis à chaque instant par le gouvernement libéral, nous avons annoncé que nous ne leur accorderions plus ne serait-ce qu'une semblant de confiance. Nous porterions notre revendication de justice jusqu'au trône du monarque. Fin décembre 1913, alors que j'étais en prison pour la deuxième fois depuis mon retour en Angleterre, une grande représentation de gala fut donnée à Covent Garden, l'opéra étant la Jeanne d'Arc de Raymond Rôze . Le roi, la reine et toute la cour étaient présents, et la scène devait être d'un éclat inhabituel. Nos femmes ont profité de l'occasion pour faire l'une des manifestations les plus réussies de l'année. Une loge était sécurisée juste en face de la Loge Royale, et elle était occupée par trois femmes magnifiquement vêtues. En entrant, ils avaient réussi, sans attirer le moindre regard, à verrouiller et barricader la porte, et à la fin du premier acte, aussitôt que l'orchestre eut disparu, les femmes se levèrent, et l'une d'elles, aidée de un mégaphone, s'adressa au roi. Attirant l'attention sur les scènes impressionnantes de la scène, l'orateur a déclaré au roi que les femmes se battaient aujourd'hui, comme Jeanne d'Arc il y a des siècles, pour la liberté humaine et qu'elles étaient, comme la pucelle d'Orléans, torturées et exécutées. à mort, au nom du Roi, au nom de l'Église, et en toute connaissance et responsabilité du gouvernement établi. A cette heure même, le chef de ces combattants de l'armée de la liberté était emprisonné et torturé par l'autorité du roi.

Le vaste public fut plongé dans une panique d'excitation et d'horreur, et au milieu d'un parfait tumulte de cris et d'adjurations, la porte de la loge fut finalement enfoncée et les femmes expulsées. Dès qu'elles eurent quitté la maison, d'autres de nos femmes, au nombre de quarante ou plus, qui étaient assises tranquillement dans une galerie supérieure, se levèrent et firent pleuvoir des brochures sur le suffrage sur la tête de l'assistance en bas. Il fallut bien trois quarts d'heure avant que l'excitation ne se calme et que les chanteurs puissent reprendre l'opéra.

La sensation provoquée par ce discours direct à la royauté nous incitait à faire une seconde tentative pour éveiller la conscience du roi, et au début de janvier, dès la réunion du Parlement, nous annoncions que je conduirais personnellement une députation au palais de Buckingham. Le projet a été accueilli avec enthousiasme par nos membres et un très grand nombre de femmes se sont portées volontaires pour se joindre à la députation, qui avait pour but de protester contre trois choses : la privation continue du droit de vote des femmes ; le gavage forcé et la torture du chat et de la souris contre ceux qui luttaient contre cette injustice ; et la manière scandaleuse avec laquelle le gouvernement, tout en contraignant et en torturant les femmes militantes, accordait une liberté totale aux hommes opposants au Home Rule en Irlande, des hommes qui annonçaient ouvertement qu'ils étaient sur le point de mener une politique qui ne consistait pas seulement à attaquer la propriété, mais de détruire la vie humaine.

J'ai écrit une lettre au Roi, lui transmettant « la demande respectueuse et loyale de l'Union Sociale et Politique des Femmes que Votre Majesté donne audience à une députation de femmes ». La lettre poursuivait : « La députation désire soumettre à Votre Majesté en personne sa demande de vote parlementaire, qui est la seule protection contre les graves torts industriels et sociaux dont souffrent les femmes ; est le symbole et la garantie de la citoyenneté britannique ; et signifie la reconnaissance de l'égalité de dignité et de valeur des femmes, en tant que membres de notre grand Empire.

"La Députation déposera en outre devant Votre Majesté une plainte contre les méthodes médiévales et barbares de torture par lesquelles les Ministres de Votre Majesté cherchent à réprimer la révolte des femmes contre la privation des droits des citoyens - une révolte aussi noble et glorieuse dans son esprit et son objectif que n'importe quelle autre de celles-ci. ces luttes passées pour la liberté qui font la fierté de la race britannique.

"Les irréfléchis - ceux qui ne se soucient pas des principes constitutionnels sur lesquels repose notre loyale demande d'audience de Votre Majesté en personne - nous ont dit que notre conversation devrait avoir lieu avec les ministres de Votre Majesté.

"Nous rejetons cette suggestion. En premier lieu, non seulement cela serait répugnant à notre sens de la dignité féminine, mais il serait absurde et futile pour nous d'interroger les hommes mêmes contre lesquels nous portons les accusations de trahison de la cause des femmes et torturer ceux qui se battent pour cette cause.

"En deuxième lieu, nous ne serons pas cités et nous ne reconnaîtrons pas l'autorité d'hommes qui, à nos yeux, n'ont aucun pouvoir légal ou constitutionnel en la matière, parce que nous n'avons pas été consultés quant à leur élection au Parlement. ni quant à leur nomination comme ministres de la Couronne.

J'ai ensuite cité comme précédent à l'appui de notre demande d'être entendu par le roi en personne, le cas de la députation des catholiques irlandais, qui, en 1793, fut reçue par le roi George III en personne.

J'ai ajouté en outre :

"Notre droit en tant que femmes d'être entendues et d'être aidées par Votre Majesté est bien plus fort que tout droit de ce type possédé par les hommes, car il repose sur notre manque de tout autre moyen constitutionnel pour obtenir réparation de nos griefs. Nous n'avons aucun pouvoir. voter pour les membres du Parlement, et donc pour nous, il n'y a pas de Chambre des communes. Nous n'avons pas de voix à la Chambre des Lords. Mais nous avons un roi, et c'est à lui que nous faisons appel.

"Constitutionnellement parlant, nous vivons, en tant que femmes sans droit de vote , à l'époque où le pouvoir du monarque était illimité. Dans cette époque ancienne, qui est passée pour les hommes mais pas pour les femmes, les hommes opprimés avaient recours au roi - le source de pouvoir, de justice et de réforme.

"C'est précisément de la même manière que nous revendiquons maintenant le droit de monter au pied du trône et de présenter au roi en personne notre demande de réparation du grief politique que nous ne pouvons et ne tolérerons plus.

"Parce que les femmes n'ont pas le droit de vote , il y a parmi nous aujourd'hui des travailleurs en sueur, des esclaves blancs, des enfants indignés et des mères innocentes et leurs bébés frappés par d'horribles maladies. C'est pour le bien et pour la cause de ces membres malheureux de notre sexe. , que nous demandons à Votre Majesté l'audience dont nous sommes sûrs qu'elle nous sera accordée.

Il fallut quelques jours avant que nous ayons reçu la réponse à cette lettre, et entre-temps certains événements inhabituellement émouvants et douloureux attirèrent l'attention du public.

CHAPITRE VIII

Quelques mois avant mon retour en Angleterre après ma tournée de conférences aux États-Unis, la situation en Ulster était devenue de plus en plus grave. Sir Edward Carson et ses partisans avaient déclaré que si un gouvernement autonome était créé et mis en place à Dublin, ils établiraient – avec ou sans loi – un gouvernement rival et indépendant en Ulster. On savait que des armes et des munitions étaient expédiées en Irlande et que des hommes – et des femmes aussi, d'ailleurs – faisaient des exercices et se préparaient à la guerre civile. La WSPU a contacté Sir Edward Carson et lui a demandé si le gouvernement proposé par l'Ulster accorderait l'égalité des droits de vote aux femmes. Nous avons franchement déclaré que si les hommes d'Ulster devaient seuls voter, nous devrions traiter avec le « roi Carson » et ses collègues exactement de la même manière que nous avions adoptée envers le gouvernement britannique centré à Westminster. Sir Edward Carson nous a d'abord promis que le gouvernement rebelle d'Ulster, s'il venait à naître, donnerait des voix aux femmes d'Ulster. Cet engagement fut par la suite répudié et, au début de l'hiver 1914, le militantisme apparut en Ulster. Cela faisait rage en Écosse depuis un certain temps, et maintenant les suffragettes emprisonnées dans ce pays étaient nourries de force comme en Angleterre. La réponse à cette question était, bien entendu, davantage de militantisme. L'ancienne église écossaise de Whitekirk , vestige de l'époque pré-Réforme, a été détruite par un incendie. Plusieurs maisons de campagne inoccupées ont également été incendiées.

C'est à peu près à cette époque, en février 1914, que j'entrepris une série de réunions en dehors de Londres, dont la première devait avoir lieu à Glasgow, au St. Andrews Hall, qui peut accueillir plusieurs milliers de personnes. Afin d'être libre le soir du rendez-vous, j'ai quitté Londres à l'insu de la police, en automobile. Malgré tous les efforts pour m'appréhender, je réussis à atteindre Glasgow et à me rendre sur le quai de St. Andrews où je me trouvai face à face avec un public immense et manifestement sympathique.

Comme on soupçonnait que la police pourrait se précipiter sur le quai, des plans avaient été élaborés pour opposer une résistance et le garde du corps était présent en force. Mon discours a été l'un des plus courts que j'ai jamais prononcé. J'ai dit:

" J'ai tenu ma promesse et, malgré le gouvernement de Sa Majesté, je suis ici ce soir. Très peu de personnes dans cette salle, très peu de personnes dans ce pays, savent quelle part de l'argent de la nation est dépensée pour faire taire les femmes. Mais l'esprit et l'ingéniosité des femmes sont en train de vaincre le pouvoir et l'argent du gouvernement britannique. Il est bon que nous ayons cette réunion ce soir, car aujourd'hui est un jour mémorable dans les annales du Royaume-Uni de Grande-Bretagne et d'Irlande. Aujourd'hui, à la Chambre des communes, on a assisté au triomphe du militantisme – le militantisme des hommes – et ce soir, j'espère faire comprendre aux personnes présentes dans cette réunion que s'il y a une quelconque distinction à faire entre le militantisme dans U lster et le militantisme des femmes, tout cela profite aux femmes. Notre plus grande tâche dans ce mouvement des femmes est de prouver que nous sommes des êtres humains comme les hommes, et chaque étape de notre combat fait ressortir cette leçon très difficile. dans l'esprit des hommes, et particulièrement dans l'esprit des hommes politiques. Je propose ce soir à cette réunion politique d'avoir un texte. Les textes sont généralement donnés depuis les chaires, mais peut-être me pardonnerez-vous si j'ai un texte ce soir. Mon texte est le suivant : « Justice égale pour les hommes et les femmes, justice politique égale, justice juridique égale, justice industrielle égale et justice sociale égale ». Je veux aussi clairement et brièvement que possible vous faire comprendre ce soir que s'il est justifiable de lutter pour une justice commune, ordinaire et égale, alors les femmes ont une ample justification, voire une plus grande justification, pour la révolution et la rébellion, que jamais. les hommes ont eu dans toute l'histoire de la race humaine. C'est une grande affirmation à faire valoir, mais je vais le prouver. Vous obtenez la preuve de l'injustice politique..."

Alors que j'avais fini de prononcer le mot « injustice », un steward a poussé un cri d'avertissement, il y a eu un piétinement de pieds lourds, et un grand corps de policiers a fait irruption dans le hall et s'est précipité vers la plate-forme, dégainant leurs matraques tout en courant. Dirigés par des détectives de Scotland Yard, ils surgirent de tous côtés, mais alors que les membres les plus avancés tentaient de prendre d'assaut la plate-forme, ils furent accueillis par une fusillade de pots de fleurs, de tables, de chaises et d'autres missiles. Ils se sont emparés de la balustrade du quai, afin de la démolir, mais ils ont constaté que sous les décorations étaient dissimulés des barbelés. Cela les fit réfléchir un instant.

Pendant ce temps, de plus en plus d'envahisseurs venaient d'autres directions. Les gardes du corps et les spectateurs repoussèrent vigoureusement l'attaque, brandissant des gourdins, des matraques, des poteaux, des planches ou tout ce qu'ils pouvaient saisir, tandis que les policiers se déplaçaient à droite et à gauche avec leurs matraques, leur violence étant bien plus grande. Des hommes et des femmes étaient vus de tous côtés, le visage ensanglanté, et on criait pour appeler un médecin. Au milieu de la lutte, plusieurs coups de revolver retentirent, et la femme qui tirait avec le revolver — qui, je dois l'expliquer, n'était chargé que de cartouches à blanc — parvint à terroriser et à tenir à distance tout un corps de policiers.

J'avais été entouré par des membres des gardes du corps, qui m'ont précipité vers les escaliers depuis la plate-forme. Cependant, la police nous a rattrapés et, malgré la résistance du garde du corps, ils m'ont saisi et m'ont traîné dans l'escalier étroit au fond du couloir. Là, un taxi attendait. J'ai été poussé violemment dedans et jeté à terre, les sièges étant occupés par autant d'agents de police que possible.

La réunion s'est déroulée dans un état de grande agitation et les habitants de Glasgow présents ont exprimé leur sentiment d'indignation face au comportement de la police qui, agissant sous les instructions du gouvernement, avait tant déshonoré la ville. Le général Drummond, présent à l'estrade, s'empare de la situation et prononce un discours enthousiasmant dans lequel elle exhorte l'auditoire à faire sentir au gouvernement la force de son indignation.

J'ai été gardé dans les cellules de la police de Glasgow toute la nuit, et le lendemain matin, j'ai été emmené, prisonnier affamé et soif, à Holloway, où je suis resté cinq jours mémorables. C'était la septième tentative du gouvernement de me faire purger une peine de trois ans de travaux forcés pour complot, en relation avec l'explosion de la maison de campagne de M. Lloyd-George. Au cours des onze mois et demi qui se sont écoulés depuis que j'ai reçu cette condamnation, je n'ai passé que trente jours en prison. Le 14 mars, j'ai été de nouveau libéré, souffrant toujours gravement, non seulement de la grève de la faim et de la soif, mais aussi des blessures reçues lors de mon arrestation brutale à Glasgow.

La réponse à cette arrestation avait été rapide et ferme. A Bristol, théâtre de grandes émeutes et de destructions alors que les hommes se battaient pour les votes, un grand parc à bois a été incendié. En Écosse, un manoir a été détruit par un incendie. Une protestation plus douce consista en une descente dans la maison du ministre de l'Intérieur, au cours de laquelle dix-huit fenêtres furent brisées.

La plus grande et la plus surprenante de toutes les protestations faites jusqu'à présent fut l'attaque à ce moment-là contre la « Vénus » de Rokeby dans la National Gallery. Mary Richardson, la jeune femme qui a mené cette protestation, est dotée d'un sens artistique très fin, et seul le sens du devoir le plus impérieux aurait pu la pousser à cet acte. Miss Richardson, mise en jugement, fit un discours émouvant à la Cour, au cours duquel elle dit que son acte était prémédité et qu'elle y avait réfléchi très sérieusement avant de l'entreprendre. Elle a ajouté : "J'ai été étudiante en art et je suppose que je me soucie autant de l'art que quiconque se trouvait dans la galerie lorsque j'ai manifesté. Mais je me soucie plus de la justice que de l'art, et je crois fermement que lorsqu'une nation ferme les yeux sur la justice et préfère que les femmes qui luttent pour la justice soient maltraitées, maltraitées et torturées, qu'un acte comme le mien devrait être compréhensible ; se faire comprendre.

"Je voudrais souligner que l'outrage que le gouvernement a commis contre Mme Pankhurst est un ultimatum d'outrages. Il s'agit d'un meurtre, d'un meurtre lent et d'un meurtre prémédité. C'est ainsi que je l'ai vu...

"Comment vous pouvez ridiculiser et mépriser les femmes et les mettre en prison, sans rien dire au gouvernement pour avoir assassiné des gens, je ne peux pas comprendre...

"Le fait est que la nation est soit morte, soit endormie. À mon avis, il existe des preuves incontestables que la nation est morte, car les femmes ont frappé en vain à la porte des administrateurs, des archevêques et même du roi lui-même. Le gouvernement a fermé ses portes . toutes les portes nous sont ouvertes. Et rappelez-vous ceci : un état de mort dans une nation, ainsi que chez un individu, conduit à une chose, c'est la dissolution, je n'hésite pas à le dire si les hommes du pays ne le font pas. "Cette onzième heure a tendu la main et a sauvé Mme Pankhurst, avant que quelques années ne se soient écoulées, ils tendront la main en vain pour sauver l'Empire."

En condamnant Mlle Richardson à six mois d'emprisonnement, le magistrat a déclaré avec regret que si elle avait brisé une fenêtre au lieu d'un trésor d'art, il aurait pu lui infliger une peine maximale de dix-huit mois, ce qui illustre, je pense, une autre anomalie étrange du droit anglais.

Quelques semaines plus tard, un autre tableau célèbre, le portrait Sargent de Henry James, fut attaqué par une suffragette qui, comme Miss Richardson, fut soumise à la farce d'un procès et d'une peine de prison qu'elle ne purgea pas. À cette époque, pratiquement toutes les galeries de tableaux et autres galeries publiques et musées étaient fermées au public. Les Suffragettes avaient réussi dans une large mesure à rendre l'Angleterre peu attrayante pour les touristes, et donc peu rentable pour le monde des affaires. Comme nous l'avions prévu, la réaction contre le gouvernement libéral a commencé à se manifester. Des questions étaient posées quotidiennement, dans la presse, à la Chambre des communes, partout, quant à la responsabilité du gouvernement dans les activités des suffragettes. Les gens ont commencé à placer cette responsabilité là où elle devait être, aux portes du gouvernement plutôt qu'aux nôtres.

Le public commença particulièrement à opposer le traitement réservé aux femmes rebelles à celui accordé aux hommes rebelles d'Ulster. Depuis un an, le gouvernement s'attaque au droit à la liberté d'expression des femmes en refusant d'autoriser la WSPU à tenir des réunions publiques à Hyde Park. L'excuse avancée pour cela était que nous prônions et défendions une politique militante. Mais le gouvernement a permis aux militants d'Ulster de prôner leur politique de guerre à Hyde Park, et nous avons décidé que, avec ou sans la permission du gouvernement, nous devrions, le jour de la réunion d'Ulster, tenir une réunion pour le suffrage à Hyde Park. Le général Drummond a été annoncé comme le principal orateur de cette réunion et, le jour venu, des militants d'Ulster, hommes et femmes, se sont rassemblés à Hyde Park. Les militants ont été autorisés à parler pour défendre l'effusion de sang ; mais le général Drummond fut arrêté avant d'avoir prononcé plus que quelques mots.

Une autre preuve que le gouvernement avait une loi de clémence pour les hommes militants et une loi de persécution pour les femmes militantes a été montrée à cette époque par le cas de Miss Dorothy Evans, notre organisatrice en Ulster. Elle et une autre suffragette, Miss Maud Muir, ont été arrêtées à Belfast, accusées d'avoir en leur possession une quantité d'explosifs. Il était bien connu qu'il y avait des maisons à Belfast qui cachaient des tonnes de poudre à canon et de munitions destinées aux rebelles contre le Home Rule, mais aucune de ces maisons n'a été pénétrée et fouillée par la police. Les autorités réservèrent leurs énergies dans ce sens au quartier général des militantes féminines. Bien entendu, les deux prisonniers du droit de vote, une fois traduits en justice, refusèrent d'être jugés à moins que le gouvernement ne poursuive également les hommes rebelles. Tout au long de la procédure, les prisonniers ont entretenu un tel désordre que le procès n'a pas pu se poursuivre correctement. Lorsque l'affaire a été appelée, Mlle Evans s'est levée et a protesté bruyamment en disant : "Je nie entièrement votre juridiction jusqu'à ce qu'il y ait sur le banc des accusés à nos côtés des hommes qui sont des dirigeants bien connus du mouvement militant d'Ulster." Miss Muir s'est jointe à Miss Evans dans sa protestation et les deux femmes ont été arrachées du tribunal. Après une heure d'ajournement, le procès reprit, mais les femmes recommencèrent à parler, et l'affaire se poursuivit au milieu d'un brouhaha et d'une agitation indescriptibles. Les femmes ont été envoyées en prison en détention provisoire et, après quatre jours de grève de la faim et de la soif, elles ont été libérées sans condition.

Le résultat de cette affaire fut une grave flambée de militantisme, trois incendies détruisant des demeures de Belfast en quelques jours. Des incendies éclataient presque quotidiennement dans toute l'Angleterre, un exemple très important étant la destruction de l'hôtel Bath à Felixstowe , évaluée à 35 000 £. Les deux femmes responsables de cette affaire ont ensuite été arrêtées et, comme leurs procès ont été retardés, elles ont été, bien que non condamnées , torturées par gavage pendant plusieurs mois. Cela se passa en avril, quelques semaines avant le jour fixé pour notre députation auprès du roi.

J'avais fixé le 21 mai pour la députation, malgré le fait que le roi, par l'intermédiaire de ses ministres, avait refusé de nous recevoir. En réponse à cela, j'avais écrit, encore une fois directement au roi, que nous niions totalement le droit constitutionnel des ministres, qui n'étant pas élus par des femmes, n'étaient pas responsables envers elles, de s'interposer entre nous et le trône et de nous empêcher d'avoir un audience de Sa Majesté. Je déclarai en outre que nous nous présenterions, à la date annoncée, aux portes de Buckingham Palace pour demander un entretien.

Suite à l' envoi de cette lettre, ma vie a été rendue aussi inconfortable et aussi précaire que le gouvernement, par l'intermédiaire de son service de police, pouvait le faire. Je n'ai pas été autorisé à faire d'apparition publique, mais j'ai pris la parole lors de plusieurs grandes réunions depuis le balcon des maisons où j'avais trouvé refuge. Tout cela a été annoncé publiquement, et chaque fois la police, mêlée à la foule, a fait de grands efforts pour m'arrêter. Par stratégie et grâce aux vaillants efforts du garde du corps, j'ai pu à chaque fois prononcer mon discours et ensuite m'enfuir de la maison. Toutes ces occasions ont été marquées par une opposition farouche de la police et par un courage et une résistance remarquables de la part des femmes.

La députation auprès du roi était, bien entendu, marquée par le gouvernement comme une occasion où je pouvais être arrêté, et lorsque, au jour fixé, je conduisis la grande députation de femmes aux portes du palais de Buckingham, une armée de plusieurs milliers de policiers ont été envoyés contre nous. Le comportement de la police montrait clairement qu'elle avait reçu pour instruction de répéter la tactique du Black Friday, décrite dans un chapitre précédent. En effet, la violence, la brutalité et les insultes du Black Friday ont été surpassées ce jour-là, et aux portes du roi d'Angleterre. Moi-même, je n'ai pas autant souffert que les autres, car je m'étais avancé vers le Palais sans être remarqué par la police, qui me cherchait plus loin. Quand je suis arrivé aux portes, j'ai été reconnu par un inspecteur, qui m'a immédiatement saisi physiquement et m'a conduit à Holloway.

"ARRÊTÉ À LA PORTE DU ROI !"

Mai 1914

Avant le départ de la Députation, je leur avais fait un bref discours pour les avertir de ce qui pourrait arriver, et mon message final était : « Quoi qu'il arrive, ne revenez pas en arrière ». Ils ne le firent pas, et malgré toutes les violences qui leur furent infligées, ils avancèrent , résolus, tant qu'ils seraient libres, à ne pas renoncer à tenter d'atteindre le Palais. De nombreuses arrestations ont eu lieu et parmi les personnes arrêtées, beaucoup ont été envoyées en prison. Même si pour la plupart il s'agissait du premier emprisonnement, ces courageuses femmes ont entamé la grève de la faim et ont passé sept ou huit jours sans nourriture ni eau avant d'être libérées, faibles et malades comme on peut le supposer.

CHAPITRE IX

Dans les semaines qui ont suivi les événements honteux survenus sur le palais de Buckingham, le gouvernement a déployé plusieurs derniers efforts désespérés pour écraser la WSPU, éliminer tous les dirigeants et détruire notre journal, les *Suffragettes* . Ils ont émis des assignations à comparaître contre Mme Drummond, Mme Dacre Fox et Miss Grace Roe ; ils ont attaqué notre quartier général à Lincolns Inn House ; à deux reprises, ils firent des descentes dans d'autres sièges provisoirement utilisés, sans parler des perquisitions effectuées dans des habitations privées où les nouveaux dirigeants, qui s'étaient levés pour prendre la place des personnes arrêtées, travaillaient pour l' organisation . Mais à chaque incursion successive, les troubles que le gouvernement pouvait faire dans nos affaires devenaient moindres, parce que nous étions chaque fois mieux à même d'y pourvoir. Tous les efforts déployés par le gouvernement pour supprimer les *Suffragettes* ont échoué et elles ont continué à paraître régulièrement chaque semaine. Même si le journal paraissait régulièrement, nous avons dû utiliser une énergie presque surhumaine pour le faire distribuer. Le gouvernement a envoyé à tous les grands agences de presse en gros une lettre destinée à les terroriser et à les intimider pour qu'ils refusent de manipuler le journal ou de le vendre aux agences de presse au détail. Au moins temporairement, la lettre a produit dans de nombreux cas l'effet escompté, mais nous avons surmonté l'urgence en prenant des mesures immédiates pour construire un système de distribution géré par les femmes elles-mêmes, indépendamment du commerce de la presse. Nous avons également ouvert un « Fonds de défense des suffragettes » pour faire face aux dépenses supplémentaires liées à la publication et à la distribution du journal.

À deux reprises, le gouvernement a tenté de me contraindre à purger une peine de trois ans de travaux forcés, une arrestation ayant eu lieu alors que j'étais transporté à une réunion dans une ambulance. Des arrestations massives et des grèves de la faim ont eu lieu au même moment, mais nos femmes ont continué leur travail de militantisme et l'argent a afflué dans notre fonds de protestation et de défense . Lors d'une grande réunion en juillet, le fonds fut augmenté de près de 16 000 £.

Mais maintenant des signes indubitables commençaient à apparaître indiquant que notre longue et amère lutte touchait à sa fin. Le dernier recours du gouvernement consistant à exciter les foules contre nous n'a pas eu de succès, et nous pouvions voir dans l'humeur du public un espoir abondant que la réaction contre le gouvernement, que nous espérions depuis longtemps, avait réellement commencé.

Chaque jour du mouvement militant a été si extraordinairement riche en événements et en changements qu'il est difficile de choisir le moment où ce récit devrait prendre fin. Je pense cependant que le récit d'un récent débat qui a eu lieu à la Chambre des communes donnera au lecteur la meilleure idée de l'effondrement complet du gouvernement dans ses efforts pour écraser la lutte des femmes pour la liberté.

Le 11 juin, alors que la Chambre des Communes se réunissait en comité des subsides, Lord Robert Cecil proposa une réduction de 100 livres sur le vote du ministère de l'Intérieur, précipitant ainsi une discussion sur le militantisme. Lord Robert dit qu'il avait lu avec une certaine surprise que le gouvernement n'était pas mécontent des mesures qu'il avait prises pour lutter contre les suffragistes violents, et il ajouta avec une certaine aspérité que le gouvernement avait une vision beaucoup plus optimiste de la question que quiconque. ailleurs au Royaume-Uni. La Chambre, poursuivit Lord Robert, ne serait pas en mesure de traiter l'affaire de manière satisfaisante à moins qu'elle ne réalise le dévouement de ses partisans envers leurs dirigeants, qui étaient presque entièrement responsables de ce qui se passait. Les acclamations ministérielles ont accueilli cette déclaration, mais elles ont cessé brusquement lorsque l'orateur a ajouté que ces dirigeants n'auraient jamais pu inciter leurs partisans à se lancer dans une carrière criminelle sans les graves erreurs commises à maintes reprises par le gouvernement. Parmi ces erreurs, Lord Robert a cité le traitement honteux réservé aux femmes lors du Black Friday, la politique de gavage forcé et le scandale du traitement différent accordé à Lady Constance Lytton et à « Jane Warton ». L'opposition a applaudi à cette décision, et elle s'est à nouveau élevée lorsque Lord Robert a déploré le terrible gaspillage d'énergie et le « matériel admirable » impliqué dans le mouvement militant. Bien que Lord Robert Cecil ait jugé injuste et inutile que les membres suffragistes refusent leur soutien au mouvement pour le droit de vote des femmes en raison de leur militantisme, il était lui-même en faveur de l'expulsion des suffragettes. À cela, des cris retentirent : « Où aller ? et "Ulster!"

M. McKenna a répondu en attirant d'abord l'attention sur le fait que, dans le mouvement militant, il s'agissait d'un phénomène « absolument sans précédent dans notre histoire ». Un grand nombre de femmes commettaient des crimes, commençant par briser des vitres, puis par des incendies criminels, non pas pour les motifs de criminels ordinaires, mais dans l'intention de promouvoir une cause politique et de forcer le public à accéder à leurs demandes. M. McKenna poursuit en disant :

"Le nombre de femmes qui commettent des crimes de ce genre est extrêmement faible, mais le nombre de celles qui sympathisent avec elles est extrêmement grand. L'une des difficultés qu'éprouve la police à détecter cette forme de crime et à faire comprendre le délit au tribunal criminel est que les criminels trouvent tellement de sympathisants parmi les classes aisées et tout à fait respectables que l'application ordinaire de la loi est rendue relativement impossible. Permettez-moi de donner à la Chambre quelques chiffres montrant le nombre de femmes qui ont été incarcérées. pour des délits depuis le début de l'agitation militante en 1906. Cette année-là, le nombre total des emprisonnements était de 31, toutes les personnes inculpées étant des femmes. En 1909, ce chiffre s'élevait à 156, en 1911 à 188 (182 femmes et six hommes).) et en 1912 à 290 (288 femmes et deux hommes). En 1913, ce nombre est tombé à 183, et jusqu'à présent cette année, il est tombé à 108. Ces chiffres incluent tous les engagements en prison et les nouvelles arrestations en vertu de la loi sur le chat et la souris. . Quelle est la leçon évidente à en tirer ? Jusqu'en 1912, le nombre des délits commis pour lesquels la peine d'emprisonnement était en augmentation constante, mais depuis le début de l'année dernière, c'est-à-dire depuis l'entrée en vigueur de la nouvelle loi, le nombre des délits individuels a été très fortement réduit. En revanche, on constate que la gravité des infractions est bien plus grande."

Cette affirmation selon laquelle le nombre d'emprisonnements avait diminué depuis l'adoption de la loi sur le chat et la souris était bien sûr incorrecte ou, au mieux, trompeuse. Le fait est que le nombre d'emprisonnements a diminué parce que, là où autrefois les militants allaient volontairement en prison pour leurs actes, ils s'en évadaient désormais autant que possible. Un nombre relativement faible de « souris » ont été de nouveau arrêtées par la police.

M. McKenna a poursuivi en disant qu'il était pleinement conscient du sentiment croissant d'indignation contre les militants suffragistes et il a ajouté : « Leur seul espoir est, à tort ou à raison, que l' indignation tant annoncée du public se retournera sur le chef du gouvernement. ".

"Et ce sera le cas", interpola une voix.

"Mon honorable ami", répondit M. McKenna, "le dit oui. Je crois qu'il se trompe." Mais il n'a donné aucune raison de le croire. Faisant référence à ce qu'il appelle les « récentes grossièretés graves qui ont été commises contre le roi », M. McKenna a déclaré : « Il est vrai que tous les sujets ont le droit de présenter une pétition à Sa Majesté, à condition que la pétition soit formulée en termes respectueux, mais il Les sujets n'ont généralement pas droit à une audience personnelle dans le but de présenter la pétition ou autre. Il est du devoir du ministre de l'Intérieur de présenter toutes ces pétitions au roi et d'informer en outre Sa Majesté de la mesure à prendre. Il était donc ridicule pour tout suffragiste d'affirmer qu'il y avait eu une violation de la propriété constitutionnelle de la part du roi en refusant, sur l'avis du ministre de l'Intérieur, de recevoir la députation.

De plus, dit M. McKenna, étant donné que la demande d'audience avait été envoyée par une personne condamnée aux travaux forcés – moi-même – il était du devoir évident du ministre de l'Intérieur de conseiller au roi de ne pas l'accorder. Il a fait référence à l'incident, a-t-il déclaré, uniquement parce qu'il illustrait les méthodes utilisées par les militants pour promouvoir leur cause. Il leur faisait honneur, devait-il le dire, d'avoir fait preuve d'une certaine intelligence dans l'adoption de leurs méthodes. "Aucune action n'a été aussi fructueuse en termes de publicité que les récentes absurdités qu'ils ont perpétrées à l'égard du roi."

En ce qui concerne la question des méthodes permettant de rencontrer et de vaincre le militantisme, M. McKenna a déclaré qu'il avait reçu une correspondance presque illimitée sur le sujet de la part de toutes les couches du public. "Quatre méthodes ont été proposées", dit-il. "La première est de les laisser mourir. (Ecoutez, écoutez.) C'est, devrais-je dire, à l'heure actuelle, la plus populaire (rires), à en juger par le nombre de lettres que j'ai reçues. La seconde est de les expulser. (Ecoutez, écoutez.) La troisième est de les traiter comme des fous. (Ecoutez, écoutez.) Et la quatrième est de leur donner le droit de vote (écoutez, écoutez, et rire.) Je pense que c'est une liste exhaustive. remarquez que chacun d'entre eux est reçu avec un certain nombre d'applaudissements très modérés dans cette Chambre. J'espère expliquer pourquoi, à l'heure actuelle, je pense que nous ne devrions en adopter aucun.

La première suggestion reposait généralement, mais pas toujours, sur l'hypothèse que les femmes prendraient leur nourriture si elles savaient que l'alternative était la mort. M. McKenna a lu à la Chambre, en opposition à ce point de vue, « l'opinion d'un grand expert médical qui avait eu une connaissance intime des Suffragettes dès le début ». "Nous devons donc admettre qu'ils mourraient", a poursuivi M. McKenna.

"Permettez-moi également de dire que, d'après leur expérience réelle des relations avec les suffragettes, dans de nombreux cas, leur refus de nourriture et d'eau a dépassé le point où ils pouvaient s'aider eux-mêmes, et ils ont clairement fait tout ce qu'ils pouvaient pour montrer leur la volonté de mourir... Certains pensent qu'après un ou deux décès en prison, le militantisme cesserait. À mon avis, il n'y a jamais eu d'illusion plus grande. et sur laquelle je pense que je lutterais jusqu'au bout contre ceux qui adopteraient comme politique de laisser mourir les prisonniers. Loin de mettre fin au militantisme, je crois que ce serait la plus grande incitation au militantisme qui puisse jamais se produire. Pour chaque femme qui mourrait, des dizaines de femmes se présenteraient pour avoir l' honneur , selon elles, de mériter la couronne du martyre. »

"Comment savez-vous?" » a crié un député de l'opposition.

"Comment puis-je savoir?" rétorqua le ministre de l'Intérieur. "J'ai eu plus à faire avec ces femmes que l' honorable parlementaire, bien plus. Ceux qui soutiennent cette opinion ne tiennent pas compte de toute reconnaissance de la nature de ces femmes. Je ne parle pas d'elles avec admiration. Ce sont des fanatiques hystériques, mais, couplé à leur fanatisme hystérique, ils ont un courage, une partie de leur fanatisme, qui ne vaut sans doute rien, et l' honorable député qui pense qu'ils ne se présenteraient pas, non seulement pour risquer la mort, mais pour la subir, pour quoi ils considèrent que la plus grande cause sur terre est de commettre, à mon avis, une erreur profonde... Ils chercheraient la mort, et je suis sûr que, quelle que soit la forte opinion publique extérieure qui soit aujourd'hui en faveur de leur permettre de mourir, quand s'il y avait vingt, trente, quarante morts ou plus en prison, vous auriez une réaction violente de l'opinion publique, et l' honorable monsieur qui dit maintenant avec tant de désinvolture « Laissez-les mourir » serait parmi les premiers à blâmer le gouvernement pour ce qui s'est produit. il décrirait comme l'attitude inhumaine qu'ils avaient adoptée.

"Cette politique", a poursuivi M. McKenna, "ne pourrait pas être adoptée sans une loi du Parlement. Pour la raison que j'ai donnée, je n'ai pas demandé au Parlement de retirer aux responsables des prisons la responsabilité sous laquelle ils reposent désormais de faire de leur mieux pour garder ceux qui leur sont confiés sont vivants. Mais, en supposant que cette responsabilité légale soit retirée aux responsables de la prison, que les honorables membres se transportent un instant en imagination dans une cellule de prison et imaginent un médecin de prison, un homme humain, debout à côté d'observer une femme. mourir lentement de faim et de soif, sachant qu'il pouvait l'aider et qu'il pouvait la garder en vie. Pensaient-ils que n'importe quel médecin poursuivrait une telle action, ou que nous devrions pouvoir retenir des médecins dans de telles conditions. dans notre service? Je n'y crois pas.

" Le médecin penserait, comme je penserais si je voyais une femme allongée là : 'Quelle a été l'offense de cette femme ?' Il s'agit peut-être d'une obstruction à la police, associée à l'obstination dérivée du fanatisme qui la pousse à refuser de la nourriture et de l'eau et elle doit mourir. Je n'ai pas pu distinguer, et aucun ministre de l'Intérieur n'a jamais pu dire que cette femme devrait le faire ! être laissés mourir et que cette femme ne devrait pas le faire. Une fois que nous nous sommes engagés à les laisser mourir s'ils ne prenaient pas leur nourriture, nous devrions continuer ainsi, et nous devrions avoir femme après femme dont la seule offense pourrait être. J'ai fait obstacle à la police, brisé une fenêtre ou même incendié une maison vide, mourant parce qu'elle était obstinée. Je ne crois pas que ce soit une politique qui, après réflexion, sera jamais recommandée au peuple britannique, et je suis obligé de le faire. Je peux dire moi-même que je ne pourrai jamais participer à la mise en œuvre de cette politique. » (Acclamations.)

préféré de Lord Robert Cecil, l'expulsion, a été rejeté par M. McKenna au motif que cela ne ferait que déplacer la difficulté vers un autre pays que la Grande-Bretagne. Si l'île lointaine proposée était traitée comme une prison, les femmes y feraient la grève de la faim comme elles le faisaient dans les prisons anglaises. Si l'île n'était pas traitée comme une prison, les riches amis des Suffragettes viendraient les secourir à bord de yachts.

La suggestion selon laquelle les militants devraient être traités comme des fous a également été rejetée comme étant impossible. Admettant qu'il avait essayé de les faire certifier comme fous et qu'il avait échoué parce que la profession médicale ne consentait pas à une telle démarche, M. McKenna a déclaré qu'il ne pouvait pas, contrairement à l'avis des médecins, obtenir une certification par une loi du Parlement. "Il reste", a déclaré M. McKenna, "la dernière proposition, à savoir que nous devrions leur accorder le droit de vote".

"C'est la bonne réponse", s'est exclamé M. William Redmond, mais le ministre de l'Intérieur a répondu :

"Quoi qu'on puisse dire sur les mérites ou les inconvénients de cette proposition, ce n'est clairement pas une question dont je peux discuter maintenant en commission des subsides. Je ne suis pas responsable, en tant que ministre de l'Intérieur, de l'état de la loi sur le droit de vote, et je ne suis pas non plus responsable. je n'ai aucune occasion d'exprimer ou de dissimuler mes propres opinions sur ce point ; mais je ne pense certainement pas, et je suis sûr que le Comité sera d'accord avec moi, que cela puisse être sérieusement traité comme un remède à l'état d'anarchie existant. "

Venant enfin à la partie constructive de son discours, M. McKenna a déclaré à la Chambre des communes que le gouvernement avait un dernier recours, qui était d'engager des poursuites judiciaires contre les souscripteurs des fonds de la WSPU. Les fonds de la société, a-t-il dit, étaient sans aucun doute hors du champ de la loi britannique. Mais le gouvernement espérait arrêter les futures souscriptions. "Nous ne sommes pas sans espoir", a-t-il conclu, "que nous disposons de preuves qui nous permettront d'engager des poursuites civiles contre les abonnés" (vives acclamations) "et si nous réussissons, les abonnés deviendront personnellement responsables de tous les dommages. fait." (Acclamations.) "C'est une question de preuve... J'ai en outre ordonné que la question soit examinée si les abonnés ne pourraient pas être poursuivis au criminel ainsi que par une action civile." (Acclamations.) "Nous n'avons pu obtenir ces preuves que grâce à nos perquisitions désormais assez fréquentes dans les bureaux et dans les biens que nous pouvons obtenir de la société.... Il y a un an, une perquisition a été effectuée dans les bureaux de la société, mais nous n'avons obtenu aucune preuve de ce type. Si nous parvenons à rendre les souscripteurs personnellement responsables de l'ensemble des dommages causés, je ne doute pas que les compagnies d'assurance suivront rapidement l'exemple que leur a donné le gouvernement et intenteront à leur tour des actions en justice. récupérer le prix qui leur a été imposé. Si cela est fait, je suis convaincu que les jours du militantisme sont révolus.

"Les militants ne vivent que des souscriptions de femmes riches" (acclamations) "qui jouissent elles-mêmes de tous les avantages d'une richesse assurée pour elles par le travail d'autrui" (acclamations) "et utilisent leur richesse contre les intérêts de la société, payant leurs malheureux que les victimes subissent toutes les horreurs d'une grève de la faim et de la soif lors de la commission d'un crime. Quels que soient les sentiments que nous puissions avoir contre les misérables femmes qui, pendant 30 ans et 2 £ par semaine, parcourent le pays en brûlant et en détruisant, quels doivent être nos sentiments. pour les femmes qui donnent leur argent pour inciter à la perpétration de ces crimes et laissent leurs sœurs subir le châtiment alors qu'elles vivent dans le luxe ? (Acclamations.) "Si nous pouvons réussir contre eux, nous n'épargnerons aucune peine. Si l'action réussit et aboutit à la destruction totale des moyens de revenus de l'Union sociale et politique des femmes, je pense que nous verrons la fin du pouvoir de Mme . Pankhurst et ses amis. (Acclamations.)

Au cours du débat général qui a suivi, le gouvernement a dû entendre des critiques très sévères à l'égard de sa politique passée et présente à l'égard des femmes militantes. M. Keir Hardie a dit en partie :

"Nous ne discuterons peut-être pas aujourd'hui de la question du droit de vote, mais il était sûrement possible que le ministre de l'Intérieur, sans aucune transgression des règles de la Chambre, ait laissé entrevoir juste une lueur d'espoir pour l'avenir quant aux intentions du gouvernement sur cette question des plus urgentes. Sur ce point, puis-je dire que je ne suis pas de ceux qui croient qu'une bonne chose devrait être refusée parce que certains de ses partisans recourent à des armes que nous n'approuvons pas. Cette note a été répétée plus d'une fois, et s'il est vrai, et c'est vrai, qu'une partie du public extérieur est fortement opposée à cette conduite, il est également vrai que la majeure partie de la population regarde avec un regard très calme. et un regard indifférent sur ce qui se passe tant que le droit de vote est refusé aux femmes. »

M. Hardie a conclu en regrettant que la Chambre, au lieu de discuter du droit de vote des femmes, discute des méthodes visant à pénaliser les militantes.

M. Rupert Gwynne a déclaré : « Personne n'est dans une position plus ridicule que les membres du Trésor. Ils ne peuvent pas prendre la parole lors d'une réunion, ni se rendre à une gare, ni même monter dans un taxi, sans être accompagnés de détectives. cela leur plaît, mais pas nous, le public, parce que nous devons payer pour cela. Cela ne vaut pas la dépense que coûte le fait d'avoir une équipe de détectives qui suit les ministres partout où ils vont, que ce soit à titre privé ou public.

"En outre", a déclaré M. Gwynne, "si le ministre de l'Intérieur a raison de dire que ces femmes sont prêtes à mourir et invitent à la mort, afin d'afficher leur dévouement à leur cause, pense-t-il vraiment que cela les dérangerait si leurs fonds sont attachés ?"

Un autre ami des suffragistes, M. Wedgwood, a déclaré : « Nous sommes confrontés à un problème qui est en effet très grave. À mon avis, quand vous trouvez une large masse d'opinion publique et un grand nombre de personnes capables d'aller Dans ces conditions, une Chambre des communes respectable n'a qu'une chose à faire, c'est d'examiner très attentivement et clairement si les plaintes de ceux qui se plaignent sont ou non justifiées. Nous n'avons pas le droit d'agir dans la panique. Notre devoir est de considérer les droits et les torts de ces personnes qui ont agi de cette manière. Je n'accorde aucune valeur au vote, mais je pense que lorsque nous examinons sérieusement la question du droit de vote des femmes, qui n'a pas été obtenu. fait par cette Chambre jusqu'à présent, nous devons nous rappeler que lorsque vous voyez des gens capables d'un tel sacrifice de soi, le seul devoir de la Chambre des communes n'est pas de leur imposer un talon de fer, mais de voir jusqu'où leur cause est juste et agir selon la justice. »

Lorsqu'un tel débat était possible à la Chambre des Communes, il doit être clair pour tout lecteur désintéressé que le militantisme n'a jamais fait reculer la cause du suffrage, mais l'a au contraire fait avancer d'au moins un demi-siècle. Quand je me souviens comment cette même Chambre des communes, il y a quelques années, traitait avec mépris et mépris la mention du droit de vote des femmes, comment elle permettait de dire les choses les plus insultantes à l'égard des femmes qui imploraient leur liberté politique, comment, avec Des rires indécents et des plaisanteries grossières ont permis de débattre des projets de loi sur le suffrage, je ne peux que m'émerveiller du changement que notre militantisme a si rapidement apporté. Le discours de M. McKenna était en soi un signe de la capitulation totale du gouvernement.

Bien sûr, la promesse du Ministre de l'Intérieur selon laquelle les souscripteurs de nos fonds devraient, si possible, être tenus légalement responsables des dommages causés à la propriété privée par les Suffragettes, n'a jamais été censée être respectée. C'était en fait une promesse parfaitement absurde et je pense que très peu de parlementaires en ont été trompés. Nos abonnés peuvent toujours rester anonymes s'ils le souhaitent, et si jamais il était possible de les attaquer pour nos actes, ils se réfugieraient naturellement derrière ce privilège.

Nos batailles sont pratiquement terminées, croyons-nous avec confiance. Pour le moment, au moins, nos armes sont au sol, car dès que la menace de guerre étrangère s'est abattue sur notre nation, nous avons déclaré une trêve complète du militantisme. Ce qui sortira de cette guerre européenne – si terrible par ses effets sur les femmes qui n'avaient aucune voix pour l'éviter – si funeste par les souffrances qu'elle doit nécessairement infliger à des enfants innocents – aucun être humain ne peut le calculer. Mais une chose est raisonnablement certaine, c'est que les changements de Cabinet qui résulteront nécessairement de la guerre rendront inutile le militantisme futur des femmes. Aucun gouvernement futur ne répétera les erreurs et la brutalité du ministère Asquith. Personne ne sera disposé à entreprendre la tâche impossible d'écraser ou même de retarder la marche des femmes vers leur héritage légitime de liberté politique et de liberté sociale et industrielle.

LA FIN

www.ingramcontent.com/pod-product-compliance
Lightning Source LLC
LaVergne TN
LVHW090218180726
843492LV00012B/1385